中信改革发展研究基金会 · 中国道路丛书 · 金融

中国系统性金融风险
预警与防范

杨凯生 / 杨燕青 / 聂庆平 等著

中信出版集团 | 北京

图书在版编目（CIP）数据

中国系统性金融风险预警与防范 / 杨凯生等著. -- 北京：中信出版社，2021.4
（中国道路丛书）
ISBN 978-7-5217-2766-1

Ⅰ. ①中… Ⅱ. ①杨… Ⅲ. ①金融风险－风险管理研究－中国 Ⅳ. ①F832.1

中国版本图书馆CIP数据核字(2021)第031743号

中国系统性金融风险预警与防范

著　　者：杨凯生　杨燕青　聂庆平 等
出版发行：中信出版集团股份有限公司
（北京市朝阳区惠新东街甲4号富盛大厦2座　邮编　100029）
承 印 者：天津市仁浩印刷有限公司
开　　本：787mm × 1092mm　1/16　　印　张：21　　字　数：300千字
版　　次：2021年4月第1版　　印　次：2021年4月第1次印刷
书　　号：ISBN 978-7-5217-2766-1
定　　价：68.00元

服务热线：400-600-8099
投稿邮箱：author@citicpub.com

“中国道路”丛书学术委员会

编委会

“中国道路”丛书总序言

中华人民共和国成立60多年以来，中国一直在探索自己的发展道路，特别是在改革开放30多年的实践中，努力寻求既发挥市场活力，又充分发挥社会主义优势的发展道路。

改革开放推动了中国的崛起。怎样将中国的发展经验进行系统梳理，构建中国特色的社会主义发展理论体系，让世界理解中国的发展模式？怎样正确总结改革与转型中的经验和教训？怎样正确判断和应对当代世界的诸多问题和未来的挑战，实现中华民族的伟大复兴？这都是对中国理论界的重大挑战。

为此，我们关注并支持有关中国发展道路的学术中一些有价值的前瞻性研究，并邀集各领域的专家学者，深入研究中国发展与改革中的重大问题。我们将组织编辑和出版反映与中国道路研究有关的成果，用中国理论阐释中国实践的系列丛书。

“中国道路”丛书的定位是：致力于推动中国特色社会主义道路、制度、模式的研究和理论创新，以此凝聚社会共识，弘扬社会主义核心价值观，促进立足中国实践、通达历史与现实、具有全球视野的中国学派的形成；鼓励和支持跨学科的研究和交流，加大对中国学者原创性理论的推动和传播。

“中国道路”丛书的宗旨是：坚持实事求是，践行中国道路，发展中国学派。

始终如一地坚持实事求是的认识论和方法论。总结中国经验、探讨中国模式，应注重从中国现实而不是从教条出发。正确认识中国的国情，正确认识中国的发展方向，都离不开实事求是的认识论和方法论。一切从实际出发，以实践作为检验真理的标准，通过实践推动认识的发展，这是中国共产党的世纪奋斗历程中反复证明了的正确认识路线。违背它就会受挫失败，遵循它就能攻坚克难。

毛泽东、邓小平是中国道路的探索者和中国学派的开创者，他们的理论创新始终立足于中国的实际，同时因应世界的变化。理论是行动的指南，他们从来不生搬硬套经典理论，而是在中国建设和改革的实践中丰富和发展社会主义理论。我们要继承和发扬这种精神，摒弃无所作为的思想，拒绝照抄照搬的教条主义，只有实践才是真知的源头。“中国道路”丛书将更加注重理论的实践性品格，体现理论与实际紧密结合的鲜明特点。

坚定不移地践行中国道路，也就是在中国共产党领导下的中国特色社会主义道路。我们在经济高速增长的同时，也遇到了来自各方面的理论挑战，例如将改革开放前后两个历史时期彼此割裂和截然对立的评价；例如极力推行西方所谓“普世价值”和新自由主义经济理论等错误思潮。道路问题是大是大非问题，我们的改革目标和道路是高度一致的，因而，要始终坚持正确的改革方向。历史和现实都告诉我们，只有社会主义才能救中国，只有社会主义才能发展中国。在百年兴衰、大国博弈的历史背景下，中国从积贫积弱的状态中奋然崛起，成为世界上举足轻重的大国，成就斐然，道路独特。既不走封闭僵化的老路，也不走改旗易帜的邪路，一定要走中国特色的社会主义正路，这是我们唯一正确的选择。

推动社会科学各领域中国学派的建立，应该成为致力于中国道路探讨的有识之士的宏大追求。正确认识历史，正确认识现实，积极促进中国学者原创性理论的研究，那些对西方理论和价值观原教旨式的顶礼膜拜的学风，应当受到鄙夷。古今中外的所有优秀文明成果，我们都应该兼收并蓄，但绝不可泥古不化、泥洋不化，而要在中国道路的实践中融会贯通。以实践创新推动理论创新，以理论创新引导实践创新，从内容到形式，从理论架构到话语体系，一以贯之地奉行这种学术新风。我们相信，通过艰苦探索、努力创新得来的丰硕成果，将会在世界话语体系的竞争中造就立足本土的中国学派。

“中国道路”丛书具有跨学科及综合性强的特点，内容覆盖面较宽，开放性、系统性、包容性较强。其分为学术、智库、纪实专访、实务、译丛等类型，每种类型又涵盖不同类别，例如在学术类中就涵盖文学、历史学、哲学、经济学、政治学、社会学、法学、战略学、传播学等领域。

这是一项需要进行长期努力的理论基础建设工作，这又是一项极其艰巨的系统工程。基础理论建设严重滞后，学术界理论创新观念不足等现状是制约因素之一。然而，当下中国的舆论场，存在思想乱象、理论乱象、舆论乱象，流行着种种不利于社会主义现代化事业和安定团结的错误思潮，迫切需要正面发声。

经过60多年的社会主义道路奠基和30多年的改革开放，我们积累了丰富的实践经验，迫切需要形成中国本土的理论创新和中国话语体系创新，这是树立道路自信、理论自信、制度自信、文化自信，在国际上争取话语权所必须面对的挑战。我们将与了解中国国情，认同中国改革开放发展道路，有担当精神的中国学派，共同推动这项富有战略意义的出版工程。

中信集团在中国改革开放和现代化建设中曾经发挥了独特的作用，它不仅勇于承担大型国有企业经济责任和社会责任，同时也勇于承担政治责任。它不仅是改革开放的先行者，同时也是中国道路的践行者。中信将以历史担当的使命感，来持续推动中国道路出版工程。

2014 年 8 月，中信集团成立了中信改革发展研究基金会，构建平台，凝聚力量，致力于推动中国改革发展问题的研究，并携手中信出版社共同进行“中国道路”丛书的顶层设计。

“中国道路”丛书的学术委员会和编辑委员会，由多学科多领域的专家组成。我们将进行长期的、系统性的工作，努力使“中国道路”丛书成为中国理论创新的孵化器，中国学派的探讨与交流平台，研究问题、建言献策的智库，传播思想、凝聚人心的讲坛。

孔丹

2015年10月25日

目　录

前　言

金融是现代经济活动的血脉，预警与防范中国系统性金融风险对于中国未来可持续的高质量经济发展至关重要。

习近平在党的十九大报告中指出：“深化金融体制改革，增强金融服务实体经济能力，提高直接融资比重，促进多层次资本市场健康发展。健全货币政策和宏观审慎政策双支柱调控框架，深化利率和汇率市场化改革。健全金融监管体系，守住不发生系统性金融风险的底线。”①

本书在西方文献的基础上，结合我国的具体实际情况，完整定义和刻画了中国系统性金融风险。我们对金融风险的衡量范围较以往研究更为广泛和深入，不仅包含金融机构自身发生损失或破产对金融系统的影响，还覆盖和分析了可能演化为系统性金融风险的包括债券市场、股票市场、汇率波动、金融开放、金融科技以及中美贸易摩擦等领域的金融风险，这也符合中国金融系统在市场化改革尚未完成、金融深化不足，同时金融系统内部紧密关联、情绪传染高度快速且不够稳定的特点和现状。

---

① 习近平：决胜全面建成小康社会 夺取新时代中国特色社会主义伟大胜利——在中国共产党第十九次全国代表大会上的报告［OL］. 共产党员网，2019－10－18.

在方法论上，本书采用多种模型，从多角度对系统性金融风险进行刻画。首先，我们在国内率先借鉴运用了国际货币基金组织（IMF）的金融风险地图模型，建立了中国相关数据库，对中国系统性金融风险进行综合度量，对决策者制定相关监管政策更具参考意义。其次，我们采用基于大量数据的金融风险热力图，以较为直观的图表方式呈现，可以更为有效地判定某一时间段内中国金融风险所积聚的源头和程度，有助于做出全局判断。最后，在微观金融风险度量方面，运用了美联储等中央银行运用的银行业、保险业和证券业的系统性预期损失值（SES）、条件在险价值（ΔCoVaR）以及系统性风险指标（SRISK），并在微观金融机构风险转化为系统性金融风险的度量上，运用了中国金融体系巨灾风险指标（CATFIN）方法论。

在本书所构建的中国系统性金融风险分析框架中，我们判断中国金融体系风险的主要核心问题在于全球金融危机后所积聚和显现的宏观高杠杆与高负债率，而其背后根源则是不断下滑的投资回报率、全要素生产率以及融资成本上升、资源配置低效等深层次结构性原因。中国股市、债市、汇市由于参与主体不同，加之原先监管整合不足，呈现一定程度上的割裂局面，但由于各个市场均缺乏一定深度和广度，信息传播完整性、真实性和透明度又存在一定的问题，市场参与者极易产生“羊群效应”，导致风险放大；同时，在金融科技快速发展的背景下，一些市场参与者通过投机活动绕过现有监管框架并寻找市场空白，局部市场风险迅速向整个金融系统蔓延的风险较高。

本书的一部分内容完成于2018年12月，彼时中美贸易摩擦构成了中国系统性金融风险的重要来源和可能“触发点”。当下，中美贸易摩擦和科技竞争远未结束，而2020年在全球爆发的新冠疫情危机在更大程度上提供了全球价值链调整的动力和原因。成功的抗疫表现让中国经济避免了发达经济体普遍陷入的深度经济衰退，而全球主要央行超级宽松的“战时政策组合”不仅开启了全新的政策范式，也为未来更大的金融风险埋下了“系统性隐患”。构建“双循环”的中国经济系统正在经历战略性重构，深入分析研判中国并未化解的系统性金融风险源头，高度关注外部风险和可能的动荡带来的冲击，仍是防范中国系统性金融风险的两大着眼点，也是本书的主要思考框架和逻辑起点。

| 第一章 |

系统性金融风险综述

2008 年全球金融危机爆发后，无论是学者还是决策者均意识到金融系统的不稳定和波动将不再局限于金融系统内，而是会对宏观经济产生深刻而久远的影响。全球金融危机后，在发达国家漫长的经济复苏期间，国内外对系统性金融风险的研究热度与日俱增。无论是对系统性金融风险的理论探讨、测度方法还是从监管实践等角度，相关研究文献层出不穷。

中国的金融系统正愈发显现出多市场、多机构之间的联动性，单个市场或机构所发生的局部风险将快速转移，蔓延至整个金融系统，对中国金融监管政策的制定者提出了极大的挑战。

第一节　定义系统性金融风险

系统性金融风险是一个宽泛的概念，学者和决策者从不同的研究方向或政策制定角度对系统性金融风险给出了不同的定义和考量，但金融危机后一个基本的共识是，系统性金融风险通常指局部发生的风险事件在金融系统内蔓延，损害金融中介功能，并对经济增长及社会福利造成实质性的负面影响①。该定义强调了系统性金融风险的负外部性，即部分或全部金融市场的失灵或金融机构的运转障碍会损害整个金融系统及实体经济的运行。

金融稳定理事会（FSB）为应对全球金融危机期间所产生的“大而不能倒”以及“太联结而不能倒”的问题，将系统性金融风险的重点放在了金融机构上。由于经营失败而给整个金融系统乃至实体经济带来显著破坏的金融机构被定义为系统重要性金融机构（SIFIs），其判定标准包括机构的风险敞口和资产管理规模，与其他机构的联结性，以及金融业务在整个金融系统中的不可替代性（FSB，2009）。系统重要性金融机构将在全球范围内被严格监管以防止系统性金融风险的恶化。

美联储前理事塔鲁洛于 2011 年也在演讲中强调了困境中的金融机构与系统性金融风险之间的动态联系，分别从 4 个渠道阐述机构陷入困境到发生系统性风险的发展过程。一是经典的多米诺效应，陷入经营困境的单个机构由于无法履行借贷上的还款义务而将信用风险传导至对手方，并引起系统内的连锁反应；二是机构为获取流动性而进行资产抛售，导致资产价格的急剧下降以及触发更多机构的抛售行为，并形成螺旋反馈；三是传染效应，市场参与者从单个机构的经营困境联想到其他经营模式相似的机构发生困境的可能性，市场信心恶化；四是陷入经营困境的金融机构所进行的业务在金融市场中有着不可替代的地位，如结算、清算等。

① 资料来源：Acharya et al.，2010；Adrian & Brunnermeier，2011；Brunnermeier et al.，2010；Cortes et al.，2018；ECB，2009；FSB，2009。

文献（Giesecke & Kim，2011）同样将机构无法履行对债权人、客户或对手方的义务与系统性风险联系起来；文献（Aikman et al.，2009）认为，系统性金融风险来源于银行资产负债表联结所产生的对手方风险、资产抛售效应以及市场信心恶化对融资条件的影响；文献（Billio et al.，2010）将系统性金融风险定义为短期内一系列金融机构违约所触发的流动性收缩以及金融市场信心的崩塌。

欧洲央行于2009年在其《金融稳定评估》报告中分别从风险的传染性、共同风险敞口以及金融失衡三个角度来观察系统性金融风险。具体来讲，风险传染性指单个风险事件蔓延至其他金融市场乃至整个金融系统；而当金融机构形成共同的风险敞口时，市场的冲击或宏观经济形势的逆转会导致一连串的金融中介和市场同时产生问题；此外，高杠杆和资产价格泡沫等长期积累的金融脆弱性也会在某个时点突然加剧，引发金融市场或金融中介功能的失灵。

中国人民银行的一篇工作论文（陶玲 & 朱迎，2016）对系统性金融风险的机制进行了更细致的剖析，将系统性金融风险产生的原因归纳为内部因素和外部因素两个方面，将传导机制归纳为内部传导和跨境传导，将扩散机制归纳为信贷紧缩机制、流动性收缩机制和资产价格波动机制。从产生原因来看，内部因素包含长期积累的金融脆弱性、市场主体的有限理性和资产价格波动等金融系统的内生不稳定性；外部因素则主要包括经济周期的变化和政策干预，如央行为抚平短期经济波动而进行的利率调整可能引发更大的系统性风险。从传导机制来看，金融机构通过清算支付系统和银行间市场同业业务往来形成的相互敞口，或金融机构因持有相同资产或资产结构形成的共同风险敞口，都是风险在金融系统中的内部传导渠道，而外部传导渠道主要体现在由实体经济带来的外贸、投资或国际金融市场相互关联所引发的跨境资本流动。从扩散机制来看，信贷紧缩通常由经济下行压力加大、银行不良贷款率升高引起，而信贷紧缩又进一步加剧了经济的下行压力和银行的不良贷款风险，三者形成恶性循环；流动性收缩同样指市场融资条件、市场流动性、资产价格及市值等多个变量在资产抛售情景下的恶性循环；资产价格波动既可能通过财富效应影响消费需求、通过托宾 Q 效应影响投资需求，进而导致宏观经济波动引发金融风险，又可能从金融机构的资产负债表渠道、信贷渠道和流动性渠道等方面形成风险的传导与放大。

中国人民银行的这篇工作论文印证了美联储前主席耶伦于 2013 年对当今金融系统的描述，即各金融市场与金融机构之间的复杂联系已成为金融体系最为显著的特征。这些联系可以跨过地理的边界和市场的边界，不仅将市场参与者连接在一起，也使局部的金融风险以跨市场、跨机构的方式蔓延至整个金融系统。

第二节　衡量系统性金融风险

学界对于系统性金融风险的衡量大致基于上述定义中的一些主要特征，例如，单个金融机构经营困境对整个金融系统乃至实体经济产生负外部性，由资产抛售行为引发的资产价格下跌与整体流动性收缩的恶性循环，长期积累的金融脆弱性突然加剧等。

在衡量单个机构风险传导至整个金融系统方面，文献（Acharya et al.，2010）使用系统性预期缺口来代表一个机构能够对整个金融系统所施加的负外部性。系统性预期缺口衡量了当金融系统遭受冲击时，单一机构发生资本金不足的可能性。一个机构的系统性预期缺口随着其杠杆率、股价波动率、股价与市场指数的相关性以及尾部相关性的增加而增加。其中，股价波动率、股价与市场指数的相关性以及尾部相关性 3 个指标构成机构的边际预期缺口，代表了当市场回报低于某个百分位时机构的预期资本金缺口。

文献（Brownlees & Engle，2012）在文献（Acharya et al.，2010）的基础上改进了对边际预期缺口的计算。前者使用计量模型来估计机构随时间变化的条件波动率、随时间变化的股价与市场指数的相关性以及相应的尾部相关性，因此提出，通过有效使用一小部分公共信息可以衡量机构在逆境中发生资本金不足的可能性。

文献（Huang et al.，2009，2012）通过建立困境保费来衡量单个金融机构风险对系统性风险的贡献度。在假设的前提下，困境保费衡量的是机构为预防因系统性金融困境产生损失而投保的保费，该金融困境可被定义为总权益的损失超过一个特定门槛，如 15% 的总负债。文献（Huang et al.，2012）的研究表明：机构对系统性风险的边际贡献是一个包含机构规模、违约概率以及各机构之间资产回报相关性的函数；机构的规模是决定其对系统性风险贡献的决定性因素，但规模通常不会随时间变化发生剧烈变化，尤其在一个报告季度内；机构对系统性风险随时间变化的边际贡献主要由其风险中性违约概率以及各个机构之间的资产回报相关性矩阵所驱动。该文献提出的困境保费方法与文献（Brownlees & Engle，2012）对边际预期缺口的测算方法类似，但困境保费使用信用违约掉期的利差来代替边际预期缺口中的股价回报率。信用违约掉期回报的一部分由投资者的风险偏好驱动，另一部分则由风险溢价决定。因此，信用违约掉期回报上升未必是因为实际风险上升所致，而可能是由于投资者风险偏好下降所引起的。这也反映了基于可观察的市场价格的指标在应用时可能带来信息模糊性。

文献（Adrian and Brunnermeier，2011）提议使用条件风险价值来衡量系统性风险。该方法计算的是当某单个机构陷入困境时，整个金融系统的风险价值。衡量一个机构对系统性风险贡献的方法是计算该机构条件风险价值与无条件风险价值之间的差值。该文献的研究表明，杠杆率、规模、期限错配以及资产价格泡沫对于预测机构对系统性风险的贡献都是显著的。条件风险价值的缺点在于它只能衡量单个机构传导至整个系统的风险，而不能衡量整个系统对单个机构的风险。

在衡量金融脆弱性方面，信贷与GDP（国内生产总值）比率、贷款总额和货币增长、房地产和资产价格的变化、银行杠杆、资本充足率和行业层面的资金流动等变量被用来衡量金融失衡积聚的程度，并被当作银行业危机或金融危机的预警指标（Borio & Lowe，2002；Alessi & Detken，2009）。可惜的是，这些预警指标和模型对发达经济体的预测效果较好，对新兴市场经济体在危机发生时间的预测上依然存在很大的不确定性。

上述几种度量方法均依靠市场及公开数据，因此只有在市场参与者获得足够信息、善于分辨金融风险并且不存在“羊群效应”及其他行为偏差时，得到的结论才是准确的。但从另外一方面来说，这些研究表明，宏观审慎监管者同样可以从有限的、可观察的公开数据中获取信息，以更好地判断风险情形并制定监管政策。

从实践来看，在全球金融危机之后，压力测试成为以美联储为代表的各大央行衡量并控制系统性金融风险的主流方法。央行通过压力测试，能够在机构面临共同的信贷和资产敞口的基础上计算不同负面宏观金融场景下的损失，其本质是对假设情景的测试，度量资产组合、机构乃至整个金融系统面临偶发但可能发生的冲击的敏感度。

压力测试方法主要可以分为3类：会计法、市场价格法以及宏观金融法。其中，会计法是基于会计报表数据的测试方法，也被称作资产负债表法。会计法需要用到利润（损益）表、表外项目以及金融报表的补充信息，这是目前压力测试中的基础方法。市场价格法则是基于金融工具的市场价格，尽管数据更具有时效性，但这种方法通常仅作为会计法的补充。宏观金融法着重关注金融部门和非金融部门的联系，这种方法通常会同时用到会计报表和市场价格数据，以此估计宏观经济与金融的连接性，并进一步作为前两种方法的补充。在金融危机后，大众愈加能体会到金融波动对宏观经济的深刻影响，因此，宏观金融法正受到监管者越来越多的重视（Ong，2014）。

第三节　理解中国的系统性金融风险

中国金融体系正处于对外扩大开放和对内加快改革的关键时期，这使中国的金融体系越发贴近耶伦对当代金融系统的特征描述，即各金融市场与各金融机构存在紧密的联动性，在某一市场或某一机构发生的局部风险事件，影响将不再被局限在单一市场或机构中，而是会通过一系列传导和扩散机制蔓延至整个金融体系。

在这样的背景下，中国金融市场近年来屡次发生异常波动，并且这些波动均体现了多个市场联动的特征。例如，2013 年发生的“钱荒”事件，在银监会打击“非标”资产、监管影子银行并控制宏观负债率的背景下，银行间同业市场流动性急剧收缩，7 天质押式回购利率从 2013 年 5 月的 3.5% 上升至 6 月的 6.9% 以上，甚至一度达到 11.6% 的高点；为缓解流动性紧张局势，金融机构抛售债券资产导致债券市场利率上升并进一步影响股市，6 月上证指数最高日跌幅达到 5% 以上。又如，2016 年中国经济增速进一步下探至 6.7%，人民币对美元汇率中间价从 2015 年末的 6.45 调高至 2016 年末的 6.92，人民币年内贬值幅度达到 7.3%，触发大规模的资本外流，中国外汇储备规模从 4 万亿美元顶峰直降 25% 至 3 万亿美元；大规模的资本外流导致中国国内流动性收缩，央行在保持国内流动性合理充裕、保持人民币汇率稳定以及防止资产价格泡沫等多目标之间进行权衡，对货币政策的制定者提出了极大的挑战。

从以上例子我们可以发现，中国金融体系的主要痼疾在于全球金融危机后所积聚的宏观高杠杆与高负债率，这使得中国银行业及其他金融机构对经济下行周期、货币政策转向等冲击更为敏感；同时，虽然中国股市、债市、汇市的参与主体并不相同，表面上各个市场呈现较为割裂的局面，但由于各个市场均缺乏一定深度和广度，参与主体之间容易产生“羊群效应”，导致局部市场风险向整个金融系统蔓延；并且，在中美贸易摩擦不断升级的背景下，外部冲击及其引发的市场信心恶化成为中国金融系统另外需要防范和警惕的关注点。

在本书中，我们将从宏观债务与金融周期、金融机构风险度量、债券市场、股票市场、汇率波动与资本流动、金融开放、贸易摩擦 7 个维度对中国系统性金融风险进行全面分析，并最终通过风险热力图和巨灾指数对风险等级进行综合评估。

一、宏观债务与金融周期

为对冲全球金融危机给中国经济增长带来的负面影响并稳定就业，中国政府于2008年底推出了“四万亿”的一揽子投资计划用于基建与房地产建设，而在后金融危机时代，基建与房地产项目背后所承担的大量债务成了中国迈向高质量经济发展的阻碍。根据国际清算银行（BIS）的测算，中国非金融部门信贷占GDP的比例自2008年起快速上升，在2018年第一季度达到261.2%；其中，一般政府部门信贷占GDP的比例为47.8%，非金融企业部门信贷占GDP的比例为164.1%，家庭部门信贷占GDP的比例为49.3%。

中国发生债务危机的风险正逐渐缓和。BIS将信贷缺口作为发生债务危机的预警指标，当一个国家信贷相对GDP的缺口大于10%时，其可能在未来3到5年发生债务危机。2018年第一季度，BIS数据显示中国信贷缺口为14.9%，该数值与2016年第二季度的峰值28.3%相比下降近一半，中国发生债务危机的风险正在逐渐缓和。

从金融周期的视角来看，高杠杆与高资产价格之间存在自我强化的互动，这体现在金融破灭往往尾随在金融繁荣之后。这些互动放大了宏观经济波动并可能导致巨大的金融压力和严重的经济资源错配。

信贷缺口、房价缺口、信贷增速和房价增速是构成中国金融周期的基础。从2016年12月开始，中国开启了新一轮的金融周期。从历史数据来看，2008年全球金融危机爆发之后，中国的金融周期频率和持续时间都趋向于稳定，每个周期的平均持续时间为 3 年，上升期平均持续时间为 1. 5 年，下降期平均持续时间为 1. 5 年。

二、金融机构风险度量

从银行体系的不良贷款率来看，2013 年以来，商业银行不良贷款余额不断攀升，不良贷款率也呈上升趋势。尽管 2015 年末至 2018 年初不良贷款率稳定在 1. 75% 左右，但进入 2018 年第二季度，该指标再度上涨。截至 2018 年第三季度，商业银行不良贷款率上涨至 1. 87%，创 2009 年第二季度以来新高，商业银行不良贷款余额更是增至 20 322 亿元。

从保险业及证券业等领域的微观层面来看，多个系统性金融风险指标均在 2019 年左右创历史新高。系统性预期损失值总值达到了历史最高值，系统性风险指标总值也逼近历史峰值，这说明同期金融行业整体面临较大的风险。指标走势说明，银行业金融机构对系统性金融风险的边际贡献最大，其系统性风险指标的上升趋势也最为明显。这与我国金融行业的基本特征相吻合，银行提供的间接融资仍然是我国经济中主要的融资渠道，且银行业金融机构的体量以及参与经济活动的深度和广度都远超券商和保险公司，这导致在内外冲击到来时，银行业所受到的负面影响也最大，当前我国系统性金融风险的重点防范对象仍然应该是银行业。

三、债券市场风险：流动性与信用风险

资金链紧张导致债市信用风险集中爆发。截至 2018 年 5 月底，债市已

出现违约的债券共计21只，涉及的违约主体达11家，违约总金额达184亿元。从上述主体的违约原因来看，包括大额对外担保、公司重组和资金链紧张，其中明确表示因资金链紧张导致违约的融资主体有8家，涉及违约金额114.78亿元。

紧信用的货币环境下需警惕实体经济的流动性风险。在央行管住货币供给总闸门的政策导向下，截至2018年4月，社会融资规模存量同比增速下滑到历史最低点10.5%，M2（广义货币供应量）同比增速也下滑至历史低位8.3%，在委托贷款、信托贷款、票据融资等融资渠道收缩的情况下，仅依靠信贷投放难以满足实体经济的融资需求，预计未来实体经济的现金流仍将表现出一定程度的紧张。从2018年债市违约的情况看，负债率过高、评级相对较低（AA及以下）的融资主体容易出现违约风险。

四、股票市场风险：企业融资结构与股权质押风险

上市公司股权质押融资风险仍需警惕。自2017年初至2018年底，上市公司中共有2 126家公司发生过股权质押融资事宜，占全部上市公司总数的60.4%；2017年全部上市公司的年报显示，截至2017年底，共有2 543家上市公司处于股权质押状态，其中质押股本数占总股本比例超过60%的有54家，占比超过40%的有345家。可见，股权质押融资已成为上市公司股东融资的一个重要渠道和方式，但上市公司股权作为质押品，其价值随着市场波动变化幅度较大。截至2018年5月底，当年上证综指累计下跌6.4%，2017年底处于股权质押状态的2 543家上市公司股价平均下跌8.01%，质押的上市公司股权价

值大幅下跌容易引发质押品的集中抛售，由此带来的股市系统性风险隐患值得关注。

五、汇率波动与资本流动风险

外资在国内资本市场中的占比逐渐上升。以 A 股市场为例，通过 QFII/RQFII（合格的境外机构投资者/人民币合格境外机构投资者）、沪深港通以及 A 股加入 MSCI（明晟）指数等一系列制度安排，外资流入的渠道明显增加，净流入的金额明显上升。截至 2018 年 4 月，QFII 总投资额度达到 994.59 亿美元，RQFII 总投资额度达到 6 148.52 亿元人民币；截至 2018 年 5 月底，通过沪股通累计净流入资金 2 614.36 亿元，通过深股通累计净流入资金 2 120.25 亿元。

外资的流动可能对股市和汇市构成流动性冲击。上市公司 2018 年第一季报显示，QFII 持有 279 只股票，持仓总市值为 1 436 亿元，在流通市值中占比 0.32%；截至 2018 年 5 月底，陆股通（沪股通 + 深股通）累计买入净额为 4 734.61 亿元，在流通市值中占比 1.11%。从成交额方面看，2018 年 1—5 月沪股通累计成交额在沪市总成交额中占比 4.85%，深股通在深市总成交额中占比 3.17%；沪股通日均成交金额为 102 亿元，深股通日均成交金额为 79 亿元。当前的陆港通政策已经放开了资金流通总量的上限，仅保留了日均净成交额的上限，预计在继续放开资金流动管制的趋势下，外资在 A 股市场的流动性将进一步上升。届时，外资的集中流入和流出，可能会对股市以及人民币汇率构成一定冲击。

六、金融开放与系统性金融风险

金融开放一直是中国金融系统改革的重要议题。在中美贸易摩擦升温，全球贸易保护主义抬头的背景下，中国金融开放的程度和路径再一次成为中国当下迫切需要关注的焦点问题。

中国的“金融开放”包含两个方面的内涵：一是金融服务业的开放，体现为银行、证券、保险等金融服务领域对外资准入的放开；二是金融市场与资本账户的开放，即为实现资本跨境自由流动，国内与国外投资者双向参与对方金融市场的投资和结算。

金融开放伴随着我国经济金融的发展逐步推进，相辅相成。但是，对外开放更考验国内金融体系的健康和金融监管的健全。我国在金融开放过程中，曾多次受到国际流动资本的冲击，遭遇重大损失。当前，我国外部环境非常复杂，把握好开放的节奏和路径的同时，更要把握好金融风险和金融监管能力的平衡度。

七、中美贸易摩擦对系统性金融稳定的冲击

作为全球最大的两个经济体，中国与美国分别为对方最重要的贸易伙伴之一，中美之间的贸易摩擦不仅会对两国的宏观经济以及产业布局产生冲击，也将对世界经济产生深远的影响。

中美贸易摩擦对中国出口和经济增速的影响取决于美国未来关税政策的变化。若美国对500亿美元中国出口商品加征25%关税、对2 000亿美元中国出口商品加征10%关税，中国一年的出口额将减少约789.8亿美

元，中国总出口额增速将下降 3. 29 个百分点，GDP 增速将下降 0. 54 个百分点；若美国对 2 500 亿美元中国出口商品加征 25% 的关税，中国一年的出口额将减少约 1 518. 8 亿美元，出口增速将下降 6. 4 个百分点，相应的 GDP 增速将下降 1. 1 个百分点。

从全球价值链视角来看，美国对中国加征关税的商品主要集中在中间品以及中高科技商品上，由于额外关税的原因，这些商品价格的提高会削弱其市场竞争力，打压中国企业在全球价值链中的参与度及地位。若美国配合实施制造业回流的政策，则有助于提高其企业在全球价值链中的参与度及地位。

就系统性风险而言，中美贸易摩擦升级是导致人民币汇率贬值的主要原因之一，将进一步减少中国贸易顺差和外汇储备余额，削弱中国抵抗外部风险的缓冲效果。由中美贸易摩擦所引发的悲观情绪无论在资本市场还是在实体经济中都表现得非常明显。中美两国之间的贸易摩擦并不仅仅只是影响中美经济，由贸易关税所产生的摩擦成本将通过全球价值链传递至所有参与国际分工的国家，为全球经济带来不确定性。此外，美国政府在中美贸易谈判中所展现出的反复无常的态度及立场也将加剧中国国内对两国之间最终是否能达成协议的悲观情绪。

八、全面观测系统性金融风险与政策应对

为全面观测系统性金融风险的源头和程度，我们通过金融风险热力图、金融稳定图以及金融巨灾指数 3 种方法来进行综合评估。

从金融风险热力图的整体表现来看，近年来防止系统性金融风险与去

杠杆政策的推进取得了一定效果，大部分细分风险指标都处于可控范围内。随着2018年中美贸易摩擦加剧，经济下行风险扩大，内外因素相互叠加，局部风险点有暴露的趋势。主要表现在银行业资产质量风险与汇率市场的风险暴露程度有所增加，综合来看，经济风险整体仍然可控。

从金融稳定图来看，中国经济增长面临较大的下行风险。随着去杠杆的深化，私人部门信贷增速得到抑制，有效地降低了金融业风险，但这也给民营企业和中小企业在融资方面带来了压力，尽管2018年中国金融系统情况已趋于宽松，但外部环境恶化已成为中国面临的主要挑战，在这种环境下我们看到2018年第三季度信贷增速明显增加。2018年3月以来，中美贸易摩擦不断升级，虽至今仍未对中国贸易产生剧烈影响，却已给中国金融市场带来了悲观预期，股票与外汇市场受此影响也出现了一些波动。

宏观层面的金融巨灾风险指标在短期内激升，但未突破长期风险警戒阈。这表明在国内外因素的共同作用下，我国金融市场经历了阶段性的高风险时期，实体经济也承受着一定下行压力。

第二章

宏观债务与金融周期

2008 年全球金融危机后，经济学家开始反思传统宏观经济预警框架，并开始重视研究宏观债务与金融稳定之间的关系。IMF 和 BIS 等机构的研究均发现，宏观债务水平过高会使金融系统的脆弱性加剧。而"杠杆率"则是衡量债务水平高低的核心指标，巴塞尔协议 III 中就把"杠杆率"新设为重要监管指标，旨在衡量债务的可持续性，进而衡量银行系统的稳健性。在经济研究中，分析"杠杆率"有两个视角。微观上，"杠杆率"一般是指经济主体的资产负债数量关系。宏观上，"杠杆率"一般用"国家的总负债/总资产"来计算，也可以用"总债务/GDP"来计算。下文使用第二种方法，即用债务占 GDP 的比重来衡量宏观债务水平，并分析中国宏观债务杠杆率以及分部门的宏观债务杠杆率，并对总宏观债务杠杆率进行国家间的比较。

此外，金融周期也是在 2008 年全球金融危机爆发后蓬勃发展的一个有效的危机预警指标，该指标通常从债务、房价等数据中萃取能反映价值感知和风险感知的信息，以捕捉背后隐含的金融压力和经济资源错配程度（Borio，2012）。全球金融危机之后，无论是学术界还是各国的决策者都愈发认识到金融系统在放大宏观经济波动中的作用，金融周期这个较为新颖的概念也开始慢慢被监管者接受和重视，并被用来构建金融危机的预警指标。下文将构建中国金融周期指数，并通过逻辑回归模型，利用中国金融周期指数度量发生金融风险的概率，最后对当下的风险进行评估与分析。

第一节 债务和杠杆度量

全球金融危机之后，发达国家进入漫长的复苏期，中国成为全球经济增长的主要推动力。由于金融危机期间全球贸易总量大幅萎缩，中国此前赖以推动经济增长的贸易部门逐渐失去活力。为对冲全球金融危机给中国经济增长带来的负面影响并稳定就业，中国政府于 2008 年底推出了“四万亿”的一揽子投资计划，用于基建与房地产建设。《世界金融》杂志的一篇文章认为，如果不是中国经济在金融危机期间所展现出的韧性，2009 年世界经济增速下降的幅度就不只是 0.1 个百分点，而是 1.3 个百分点（World Finance，2017）。

在后金融危机时代，基建与房地产项目背后所承担的大量债务成为中国迈向高质量经济发展的阻碍。中国的宏观高杠杆率不仅仅是大规模刺激计划的结果，也反映了中国经济制度上的结构性问题。中国的国有企业可以源源不断地以较为低廉的成本获得资金，这使它们有动力去不断扩充产能，甚至最终达到超过实际需求的地步，这在一定程度上导致了钢铁、水泥等行业的产能过剩。而为了响应政府对支持中国经济的号召，中国民营企业的举债速度也在快速上升。根据 BIS 的测算，中国非金融部门信贷占 GDP 的比例自 2008 年起快速上升，在 2018 年第一季度达到 261.2%；其中，一般政府部门信贷占 GDP 的比例为 47.8%，非金融企业部门信贷占 GDP 的比例为 164.1%，家庭部门信贷占 GDP 的比例为 49.3%，如图 2.1 所示。

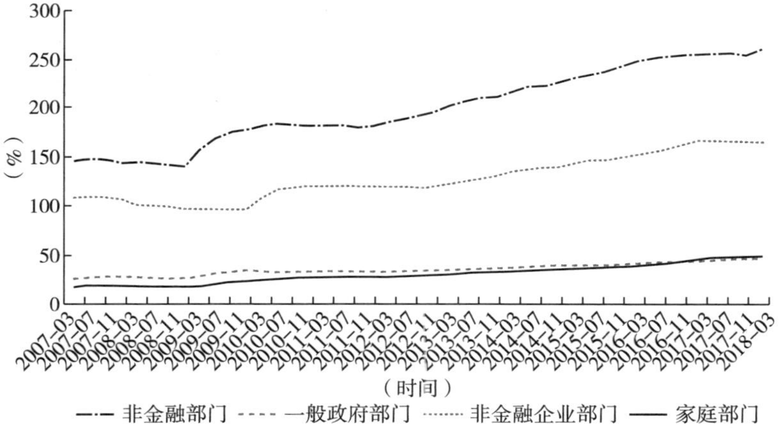

图 2.1　中国各部门信贷占 GDP 的比例

资料来源　BIS，第一财经研究院。

虽然中国宏观杠杆率较高，但发生债务危机的风险正逐渐下降。BIS 将信贷缺口作为发生债务危机的预警指标，当一个国家信贷对 GDP 缺口大于 10% 时，其可能在未来 3 到 5 年发生债务危机。2018 年第一季度，BIS 数据显示，中国信贷缺口为 14.9%，该数值与 2016 年第二季度的峰值 28.3% 相比下降近一半，中国发生债务危机的风险正在逐渐下降，如图 2.2 所示。

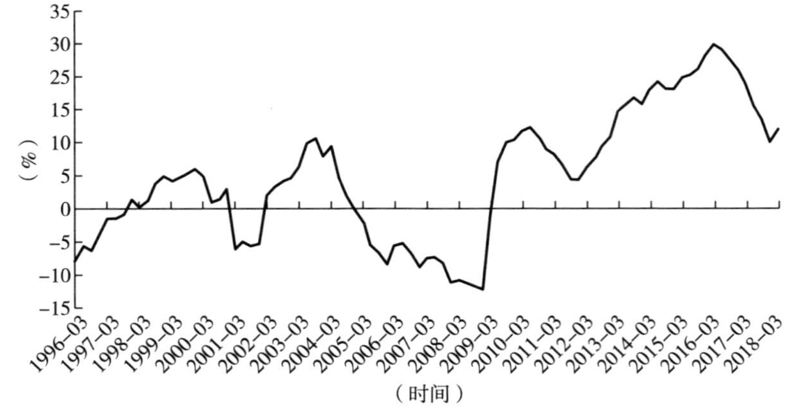

图 2.2　中国信贷缺口的变化趋势

资料来源：BIS，第一财经研究院。

一、中国政府部门债务

由于经济制度原因，中国关于政府债务的界定一直未有清晰的框架。从传统的狭义定义来看，一般政府债务包含中央政府债务以及预算内的地方政府债务。然而，由于地方政府与地方国企之间联系紧密，且地方政府对地方融资平台存在隐形担保等，所以中国地方政府债务的核算一直是个难题。

2014 年是核算中国一般政府债务的转折点，《国务院关于加强地方政府性债务管理的意见》（以下简称“43 号文”）、新《预算法》等一系列政策的出台，标志着此前地方政府与地方融资平台之间盘根错节的债务关系将逐渐得到梳理。2014 年 5 月，财政部印发《2014 年地方政府债券自发自还试点办法》，推动地方政府在国务院批准的限额内以市场化的方式发债融资；同年8月，新《预算法》经全国人大常委会表决通过，进一步放开地方政府融资限制，为地方政府融资开辟合规的新渠道；同年9月，国务院印发43号文，提出剥离融资平台的政府融资职能，要求融资平台公司不得新增政府债务，拉开了整治各地政府隐形债务的序幕。

新《预算法》等文件的推出，有助于厘清地方政府债务的界定。在2014年新《预算法》通过之前，地方政府原则上不允许发行政府债券，因此，2014年之前，中国的一般政府债务包含了中央政府债务以及由财政部代为发行债券的地方政府债务。2014年新《预算法》出台之后，地方政府与地方融资平台之间的界限愈发清晰，一般政府债务在原有基础上多覆盖了2014年底所明确的地方政府显性债务，约有2/3的地方融资平台债务被划分至地方政府显性债务中（IMF，2017）。

自2015年起，中国社科院以及国家金融与发展实验室（NIFD）在核算中国一般政府债务时将融资平台债务划归到企业部门。NIFD在2018年第二季度的杠杆率分析报告中指出，截至2018年第二季度，中国一般政府部门总杠杆率从2017年末的36.2%下降至35.3%，中央政府部门杠杆率从16.2%下降至15.9%，地方政府部门杠杆率从2017年末的19.9%下降至19.4%（见图2.3）。近年来中央政府部门杠杆率保持稳定，而地方政府去杠杆已经取得了明显效果。2018年上半年地方政府债务共增长了1.2万亿元，分别比2016年与2017年同期少增2.2万亿元与0.6万亿元。地方政府隐性杠杆水平的下降幅度更为显著，在影子银行规模收缩的背景下，以融资平台和PPP（政府和社会资本合作）为代表的政府隐性债务余额增速以及主要以政府资金为支撑的基建增速均大幅下滑。

IMF在2017年针对中国发布的《第四条款磋商报告》中，仍然采用

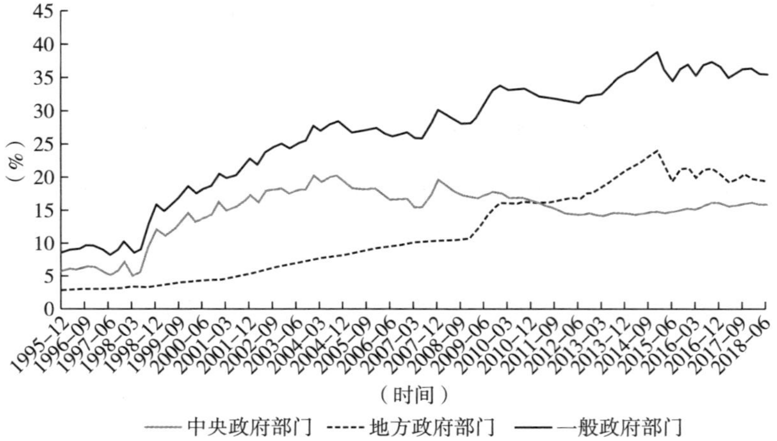

图 2.3　中国政府部门杠杆率

资料来源：NIFD，第一财经研究院。

“增强”债务的概念来核算中国的政府债务，旨在从借贷的目的与隐含的政府担保出发来核算中国的一般政府债务，而不只是法律上应偿还的债务。在“增强”债务的定义下，除了狭义定义中的中央政府债务以及预算内的地方政府债务，2017 年 IMF 对中国政府债务的核算依然囊括了地方政府通过融资平台所获得的银行贷款、债券融资以及信托贷款等，而政府引导基金和专项建设基金也因其类财政的性质被包含在内。根据 IMF 2018 年的测算，2017 年中国政府部门债务占 GDP 的比例为 67.5%，2018 年该比例仍在上升（见图 2.4）。

即使在“增强”债务的定义下，中国的政府债务总额可能仍然存在低估，因为 PPP 此类被认为是明股实债的融资行为并未被纳入统计范围（IMF，2017）。根据财政部的数据，截至 2018 年第三季度，PPP 项目的总入库数为 12 470 个，投资总额约为 17.2 万亿元。若这些 PPP 项目同地方融资平台一样受到政府隐性担保，项目的公共利益与私营利益混杂，那么

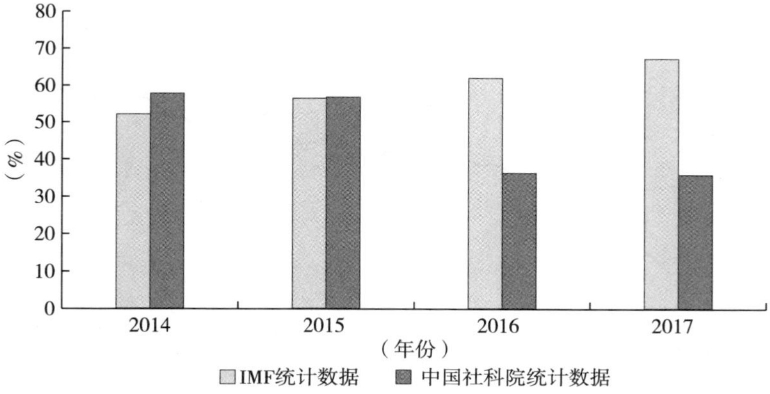

图 2.4　中国政府部门杠杆率

资料来源：IMF，NIFD，Wind（万得），第一财经研究院。

这些 PPP 项目依然会对地方财政产生负担，并模糊地方政府债务判定的边界（Kern，2018）。

BIS 于 2015 年对原有政府债务数据库进行了更新，提出了“广义”政府债务的数据，根据 BIS 的统计，政府债务不仅包含中央政府的债务，还包含地方政府的债务。根据 BIS 的数据，截至 2018 年第二季度，一般政府债务占 GDP 的比例为 47.6%，较 2018 年第一季度的 46.9% 有所攀升。

与社科院及 NIFD 关于一般政府债务数据相比较，BIS 数据显示的一般政府杠杆率略高。长期来看，两者的趋势一致。短期来看，BIS 数据所研判的趋势是 2014 年之后一般政府债务占 GDP 的比例稳步攀升，NIFD 的数据则显示 2014 年之后一般政府债务占 GDP 的比例先升后降，高点是在 2016 年的第三季度（37.26%），到 2018 年第二季度一般政府债务占 GDP 的比例逐步降低至 35.34%（见图 2.5）。

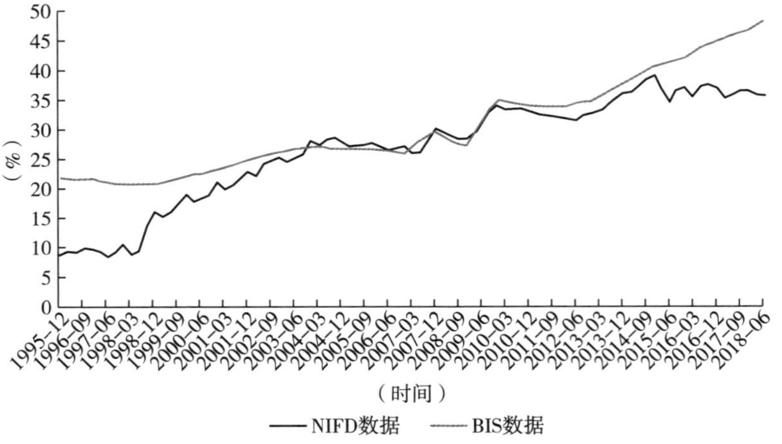

图 2.5　中国一般政府债务占 GDP 的比例

资料来源：BIS，NIFD，第一财经研究院。

二、中国非金融企业部门债务

2007—2017 年 10 年间，中国 GDP 增长率由 2007 年的 14.2% 逐渐放缓至 2017 年的 6.9%，而中国非金融企业部门债务的上升势头却丝毫没有放缓，根据 BIS 的数据，中国非金融企业部门债务占 GDP 的比例由 2007 年的 96.8% 上升至 2017 年的 160.3%。

中国企业债务的迅猛上升势头还伴随着国有企业与私有企业之间的信贷资源不平衡。由于国有企业与政府之间关系密切，所以国有企业能够以较低的门槛与较为低廉的资金成本获得信贷资源。IMF 在 2017 年的一篇工作论文中指出，2008 年至 2016 年，国有企业贡献了 58% 的非金融企业部门债务，私有企业则贡献了 42% 的非金融企业部门债务；与此同时，2016 年国有企业的资产回报率为 2.6%，远低于私有企业 5.9% 的资产回报率

（Lam et al.，2017）。与私有企业相比，国有企业的杠杆率更高，而投资回报率与劳动生产率却更低，并且在某些产能过剩行业，国有企业与“僵尸企业”的重合度较高。研究表明，“僵尸企业”会挤出私人投资，导致生产率增速下降并损害行业竞争。此外，“僵尸企业”会带来不良贷款的增加，加剧金融系统风险（Tan et al.，2017）。

2015年底的中央经济工作会议提出“三去一降一补”的政策措施，去杠杆成为监管当局意图缓解金融脆弱性的一个重要手段。2016年底至2018年上半年，监管当局采取了一系列措施来加强金融监管并收紧货币政策，中国宏观杠杆率的上升速度有所放缓。

根据2018年NIFD的测算，中国非金融企业部门杠杆率从2017年末的157.0%下滑到2018年第二季度末的156.4%。非金融企业部门杠杆率自2017年第一季度达到160.9%的峰值后持续下降，除2018年第一季度稍有反弹外，下降趋势已保持了多个季度。截至2018年第二季度，非金融企业的银行贷款余额为86.2万亿元，占GDP的比例为99.6%。2018年第二季度非金融企业的银行贷款余额同比增长9.3%，增速自2017年第一季度见底至7.3%后开始回升。除银行贷款之外，非金融企业的其他信贷余额开始下降。在影子银行严监管的背景下，非金融企业的信托贷款、委托贷款和未贴现银行承兑汇票的余额均较2017年末有所下降，它们占GDP的比例分别从10.3%、16.9%和5.4%下降到9.7%、15.2%和4.8%。

与此相比，根据BIS的测算，中国非金融企业部门（包含民营非金融企业以及国有非金融企业）杠杆率从2017年末的146.9%上升到2018年第二季度末的155.1%，这个水平与NIFD估算的2018年第二季度156.4%的杠杆率非常接近。进一步比较BIS与NIFD测算的中国非金融企业部门杠杆率可以发现，2006 年到 2015 年两者的趋势高度一致，但是在 2016 年之后两者的变化趋势出现了差异，BIS 的数据显示，2016 年第一季度到 2017 年第一季度杠杆率相对稳定，但 2017 年第一季度到 2017 年第四季度，非金融企业部门的杠杆率快速下降，从 154.3% 降到了 146.9%，降低了 7.4 个百分点。相比之下，NIFD 的数据显示，从 2017 年第一季度到 2017 年第四季度，非金融企业部门的杠杆率下降得较为缓和，从 160.88% 下降到 156.97%，降低了 3.9 个百分点（见图 2.6）。

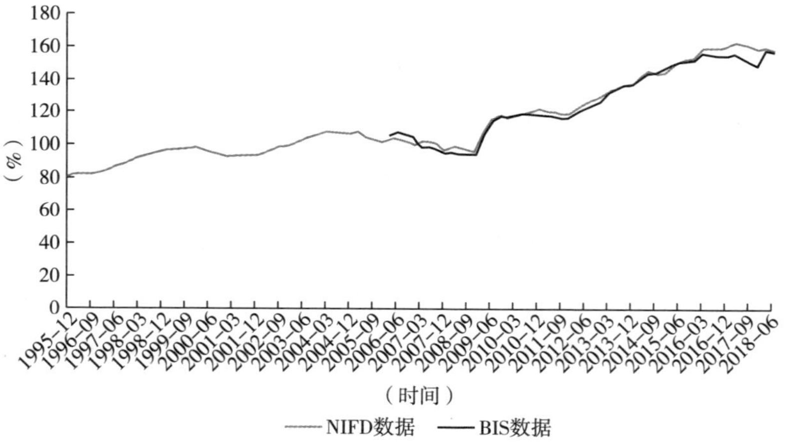

图 2.6　中国非金融企业部门杠杆率

资料来源：BIS，NIFD，第一财经研究院。

除总体杠杆水平呈下降态势之外，2018 年上半年国有企业与私营企业在去杠杆方面出现分化现象。以工业企业为例，2018 年上半年，工业企业资产负债率有所上升，从 2017 年末的 55.5% 上升至 56.6%。其中，私营工业企业加杠杆趋势明显，资产负债率从 2017 年末的 51.6% 上升至 55.8%；国有工业企业的资产负债率出现下降，从 2017 年末的 65.7% 回落至 65.0%。私营企业资产负债率上升的主因在于资产缩水；虽然负债减少对国有企业资产负债率下降有所贡献，但更主要的因素是国有企业的资产在以更快的速度上升。

在一系列去杠杆政策的作用下，2018 年，中国社会融资规模增速以及 M2 增速大幅下滑，对民间融资信心和未来经济增长均产生了一定的负面作用。2018 年 10 月，中国社会融资规模余额同比增速为 10.23%，M2 同比增速为 8%，两者均为本指标有历史数据以来的最低值。从社会融资规模结构来看，委托贷款、信托贷款以及未贴现承兑汇票均呈同比下降趋势，银行表外业务全面萎缩。

为对冲民间融资信心下滑对经济增长的负面作用，自 2018 年下半年起，央行与监管机构的政策重心从去杠杆向稳杠杆转移。仅 2018 年央行 4 次"定向降准"，鼓励银行信贷资源向小微企业、民营企业倾斜；银保监会主席郭树清则提出"一二五"信贷目标，要求在新增的公司类贷款中，大型银行对民营企业的贷款不低于1/3，中小型银行不低于2/3，争取3 年后银行业对民营企业的贷款占新增公司类贷款的比例不低于 50%。种种政策迹象表明，中国非金融企业部门杠杆率短期内将有所回升，而杠杆结构则有望改善。

三、中国家庭部门债务

与政府债务以及非金融企业债务相比，中国家庭债务占 GDP 的比例（居民部门杠杆率）并不高，但在 2008—2018 年 10 年间，中国家庭债务占 GDP 的比例的上升速度却是各部门之中最快的。根据 BIS 的数据，2018 年第一季度中国居民部门杠杆率为 49.3%，而在 2008 年底，该比例仅为 17.9%。IMF 在 2018 年中国《第四条款磋商报告》中指出，2018 年中国家庭债务占 GDP 的比例已超过新兴市场经济体的均值。

NIFD 2018 年的测算同样显示，中国居民部门杠杆率出现快速上升。中国居民部门杠杆率从 2017 年末的 49.0% 上升至 2018 年第二季度的 51.0%，半年内上升了 2 个百分点，然而，相比 2017 年上半年，中国居民部门杠杆率在 2018 年第二季度上升了 2.8 个百分点，增速有所趋缓。BIS 的测算显示了非常相近的居民部门杠杆率以及杠杆率变化趋势（见图 2.7）。

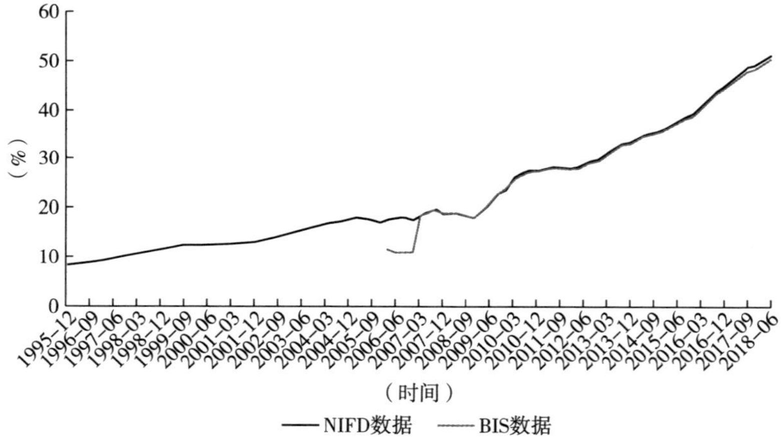

图 2.7　中国居民部门杠杆率

资料来源：BIS，NIFD，第一财经研究院。

统计局的数据显示了同样的趋势，2018 年第二季度，居民债务余额上升至 44.1 万亿元，同比增长 18.8%。其中，短期消费贷款依然是拉动贷款余额上升的主要动力，2018 年第二季度居民短期消费贷款余额为 7.6 万亿元，同比增长 30.3%；住房贷款高位放缓，2018 年第二季度余额为 23.8 万亿元，同比增速回落至 18.6%，增速已基本回到了 2015 年房地产政策松绑以前的水平（见图 2.8）。随着住房贷款增速下滑，居民部门杠杆率的增速将有所回落。

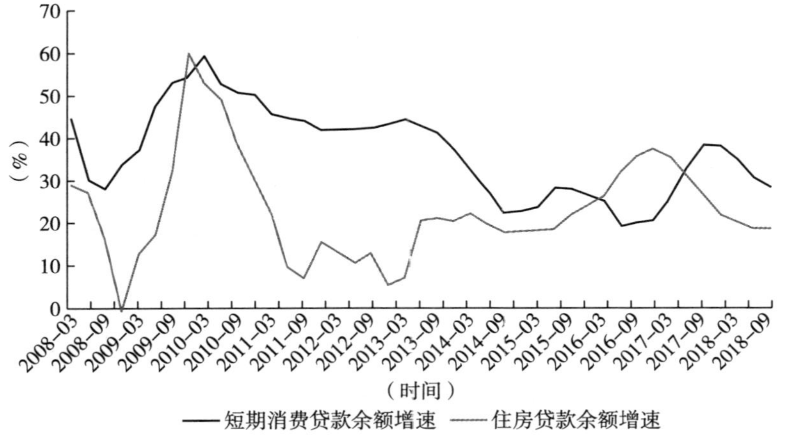

图 2.8　中国居民短期消费贷款增速与住房贷款增速

资料来源：Wind，第一财经研究院。

四、中国金融部门债务

中国是银行业资产规模最庞大的国家之一，2016 年，中国银行业资产占 GDP 的比例为 310%，该比例超过了发达国家的平均水平，并且是新兴经济体平均水平的 3 倍之上。中国银行业在近年来的迅猛扩张势头反映的不仅是实体经济的信贷增长，还是金融部门之间互相加杠杆的结果。中国金融部门规模的快速增长，金融系统内愈发复杂的特性，以及金融机构之间更为联结的风险敞口，都对中国的金融稳定形成了挑战（IMF，2017）。

中国金融机构在绕开监管的同时，通过加杠杆提高利润，导致中国影子银行的急剧扩张。中国影子银行的渠道包括大银行在批发市场以短期质押回购的方式为小银行以及非银行金融机构进行融资，或者是金融机构投资于银行所发行的同业存单以及非银行金融机构所发行的信托计划、资管计划等影子产品（Kern，2018）。

自2010年起，中国监管机构对层出不穷的影子银行模式进行了轮番调控。2010年，银监会主导监管银行与信托机构之间的“银信合作”模式，《中国银监会关于规范银信理财合作业务有关事项的通知》（以下简称“72号文”）要求银信理财合作由表外转至表内并计提拨备，《中国银监会关于进一步规范银行业金融机构信贷资产转让业务的通知》（以下简称“102号文”）明确规定不得使用理财资金直接购买信贷资产等。2013年，《中国银监会关于规范商业银行理财业务投资运作有关问题的通知》（以下简称“8号文”）出台的主要目的是打击非标准化债券资产规模，为理财资金投资“非标”余额设定上限。

2016年底，国海证券“代持”事件引发的信用风波迫使监管当局下决心治理金融乱象，货币政策与金融监管双双收紧。2017年3月末，银监会连续发文对“三违反”、“三套利”和“四不当”进行专项治理；7月，国务院成立金融稳定发展委员会，促进金融监管协调；11月，党的十九大报告提出“健全货币政策和宏观审慎双支柱调控框架”。2018年，《人民银行 银保监会 证监会 外汇局关于规范金融机构资产管理业务的指导意见》（以下简称“资管新规”）、《商业银行理财产品销售管理办法》（以下简称“理财新规”）以及《商业银行理财子公司管理办法》先后落地，为银行表外业务提供了连续、一致的监管框架，有效削减了金融机构的监管套利空间。

一系列监管政策的出台有效降低了中国金融部门的杠杆率，并对金融机构的投融资行为进行了纠偏。根据NIFD 2018年的数据，从中长期趋势看，中国金融部门的杠杆率从1995年到2016年一直处于攀升期，尤其是2011年之后金融部门杠杆率攀升的速度加快，而2016年金融部门的杠杆率达到顶峰，资产方统计口径下的金融部门杠杆率在2016年第四季度达到峰值

78.2%，负债方统计口径下的金融部门杠杆率在2016年第二季度达到66.6%。此后，金融部门的杠杆率开始快速下降，截至2018年第二季度，资产方和负债方统计口径下的金融部门杠杆率分别跌至64.3%和61.6%，分别降低了13.9个百分点和5个百分点（见图2.9）。金融部门去杠杆的幅度依旧较大，且资产方统计口径下的杠杆率与负债方统计口径下的杠杆率继续收窄，说明表外业务仍在向表内回归。2018年，商业银行总资产同比增速已经跌至6.9%，是2006年以来的最低水平。银行同业资产下降是总资产增速下降的主要原因，银行持有的其他银行债权及其他金融机构债权占银行总资产的比例从23.1%下降到21.6%，已回落至2013年的水平。预计这一比例仍将下降。

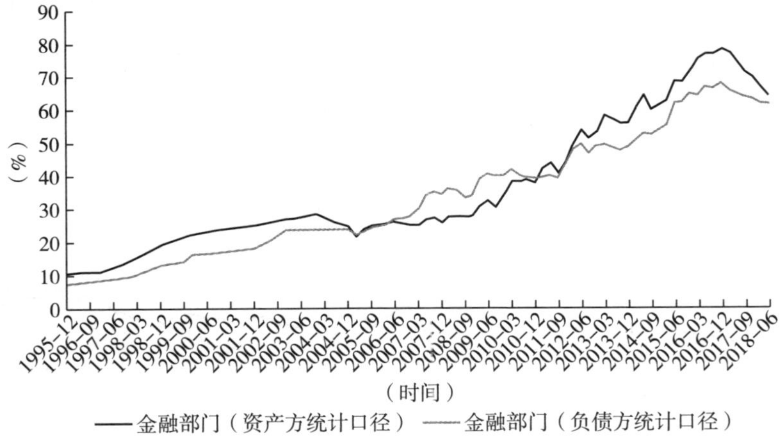

图2.9　中国金融部门信贷占GDP的比例

资料来源：NIFD，第一财经研究院。

五、中国宏观杠杆率总水平及国际比较

比较研究中的难点往往是构建可比的统计口径，BIS测算了多个经

济体从所有部门流向非金融部门的债务水平数据，并构建了债务占 GDP 的比重指标，这套指标可用来观测国家的宏观杠杆率总水平，并进行国际比较。

从基于 BIS 测算数据进行的国际比较来看，2008 年之前，中国 138% 的宏观杠杆率总水平要显著低于全球 197% 和发达经济体 232% 的水平，当然，也显著低于过度借贷的美国，其宏观杠杆率总水平近 230%；然而，2008 年全球金融危机爆发后，中国宏观杠杆率总水平快速上升，在 2014 年超越了全球平均水平，在 2018 年超过了美国（见图 2. 10）。尽管依然低于发达国家 265. 8% 的宏观杠杆率，但潜在风险不容小觑，一是存在较多隐性债务，二是债务增长偏快。近年来，金融监管的首要任务是在保持经济长期稳定增长的同时，标本兼治，逐步并有效重组和化解债务，切实防范和化解系统性金融风险（马建堂等，2016）。

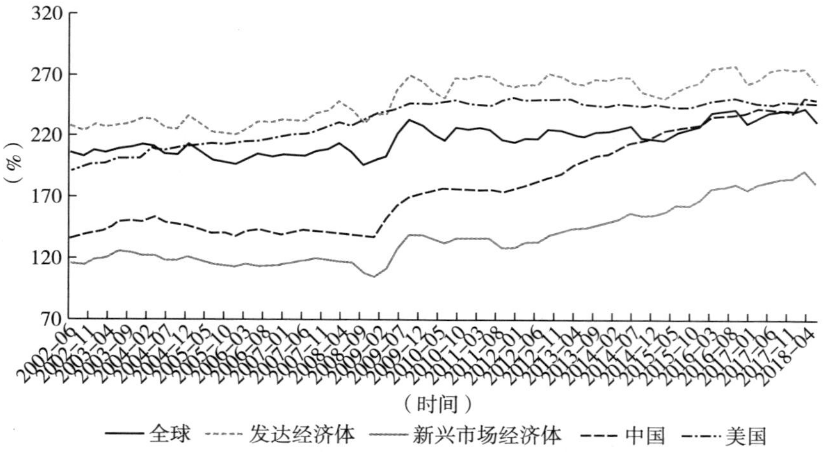

图 2. 10　全球主要经济体宏观杠杆率

资料来源：BIS，第一财经研究院。

第二节　中国金融周期

从概念上来看，金融周期是指在价值感知和风险感知之间存在自我强化的互动，体现在金融破灭尾随在金融繁荣之后。这些互动放大了宏观经济波动并可能导致巨大的金融压力和严重的经济资源错配（Borio，2012）。早在2002年，欧洲的一些经济学家就提出了金融周期的概念，并呼吁将金融周期纳入宏观经济的分析框架（Crockett，2000；de France，B.，2001）。2008年全球金融危机爆发之后，无论是学术界还是各国的决策者都愈发认识到金融系统在放大宏观经济波动中的作用，金融周期这个较为新颖的概念也开始慢慢被监管者接受和重视。

从构建方法上来看，文献（Mendoza & Terrones，2008）和文献（Claessens，Kose & Terrones，2011）构建了信贷周期、房价周期和汇率周期来代表金融周期这个概念，而文献（Drehmann，Borio & Tsatsaronis，2012）则组建了综合性指标来刻画金融周期。虽然构建方法各有不同，但大多数研究针对金融周期都得出了相似的结论，即相较于传统商业周期，金融周期持续的时间更长，周期的波幅也更大。

从研判金融周期所应用的基础指标看，它们主要是围绕银行系统且范围非常广泛，其中包括信贷和资产价格、信用利差、杠杆与流动性、问卷调查所得的银行借贷标准以及银行的非核心负债。尽管不同研究者选取的基础指标有所差异，但信贷和房地产资产价格是大部分金融周期研究都涵盖的核心基础指标。

从目的来看，各界对于金融周期的研究目的也较为一致，即希望通过观察金融周期来识别各国积聚的金融脆弱性以及预警可能发生的银行业危机或系统性金融风险。2008 年全球金融危机爆发之后，巴塞尔银行监管委员会（BCBS）发布了针对 G20（二十国集团）成员的逆周期缓冲资本的操作指引，而指引中各成员设定逆周期缓冲资本的基准也是各文献中用于构建金融周期的核心指标——信贷缺口。

一、信贷与金融稳定

信贷指标之所以被广泛用来研判金融周期，主要是由于该类指标能衡量信贷的繁荣程度。IMF 的研究显示，约有 1/3 的信贷繁荣以金融危机爆发收尾，其他未发生金融危机的国家则经历了长时期的低于长期趋势的经济增速。

然而，并非所有的信贷繁荣都会产生负面结果。IMF 的研究指出，许多国家的信贷繁荣最终都导致长远的金融深化并有利于长期经济增长。文献（Dell' Ariccia，Igan，Laevan & Tong，2012）认为，信贷繁荣是一种现象，其背后原因往往是金融改革、随着资本账户开放而来的资本大量流入以及强劲的经济增长。

综上，如果政策制定者试图用信贷指标来预警金融系统的不稳定，他们就需要分辨什么是“好”的信贷繁荣，什么是“坏”的信贷繁荣。“好”的信贷繁荣会带来金融深化并促进长期的经济增长。“坏”的信贷繁荣下通胀波幅更大、持续时间更长，约半数持续时间超过 6 年的信贷繁荣最终以危机结束。

信贷缺口就是一些经济学家为政策制定者判断信贷繁荣“好”与“坏”的参考指标。所谓信贷缺口，就是信贷占 GDP 的比例与其长期趋势之间的差距。从概念上来说，信贷缺口符合文献（Minsky，1982）和文献（Kindleberger，2000）对金融脆弱性导致危机的机制描述。根据关于明斯基时刻[①]的描述，“坏的”信贷是这样触发金融危机的——在经济繁荣期，资产价格长期上涨，投资者风险偏好上升，借钱去投资资产，但一旦资产价格下行，资产的收益不足以偿还债务会发生资产价格的崩溃，从而引发危机。

文献（Borio & Lowe，2002，2004）最早记录了信贷缺口作为银行系统性危机预警指标的属性。而在2008年全球金融危机爆发之后的2010年，巴塞尔银行监管委员会发布了对各成员设定银行业逆周期缓冲资本的操作指引，将各成员的信贷缺口作为衡量信贷风险积聚的标准，并在此基础上设定逆周期缓冲资本。该指引可以算作各界研究信贷周期、金融周期以及宏观审慎政策的奠基石。文献（BCBS，2010）建议各成员在计算信贷缺口时使用广义信贷指标，即囊括私人部门从金融系统能获得的所有债权融资。这表达了银行将承担过度信贷的结果这一事实，即使信贷增长并非仅仅由银行所驱动。实证分析也表明，作为银行业压力的预警指标，广义信贷的表现要好于狭义信贷。

即使如此，信贷缺口这一指标也受到了一些批评，主要集中在以下三点：首先，有研究认为，信贷缺口并不是设定资本缓冲的一个好的向导指标，因为基于信贷缺口所设定的资本缓冲率有可能与逆周期资本缓冲的初

---

① 明斯基时刻，是指美国经济学家海曼·明斯基描述的资产价格崩溃的时刻，主要观点是经济长时间稳定可能导致债务增加、杠杆比率上升，进而从内部滋生爆发金融危机和陷入漫长杠杆化周期的风险。

衷相违背，即在经济衰退期间要求增加银行资本金而在经济扩张期间要求减少银行资本金；其次，信贷缺口并非银行危机的最佳预警指标，尤其对新兴市场经济体来说；最后，信贷缺口指标存在衡量问题。

针对这几点批评，文献（BIS，2014）也分别给出了回应。对第一个质疑，BIS 认为，批评者误读了逆周期资本缓冲中的周期，这里关注的周期是金融周期而非经济周期，在金融周期的扩张期，建议积累更多的资本金作为缓冲，在金融周期的收缩期，利用在“好时光”所建立的资本来补偿银行业的损失，这显然是有利于系统性金融稳定的措施。对第二个质疑，BIS 引用了文献（Drehmann & Juselius，2013）的研究结果，即使用信贷缺口、信贷增速、GDP 增速、居民房地产价格增速、偿债比率以及非核心负债比率这 6 个指标并使用曲线下面积（AUC）来衡量指标的预测能力。结果显示，信贷缺口在 2—5 年的预测区间是最好的单一预警指标，而偿债比率在更短的预测区间是最好的单一预警指标。即使如此，信贷缺口并不能机械化地同设定资本缓冲联系在一起，制定宏观审慎政策需要判断力。对于第三个质疑，BIS 承认时间序列的长度、时间序列起始点的选取会对信贷缺口产生影响，尤其在新兴市场国家，信贷数据可能少于 10 年，即若只有不到 40 个观测值，信贷缺口的预警能力可能会受影响。

此外，文献（Mendoza & Terrones，2008）认为，当通胀率很高时，信贷占 GDP 的比例可能由于不正常的价格调整而具有误导性。因此，该文献采用实际人均信贷而非普遍采用的信贷产出比来衡量信贷周期。

基于上述文献分析，信贷指标尤其是最具代表性的信贷缺口指标是一个筛选“好的”信贷繁荣和“坏的”信贷繁荣的有效指标，通过及时发现“坏的”信贷繁荣，可以针对系统性金融风险发出及时且有效的预警信号。

二、房地产与金融稳定

无论是在20世纪90年代日本房地产泡沫破灭后的日本银行业危机，还是在2007年起次贷危机触发的全球金融危机中，通过对居民部门和金融部门资产负债表的影响，房地产价格对金融稳定造成了显著的影响。因此，与信贷指标一样，房地产价格也成了构建金融周期的核心指标。

以20世纪90年代日本银行业危机为例，不少研究表明，日本金融系统的危机与20世纪80年代后期的股价和房价过高有关（Ito & Iwaisako，1996；Hoshi & Kashyap，1999；Felman and Leigh，2011）。不过单纯的房地产价格下跌并不必然会触发金融危机，与日本一峡相隔的韩国也在1990年经历了一波房地产价格的下跌，但并未对韩国的银行体系造成太大的冲击（Mera，2016）。日本银行体系的脆弱性主要是由于当时房地产广泛被用作贷款的抵押品，同时，不少银行本身持有大量的房地产，这使银行对房地产价格的变化非常敏感（Sonoda & Sudou，2016）。在这样一个相互交错而脆弱的银行体系下，日本房地产价格泡沫破灭，触发了企业和银行资产负债表的剧烈变动，对实体经济产生了巨大冲击，1994年日本大型金融机构开始破产，危机开始浮出水面（Koo，2011）。

2008年，正值全球经济深陷金融危机的漩涡之中，IMF就在当年的《世界经济展望》报告中探讨了发达国家的住房金融体系对房地产行业、整个宏观经济波动乃至货币政策制定的影响（Cardarelli et al.，2008）。选取房地产指标作为宏观经济中的金融因素，不仅仅是因为房地产行业波动是次贷危机爆发的罪魁祸首，更因为房地产行业在现代经济中占据举足轻重的地位。当越来越多的房屋被作为抵押品进行融资活动时，房价的上涨会促使家庭借贷并提振消费，反之亦然。房地产行业对经济的影响通过家庭与企业的投资储蓄行为被放大，起到了“金融加速器”的作用。

IMF 在 2004 年、2007 年、2008 年发布的《世界经济展望》报告使用 5 个指标来构建一个国家住房金融体系的发达程度，这 5 个指标分别为是否可以资产增值抵押贷款、是否可以再融资或无手续费提前还款、贷款价值比（LTV）、贷款期限、资产担保债券或抵押贷款支持证券（MBS）的发行量。一个国家的住房金融指数越高，意味着该国的住房金融体系越灵活、越完整，居民也越容易获得住房贷款。统计结果显示，住房金融指数越高的国家，居民房贷占 GDP 的比例就越高。

此外，IMF 在 2008 年的《世界经济展望》报告中分别计算了实际房价缺口、实际房地产投资缺口与产出缺口的相关性来衡量房地产行业对商业周期的影响。从发达国家的研究结果来看，各国实际房价和实际房地产投资对经济活动的影响不尽相同。这些不同很大程度是由那些影响房屋供需的当地因素决定的，比如劳动力市场灵活度、建筑业劳动力密集度。以美国为例，美国的劳动力市场更加灵活、建筑业劳动力更加密集，当房屋需求发生变化时，房屋的供给和建筑业就业能够充分应对，因此对经济活动的影响更大。房贷市场的特征和结构也会影响房地产市场与商业周期之间的联系。

在当下以房地产作为重要抵押品的金融系统中，房地产相关指标与系统性金融稳定密切相关。同时，流向居民部门的长期信贷中，购买房地产是居民部门加杠杆的主要原因。因此，房地产指标与信贷指标一样是研判金融周期的一类核心指标。

三、构建中国金融周期

我们综合考虑信用扩张、房地产价格和银行业领域的金融指标，先通过单边HP滤波法[①]提取单独的周期，并构建多个综合金融周期，然后引入二元变量逻辑回归模型且使用接收者操作特征曲线下的面积（AUROC）来判定周期对金融危机的预测稳定性和显著性。结果显示，第一财经研究院构建的金融周期（见图2.11）相较于传统信贷缺口构建的金融周期更能够反映中国金融系统的脆弱性。

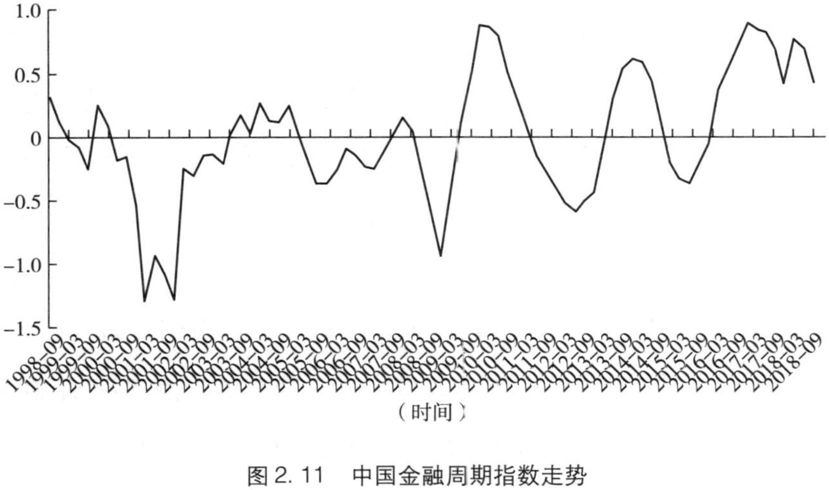

图2.11　中国金融周期指数走势

资料来源：第一财经研究院。

① HP滤波法是被广泛应用于对宏观经济趋势进行分析的方法。

从基础指标来看，信贷缺口、房价缺口、信贷增速和房价增速是构成中国金融周期的基础。这与前文所分析的金融周期是资产价值认知和融资约束条件之间存在自我强化的互动相一致。信贷缺口的数值为名义信贷存量占名义国内生产总值的比例与其长期趋势的偏离值；信贷缺口可衡量实体经济在金融系统内的融资约束，并被广泛应用于宏观审慎监管领域。房价缺口的数值为名义房价占名义居民可支配收入的比例与其长期趋势的偏离值；房价缺口可用于衡量房地产价格是否出现了明显的泡沫。信贷增速可用每季度末信贷总量的同比增长来计算，用于衡量信贷总量变化的速度。房价增速可用每季度末房价的同比增长来计算，用于衡量房地产价格变化的速度。

从中国金融周期的运行来看，1998 年 9 月至 2018 年 9 月，中国大约一共经历了 6 个完整的金融周期。其中，从 1998 年 9 月至 2004 年 12 月的第一轮周期持续时间最长，达到 6.25 年；从 2008 年全球金融危机爆发后，中国的金融周期频率和持续时间都趋向于稳定，每个周期的平均持续时间为 3 年，上升期平均持续时间为 1.5 年，下降期平均持续时间为 1.5 年。

从 2016 年 12 月开始，中国开启了新一轮的金融周期，第一财经研究院数据显示，中国金融周期指数从 2017 年第一季度的顶点 0.84 开始收缩，在短短一年内，指数下行至 2017 年第四季度的 0.42，此后，监管当局意识到过快去杠杆可能给宏观经济带来压力，在逆周期调节后，指数从 2017 年第四季度的 0.42 小幅攀升至 2018 年第三季度的 0.76，然后，再相对缓和地下降至 2018 年第三季度的 0.42。

四、中国金融风险度量及分析

从使用 AUROC 方法的结果来看，第一财经研究院构建的金融周期指数对中国金融“过热”可能带来的系统性金融风险有理想的预警能力。从时效看，金融周期指数分别可以提前 3 个季度、13 个季度和 4 个季度对中国信贷“过热”、房地产“过热”和“金融困境”发出有效的预警（见图 2. 12）。

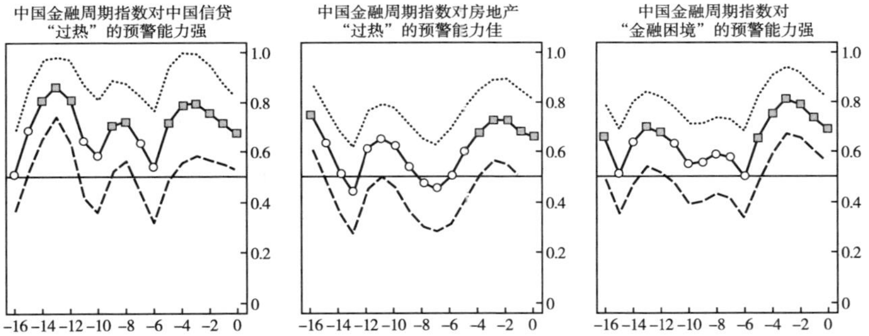

图 2. 12　中国金融周期指数的预警能力示意

资料来源：第一财经研究院。

在 2000 年到 2019 年第一季度期间，当中国发生金融困境的概率大于 50% 时，金融周期模型将发出预警信号。我们的测算结果显示，2017 年和 2018 年第二季度中国发生金融困境的概率最高，为 82%；在随后的每个季度，中国发生金融困境的概率将有所下滑；尽管中国金融周期指数下行，但由于金融周期上升期对金融系统稳定的负面影响有持续性，至 2019 年第二季度，中国发生金融困境的概率为 71%，依然高于 50% 这一警戒线，由此可见，中国防范系统性金融风险的任务比较严峻（见图 2. 13）。

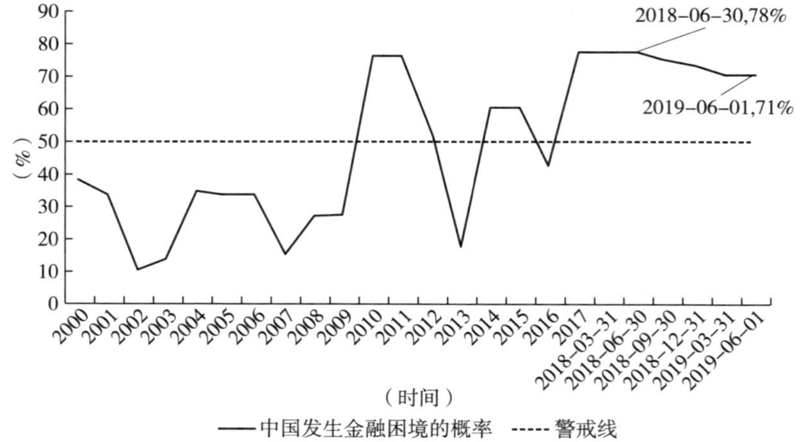

图 2.13　中国发生金融困境的概率和警戒线比较

资料来源：第一财经研究院。

当然，监管当局也已经充分意识到了金融风险的严峻程度。2017 年 7 月，国务院成立金融稳定发展委员会，促进金融监管协调；11 月，党的十九大报告提出“健全货币政策和宏观审慎政策双支柱调控框架”。不过，中国的金融调控框架过于依赖行政化手段去控制风险，而非像巴塞尔协议那样进行渐进的制度性安排，虽然短期金融周期得到控制，但信贷需求依然存在，潜移默化中导致出现了规模庞大且缺乏监管的影子银行，无形中积累了金融风险。建议监管当局学习国际经验，一方面，加强各宏观政策之间的统筹和协调，另一方面，尽量推行制度性的政策框架，避免干预手段行政化。

短期来看，如今中国内外经济压力都有所上升，在金融周期和经济周期双双下行的宏观背景下，防范金融风险的难度加大。

从金融周期、金融稳定与相应宏观政策的国际经验看，在金融周期繁荣期开始下探的过程中常会伴随着金融脆弱性，为了缓和金融风险并防止金融风险的传染，需要联合使用宏观审慎政策、货币政策、财政政策和结构性政策，启用“联合用药”方案。

从宏观审慎政策看，在金融周期下行期需要防范金融部门的顺周期性，即过度收缩或削减信贷的投放。建议银行部门估算压力场景时，强调应对市场风险的最低资本金要求，通过直接融资市场准备足够的资本金，当市场出现损失时，启动逆周期操作，保证对企业部门信贷的通畅，而非收紧信贷，在风险出现时，主动用银行在金融周期上升期积累的资本金去吸收损失。

从货币政策看，如今无法使用“逆风干预”的货币政策，因为调高利率对短期产出产生负面影响的政策成本要远远高于由于危机概率下降产生的政策收益。因此，建议在保持中性货币政策基调的基础上，保证充足的市场流动性。

从财政政策看，如今财政政策发挥空间大。建议在短期内尽快推出更积极的财政政策，减轻企业税费负担，实质性降低企业负担。

除上述周期性调控政策以外，还要推行结构性改革，解决中国经济在信贷供需和房地产供需之间的结构性矛盾，从而有效维护金融稳定。

具体而言，信贷供需的主要结构性问题在于：刚性兑付，直接融资比例低，银行信贷投放的顺周期性，国有企业部门高杠杆率。对此，建议打破刚性兑付，建立和完善破产清算制度，向市场提供更多的金融风险管理工具，鼓励以发行股票为代表的直接融资，降低银行信贷投放的顺周期性，对国有企业进行市场化改革。

针对房地产而言，中国土地供应市场存在土地用途限制等结构性问题，而且房地产与教育、医疗等其他比较稀缺的服务业资源高度挂钩，这两大问题导致了中国房地产资源高度扭曲。本书建议，启动土地制度改革，使土地所有权和土地使用权分离，放松对土地用途的限制，盘活土地资源，以更加市场化的方式推进城市化。此外，应向市场开放医疗、教育、养老、通信等服务业。

| 第三章 |

微观风险：金融机构风险度量

近年来，中国经济增速下降与经济结构调整相互叠加，加上金融市场化的加速，金融领域处在风险的易发高发期，风险点多面广，呈现隐蔽性、复杂性、突发性、传染性、危害性等特点。监管部门持续推进金融去杠杆工作，着力解决资产管理与银行同业业务中出现的问题，对金融机构经营过程中的违规乱象也加大了整治力度。总体来说，监管环境趋于严格，为防范系统性金融风险打下了坚实基础。

在本章中，我们将从银行业、保险业与证券业 3 个方面梳理金融机构的运行状况与风险特征，同时，利用微观风险度量分析金融机构的风险变化。从微观风险度量来看，多个系统性金融风险指标在 2018 年前后创历史新高。系统性预期损失值总值达到了历史最高值，系统性风险指标总值也逼近历史峰值，这说明金融行业整体面临较大的风险。指标走势说明，银行业金融机构对系统性金融风险的边际贡献最大，其系统性风险指标的上升趋势也最为明显。这也表明，当前我国系统性金融风险的重点防范对象仍然是银行业。

第一节 银行业

一、银行业运行状况

2017 年以来，金融严监管与去杠杆力度不断增加，银行业金融机构资产负债规模增长趋缓，然而到 2018 年第三季度，放缓的速度已开始变慢。截至 2018 年第三季度，银行业金融机构资产负债总额 264 万亿元，同比增长 6.96%，增速比 2017 年同期下降 3.91 个百分点；负债总额 243 万亿元，同比增长 6.58%，增速比 2017 年末下降 4.58 个百分点（见图 3.1）。

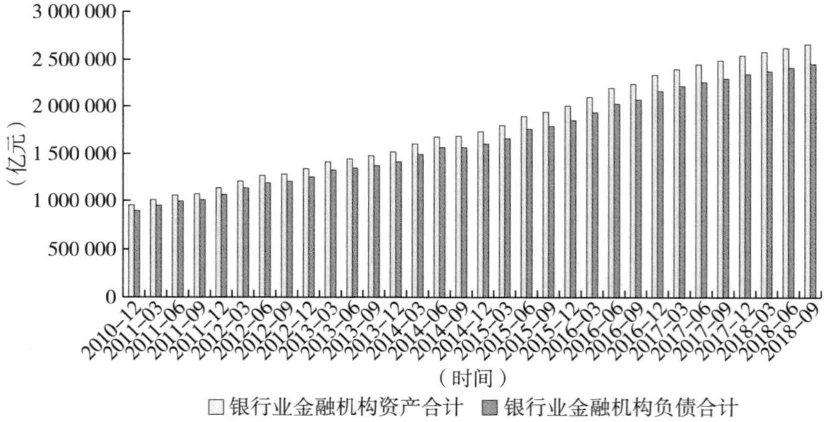

图 3.1 银行业金融机构资产负债

资料来源：中国银保监会，Wind。

随着经济下行压力不断增加，贷款增速开始上涨，但存款增速仍在回落。截至 2018 年 11 月，金融机构本外币各项存款余额 183 万亿元，同比增长 7.3%，增速较 2017 年同期低；金融机构本外币贷款余额 141 万亿元，同比增长 12.6%，增速与 2017 年同期持平（见图 3.2）。

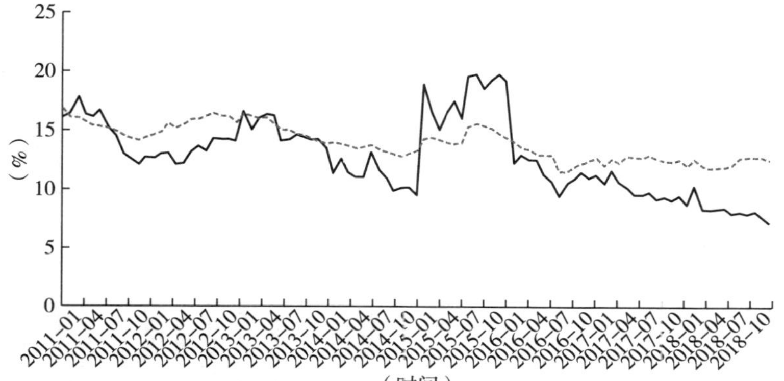

图 3.2　金融机构存贷款增长趋势

资料来源：中国人民银行，Wind。

一方面，虽然银行业资产质量下行压力有所增加，但金融机构对于不良贷款的认定更加审慎。截至 2018 年第三季度，商业银行不良贷款余额 20 322 亿元，同比增长 3 618 亿元，自 2011 年末起持续增长。进入 2018 年，商业银行不良贷款率再度上升，第三季度为 1.87%，创 2009 年第二季度以来新高。

另一方面，商业银行资本充足水平有所提高，提升了银行面对风险事件的能力。截至 2018 年第三季度，商业银行核心一级资本充足率为 10.80%，一级资本充足率为 11.33%，较 2017 年同期相比有所改善；资本充足率为 13.81%，创 13 年以来新高，资本较为充足（见图 3.3）。

但我们也注意到，商业银行利润增长率在下降，盈利能力较 2017 年同期有所下滑。截至 2018 年第三季度，商业银行净利润累计 1.5 万亿元，同比增长 5.9%，增速较 2017 年同期下降 1.5 个百分点（见图 3.4）。从资本利润率和资产利润率两个指标来看，商业银行盈利能力亦较 2017 年同期有所下滑。

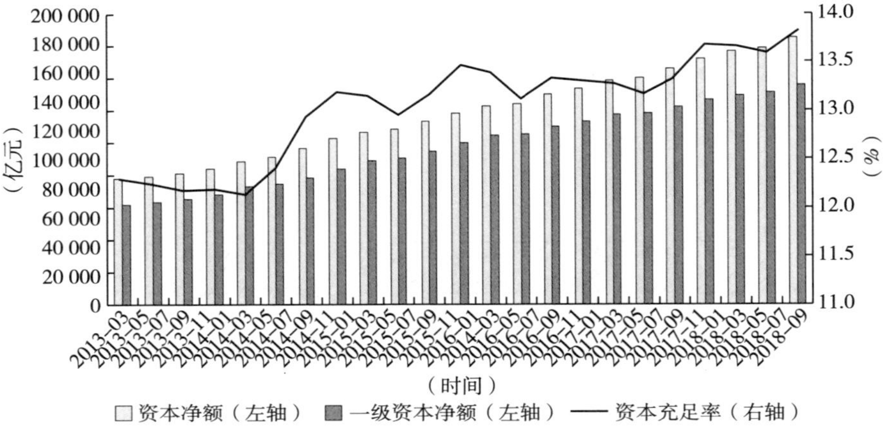

图 3.3　商业银行资本充足率与构成

资料来源：中国银保监会，Wind。

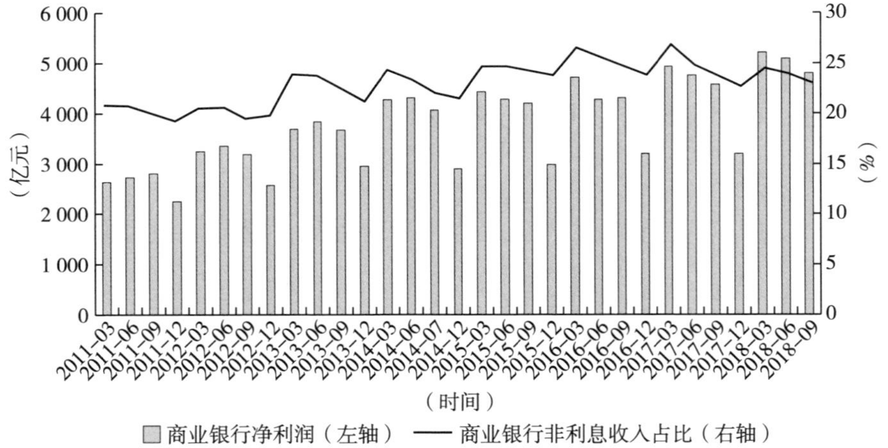

图 3.4　商业银行盈利水平和非利息收入占比变化趋势

资料来源：中国银保监会，Wind。

最后，商业银行流动性有所改善。截至 2018 年第三季度，商业银行流动性比例为 52.94%，存贷款比例为 73.55%，均较 2017 年同期有所改善；人民币超额备付金率为1.89%，仍处于近年来高点。整体来看，流动性合理充裕。

二、银行业风险

（一）银行业风险综述

近年来，由于中国经济增速放缓与经济结构调整相互叠加，再加上金融市场化加速，银行业面临的风险也更加复杂。在这种情况下，监管部门持续推进金融去杠杆工作，出台了一系列政策着力解决资产管理与银行同业业务中出现的违规问题，对现存的市场乱象也出台法规予以整治。总体来说，监管环境趋于严格，为防范系统性金融风险打下了坚实基础。

随着金融市场的深化、金融脱媒的发展，银行非信贷资产业务的占比不断提升，新业务的快速发展与金融机构的监管套利密切相关，这种变化不仅增加了金融风险，还加大了风险计量的复杂性。

具体来看，银行非信贷业务分为表内非信贷资产业务与表外非信贷资产业务两种。表内非信贷资产业务的发展主要有三重影响：首先，期限错配和杠杆使用带来流动性风险；其次，买入返售和同业业务的扩张加强了金融机构间的关联性，增加了传染风险；最后，相关产品的多层构架也加大了风险的计量难度。而表外业务在发展的实践中则普遍具有更大的自由度与创新性，其潜在风险巨大且难以准确评估。比如，通常的信托计划、理财产品等表外产品大多具有银行的隐性担保，实际风险并未出表，这就给评估风险带来巨大困难（黄志凌，2016）。而其中部分产品的高杠杆特征和层层嵌套更是隐藏着巨大的风险敞口。但从本质上讲，驱动非信贷业务增长的基本动因是一致的，表内外业务的风险特征和所产生的影响也有交叠之处。

针对上述问题，2017 年以来，“一行三会”① 密集下发监管文件，积极开展专项整治工作，重点指向同业、银行理财、委外等业务，金融去杠杆的进程持续推进。中国人民银行同时强化了宏观审慎监管考核（以下简称 MPA）的执行力度，下调了对资本充足率不达标银行的容忍度要求，以抑制银行杠杆快速扩张。与此同时，MPA 将表外理财业务纳入广义信贷考核，这对银行表外理财的扩张亦起到了抑制作用。2018 年第二季度，监管部门更是正式发布资管新规，旨在打破资管业务的“刚性兑付”机制，限定杠杆倍数，禁止资金池操作，以强化资本约束和风险准备金计提要求，对降低金融杠杆、防控系统性金融风险具有积极意义。

在这一系列政策的共同作用下，同业存单等部分前期爆发式增长的业务增速有所下降，银行理财以及投资业务规模下降，从而使银行在资本市场的金融杠杆作用有所下降，缓解了银行整体的期限错配压力，银行业流动性水平有回升的趋势（中国银行，2018）。

在经济增长放缓的背景下，商业银行信贷资产质量恶化是银行业面临的又一个问题。整体来看，自 2013 年以来，商业银行不良贷款余额不断攀升（曾刚，2017）。在这种情况下，摸清存量风险底数并利用多种手段有效化解存量风险变得至关重要（银监会，2017）。2018 年以来，银监会

① “一行三会”（中国人民银行、银监会、保监会、证监会）已于 2018 年 4 月调整为“一行两会”（中国人民银行、银保监会、证监会）。

进一步明确不良贷款的划分依据，降低商业银行出于绩效考核目的粉饰不良贷款的可能性。2018 年 2 月末，银监会发布《关于调整商业银行贷款损失准备监管要求的通知》，同时督促银行加快不良贷款处置，鼓励运用拨备吸收不良贷款处置损失，以起到有效化解存量风险的作用。

前些年表外业务的快速扩张还滋生了银行市场的乱象，面对这些违规行为，银监会于 2017 年第一季度开展了名为“三三四”的专项治理行动，主要针对下述违规行为：“三违反”（违反金融法律、违反监管规则、违反内部规章），“三套利”（监管套利、空转套利、关联套利），“四不当”（不当创新、不当交易、不当激励、不当收费）。掀起严监管风暴，起到了整治市场乱象、打击违法违规行为的作用，有效扼制了同业、表外业务的野蛮生长（蔡恩泽，2018）。

（二）金融机构法人治理风险

近年来，金融改革开放的进程不断加快，所取得的发展成效也是有目共睹的。但在高速发展过程中暴露的不少问题显示，金融机构作为市场参与主体，其公司治理“形似而神不似”。2017 年，全国金融工作会议把“健全金融机构法人治理结构”列在深化金融改革的首位，这既是深化银行业和保险业改革的重点任务，也是防范和化解各类金融风险、实现金融机构稳健发展的主要保障。

从银行业已暴露的风险来看，内控机制失灵、公司治理薄弱是重要原因。2018 年以来公布的几起银行业大案、要案显示，涉案机构普遍存在公司治理薄弱问题，“一把手”未得到有效监督，“内部人”监守自盗，风控体系形同虚设，为不法分子提供了可乘之机（欧阳剑环，2018）。而中小银行的问题表现得更为突出，主要体现在一些机构的股权关系不透明、不规范以及股东行为不合规、不审慎等方面。

对于商业银行这一重要金融市场参与者来说，如果不改变公司治理结构和经营机制，不可能办成真正的商业银行（陆磊，2018）。而商业银行要想构建良好的公司治理机制，需要处理好党委与股东大会、董事会、监事会、高级管理层“三会一层”的关系，建立稳定优良的股权结构，确保董事会高效运作，充分发挥好监事会的监督职能，强化管理层的执行力，严格规范授权管理，注重信息披露、投资者关系与市值管理（杨凯生，2018）。

三、银行业风险度量

在本部分中，我们将借助量化指标，包括传统的不良贷款指标和银行业微观系统性风险指标，结合当前内外部环境变化分析银行业面临的风险问题。

（一）不良贷款

中国作为以间接融资为主的经济体，其债务问题是经济发展中不可避免的问题之一。在经济快速增长时，债务问题并不突出，但随着近年经济增长放缓，银行业不良资产压力增大，债务问题越来越引起各方关注。这不仅影响金融稳定，信用风险的积累也不利于社会经济平稳发展。2017 以来伴随一系列监管政策的落实，银行业风险得到了一定控制，但金融体系还处于风险高发期，不良资产压力较大的问题依旧存在。这里我们从商业银行不良贷款及其相关政策变化的角度出发，分析银行业不良贷款风险。

整体来看，2013 年以来，商业银行不良贷款余额不断攀升，不良贷款率也呈上升趋势。尽管 2015 年末至 2018 年初不良贷款率稳定在 1.75% 左右，但进入 2018 年第二季度该指标再度上涨。截至 2018 年第三季度，商业银行不良贷款率上涨至 1.87%，创 2009 年第二季度以来新高，商业银行不良贷款余额更是增至 20 322 亿元（见图 3.5、图 3.6）。

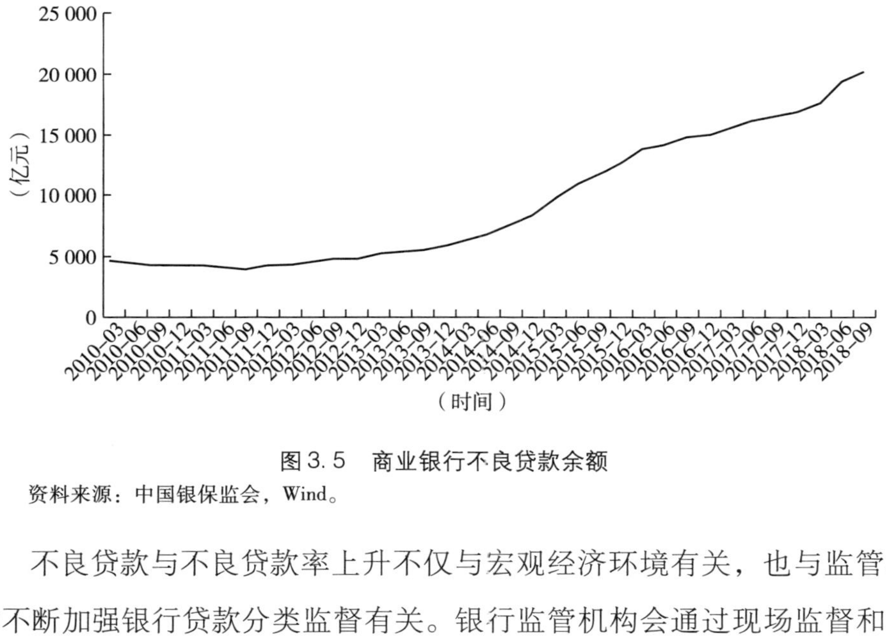

图 3.5 商业银行不良贷款余额

资料来源：中国银保监会，Wind。

不良贷款与不良贷款率上升不仅与宏观经济环境有关，也与监管机构不断加强银行贷款分类监督有关。银行监管机构会通过现场监督和非现场监督来确保银行贷款分类的准确性和现行规则的充分性，以期准确评估当前增加的信贷风险，为做好充足监管准备提供依据。实际上，银行在过去的实际操作中，对部分贷款，即使逾期超过 90 日也不会将其归为不良贷款，比如小微企业或贫困家庭贷款，银行也存在其他非审慎或

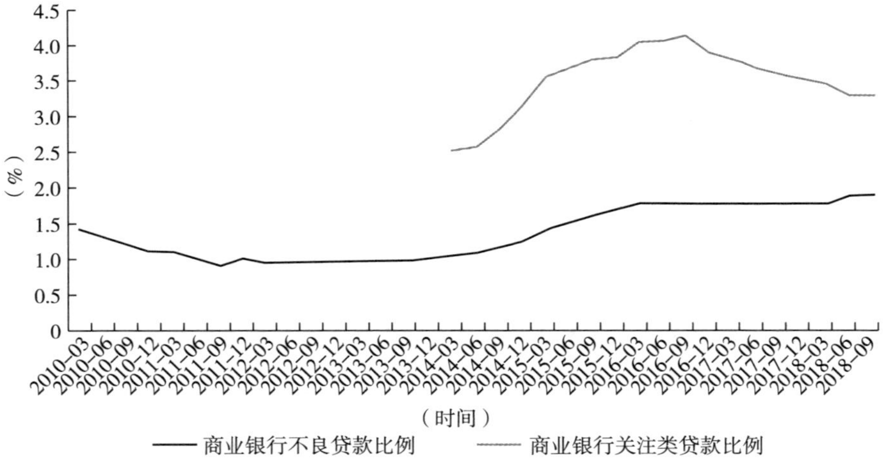

图 3.6　商业银行不良贷款比例与关注类贷款比例

资料来源：中国银保监会，Wind。

不正确的贷款分类操作。银行监管机构会密切关注这些贷款情况，根据其数据，这些贷款占银行系统总贷款的 0.4%（IMF，2017）。随着 2018 年监管要求的进一步严格，逾期 90 日以上的贷款至少应计入次级贷款，次级贷款已属于不良贷款范畴，这在一定程度上导致 2018 年第二季度以来不良贷款比例的上升。

为了更好地防范银行业风险，监管机构还督促银行加快不良贷款处置、增大核销力度，同时运用拨备吸收不良贷款处置损失。2018 年 2 月 28 日，银监会印发《关于调整商业银行贷款损失准备监管要求的通知》，决定调整商业银行贷款损失准备监管要求，拨备覆盖率监管要求由 150% 调整为 120% ~ 150%，贷款拨备率监管要求由 2.5% 调整为 1.5% ~ 2.5%。

银行监管部门还将按照“一行一策”的原则，在评估各银行的贷款分类准确性与资本充足性后，明确单家银行的贷款损失准备监管要求。在当前标准下，资本越充足的银行，对其贷款损失准备要求将越低，其将更有动力利用贷款损失准备处置存量不良贷款。因为这样既可以减少不良贷款，又可以减少贷款损失准备计提，从而进一步提高资本充足率。

总的来看，这些变化有利于加快处置不良贷款，在经济下行与防风险的背景下，减少"表外业务回表"的摩擦，提高商业银行信贷投放的能力，进一步满足实体经济的融资需求。

（二）微观系统性风险指标

在本部分，我们将测算上市满1年的银行的微观系统性风险指标，即系统性预期损失值（SES）、条件在险价值（△CoVaR）以及系统性风险指标（SRISK），并从银行业角度进行子样本分析。

从模型结果来看，银行业SES总值、SRISK总值已分别达到历史最高值，△CoVaR总值也在2017年以来快速上涨，逼近历史峰值，这说明银行业整体面临较大的风险（见图3.7）。由于银行业自身体量因素，银行业金融机构对系统性金融风险的边际贡献最大，其系统性风险指标的上升趋势也最为明显。这与我国金融行业的基本特征相吻合，银行提供的间接融资仍然是我国各经济主体主要的融资渠道，且银行业机构的体量以及参与经济活动的深度和广度都远超券商和保险公司，这导致在内外冲击到来时，银行业所受负面影响也最大，因此，当前我国系统性金融风险的重点防范对象仍然是银行业。

我们在银行业内部再次做拆分，以国有行、股份行和城商行为3个子

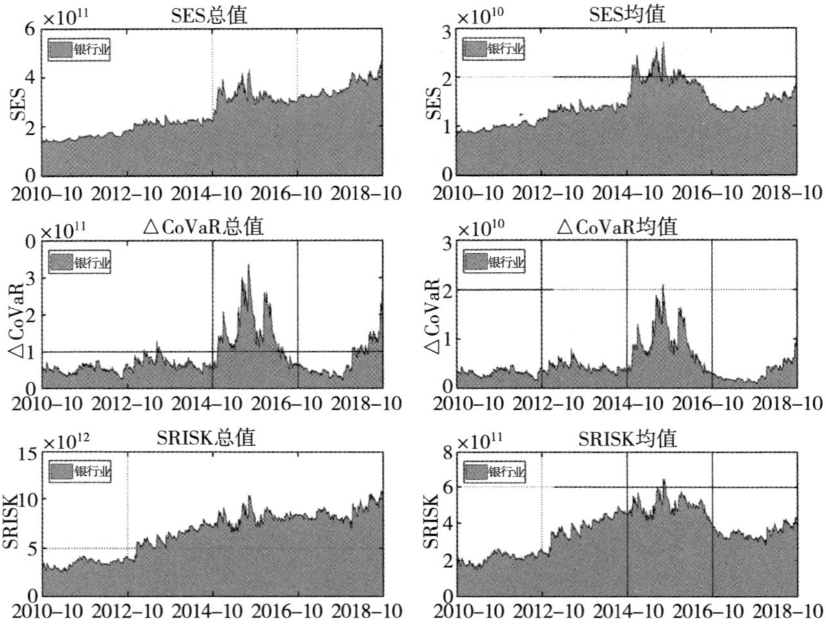

图 3.7 银行业系统性金融风险指标边际贡献

资料来源：清华大学国家金融研究院。

样本做更细致的测算分析。国有行系统性金融风险边际贡献在 2018 年多次大幅跳升，其 SES 标准值在 2018 年 10 月底达到历史峰值（见图 3.8）。股份行系统性金融风险边际贡献上扬更为显著，其 SRISK 标准值与 SES 标准值在 2018 年 10 月底同时达到新的历史最高点，双双突破 2015 年股市异常波动时期的水平（见图 3.9）。

结合银行业不良资产增速、资本充足率、资产利润率等数据的走势来看，银行业的经营和财务状况并未有明显的恶化，可以推测其系统性金融风险指标阶段性跳升仍有“事件驱动”的特征，缘于市场在内外因素共同作用下复杂环境中的恐慌情绪和悲观预期。

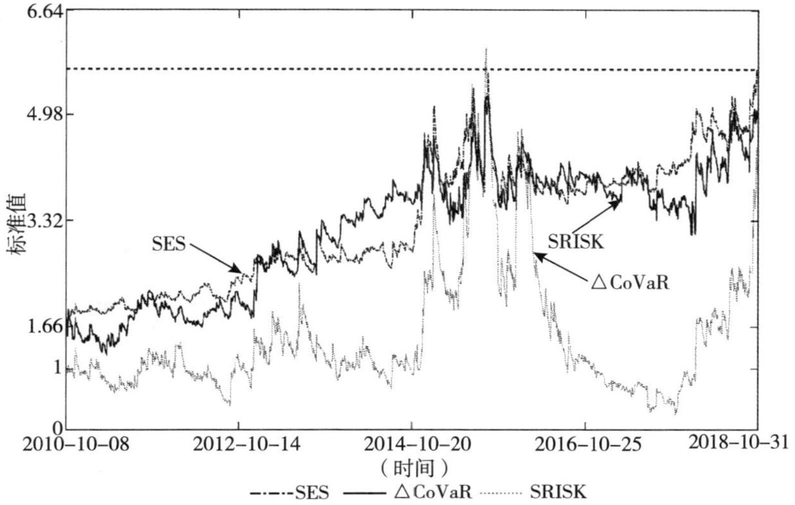

图 3.8　国有商业银行系统性金融风险边际贡献

注：SES 标准值在 2018 年 10 月底达到历史最高点，超过 2015 年股市异常波动时期的水平。

资料来源：清华大学国家金融研究院。

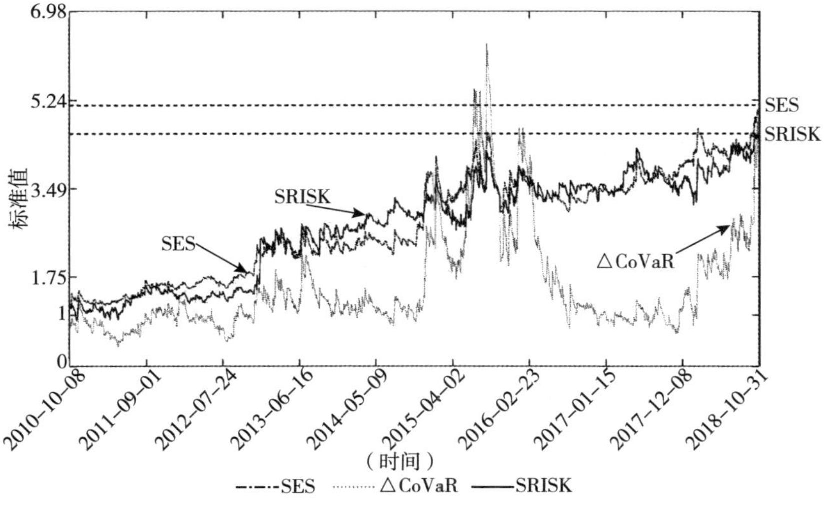

图 3.9　股份制商业银行系统性金融风险边际贡献

注：SES 标准值和 SRISK 标准值均在 2018 年 10 月底达到历史最高点，均超过 2015 年股市异常波动时期的水平。

资料来源：清华大学国家金融研究院。

从银行业机构抵御风险的能力来看，国有行、城商行的预期资本损失覆盖程度在2017—2018年均大于100%，而股份行的这一指标小于100%（见图3.10）。这表明，股份行的风险抵御能力低于行业平均水平，是银行业机构乃至整个金融市场的薄弱环节。

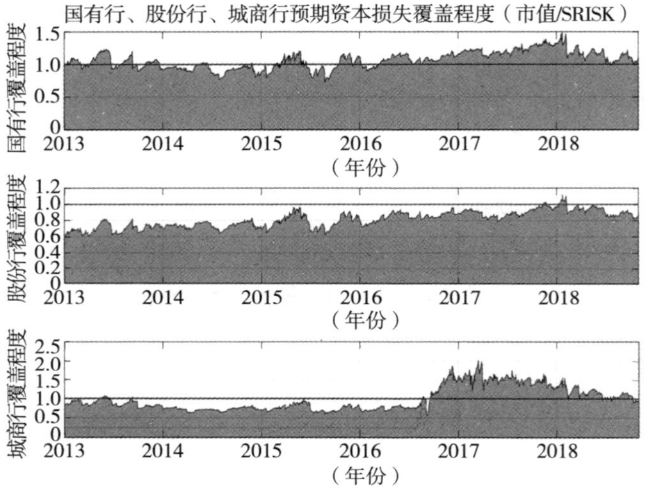

图3.10　银行业金融机构预期资本损失覆盖程度对比

资料来源：清华大学国家金融研究院。

第二节　保险业

一、保险业运行状况

2018年，保险业资产增长有所放缓。截至2018年第三季度，保险业总资产达17.87万亿元，同比增长7.8%，增速较2017年下降5.53个百分点。其中，产险公司总资产2.35万亿元，同比下降5.97%；寿险公司总资产 14. 1 万亿元，同比增长 7. 72%；再保险公司总资产 3 573 亿元，同比下降 5. 96%；资产管理公司总资产 519 亿元，同比增长 18. 18%。

保险资金运用也面临一定挑战，保险资金对低收益资产的投资有所增加。截至 2018 年第三季度，保险业提高了银行存款与债券投资的配置比例，而权益类投资略有下降。具体来看，银行存款与债券投资占资金运用余额的比重分别为 14. 1% 和 35. 3%，同比增加 1. 1 和 0. 33 个百分点；股票和基金投资占比为 12. 7%，同比下降 0. 76 个百分点。其他投资（主要是另类投资）占比为 37. 99%，同比下降 0. 53 个百分点。

目前，保险行业正处于防范化解风险攻坚期、多年积累深层次矛盾释放期和保险发展方式转型阵痛期的“三期叠加”阶段，相关风险值得关注（人民银行金融稳定小组，2018）。

二、保险业风险

近年来，保险业总体风险虽然可控，但面临的形势依然严峻。从整体环境看，国内外经济金融形势错综复杂，各种风险和矛盾变化可能会给保险业带来较大的影响；而从行业内部看，保险业多年积累的深层次矛盾逐步释放，保险业自身发展模式也面临转型。2017 年以来，监管层对政策导向做出重大调整，以风险防控作为首要目标，坚持专注保险主业和金融业服务实体经济的定位，改进金融监管和风险防控工作，治理市场乱象，弥补监管短板，切实守住风险底线（安永，2017；裴光，2018）。

2017 年开始，利率进入下行通道，保险资产负债管理面临利率风险挑战。利率市场波动对保险公司资产端与负债端均有较大影响。一方面，如果利率市场波动加剧，保险公司配置固定收益类资产的难度将增加。另一方面，市场利率水平走低时，保险资金将面临较大的再投资风险。同时，保险市场竞争激烈使得保单成本始终处于高位，保单高成本的压力传导到资产端，倒逼部分保险公司提高资产端风险偏好，增加权益资产、低信用等级债券等的投资，加大了市场风险和信用风险。

然而，随着中国经济增长放缓，金融市场信用风险也在增加。这对保险业主要有两方面的影响：首先是债券市场主体评级下调与违约事件增加，信用债违约券种范围不断扩大，保险资金投资债券面临的信用风险增加。其次，随着保险资金投资非标资产的比例提升，信用风险敞口也会扩大。一方面，地方政府债务风险的攀升带来保险资金投资信托、债权计划等非标产品的潜在信用风险增加。另一方面，部分非标产品蕴含违约风险，投资相对稳健的保险债权计划的信用风险也值得关注（郭金龙，2018）。

另外，部分保险公司出现了一定的流动性压力。虽然保险行业现金流整体较为充裕，但个体分化明显，存在局部流动性风险隐患。首先，部分人身险公司在业务结构调整期保费流入下降，同时退保金大幅增加，满期给付总量仍处于高位，现金流出压力持续上升。其次，对于过去高度依赖中短存续期业务的保险公司，资产负债错配严重，现金流面临一定考验。最后，部分过去经营非寿险投资型产品的保险公司业务存量余额较大，考虑到这类公司将面临较为集中的满期给付压力，也需要警惕流动性风险。

保险公司在治理及规范经营方面也存在一些违规行为。首先是公司治理存在薄弱环节。部分公司股东股权存在重大风险隐患，公司治理有效性不足，关联交易风险突出，内部管控机制缺失。其次是违规经营问题突出。针对这些问题，保险监管当局出台 60 多项规章和规范性文件，加大治理乱象的力度，机构合规意识增强，保险业抵御风险的能力有所提高（中保基金公司，2018；马向东，2018）。

三、保险业风险度量

在本部分，我们将测算上市满 1 年的保险机构的微观系统性风险指标，即 SES、△CoVaR 以及 SRISK，并从保险业角度进行子样本分析。

从模型结果来看，2018 年，保险业 SES 总值也达到了历史最高值，而 SRISK 总值与△CoVaR 总值也经历了快速上升，保险业整体面临的风险有所增加（见图 3.11）。但由于保险业自身体量因素，保险业金融机构对系统性金融风险的边际贡献远低于银行业，总体来看，保险业风险仍然处在可控范围内。

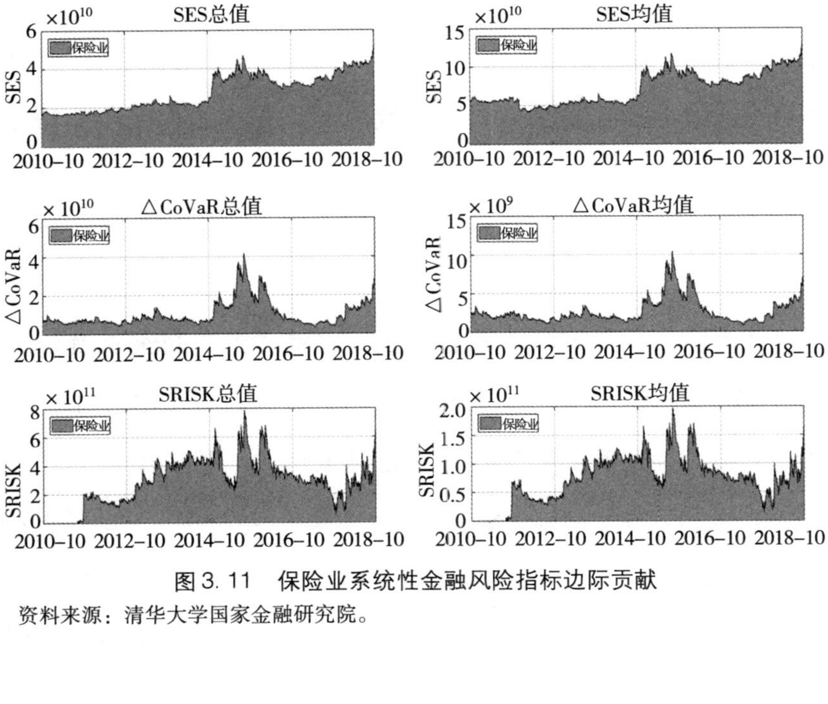

图 3.11 保险业系统性金融风险指标边际贡献

资料来源：清华大学国家金融研究院。

第三节　证券业

一、证券业运行状况

截至2018年第三季度，上市公司盈利水平有所下降，个体风险有所暴露。截至2018年末，沪、深两市共有上市公司3 567家，较2017年末增加82家，其中新股发行86家，退市4家。总市值和流通市值分别为44.05万亿元和35.76万亿元，同比分别下降22.37%和20.36%。流通市值占总市值的比例为81.18%，同比上升2.04个百分点。部分上市公司风险有所暴露。少数上市公司通过炒作概念骗取融资，或利用股票质押资金循环加杠杆等方式盲目扩张，引发经营困难和财务陷入困境；个别上市公司大股东及关联人还通过关联交易等方式从上市公司套现，违反了资本市场"三公"原则，损害了投资者合法权益（中国人民银行金融稳定小组，2018）。

2018年第三季度，全国共有证券公司131家，与2017年末持平。证券公司资产总额6.19万亿元，较2017年末增长0.81%。净资产总额1.89万亿元，净资本总额1.58万亿元，同比分别增长2.16%和0%，增速大幅放缓。

受股票市场成交量下降等因素影响，证券公司盈利水平总体小幅下降。截至2018年第三季度，全行业实现累计营业收入1 893.31亿元。其中，代理买卖证券业务累计净收入（含席位租赁）495.61亿元，同比减少6.38%；证券承销与保荐业务累计净收入239.50亿元，同比减少26.72%；财务顾问业务累计净收入66.73亿元，同比减少12.95%；投资咨询业务净收入20.33亿元；证券投资收益（含公允价值变动）526.28亿元。从收入构成看，证券投资收益取代代理买卖证券业务净收入，成为证券公司主要的收入来源。而从行业盈利能力看，证券业盈利公司数量占比降至12年来最低。

二、证券业风险

传统上，经济学家对于系统性风险的研究重点都放在银行业，因为商业银行系统性风险有着极强的传染性，一旦爆发将造成巨大的损失。但2008年金融危机的经历告诉我们，证券业的风险同样不容忽视，随着我国证券公司开放程度逐渐增加，业务范围不断扩大，衍生金融产品头寸越来越多，证券公司的重要性逐渐显现出来。

一方面，近年来证券公司经营相对稳健，风控指标也基本符合监管规定，但针对股东和资本的监管仍存在不足。另一方面，证券行业经过多年的创新发展，操作风险、信用风险和流动性风险问题日益凸显。进入2018年，伴随着经济增长减速，同时受中美贸易摩擦影响，股票市场出现一定波动，股权质押业务流动性危机频繁出现，业务风险快速放大并有传导至证券机构层面的趋势。

具体来看，经济下行使信用风险逐渐聚集，证券行业可能发生的坏账损失不容忽视。近年来，证券行业的信用类业务（主要是类信贷业务）快速扩张，全行业的信用风险也正在不断积聚。信用风险主要是指由于交易对手、客户、中介机构、债券发行人及其他与证券公司有业务往来的机构违约而造成证券公司损失的风险，主要包括直接信用风险、交易对手风险和结算风险。在证券公司大力转向发展债券业务的过程中，债券承销、做市、投资和回购等操作也都涉及大量信用风险。

而在证券业务扩张特别是同业业务不断增长的背景下，金融机构的关联性增强，流动性风险逐步显现，极端情况下可能对证券公司造成致命打击。流动性风险是指金融机构虽然有清偿能力，但无法获得或无法以合理成本获得充足资金，以应对资产增长或到期产品支付的风险。流动性风险造成的后果最为严重，一旦爆发，通常会引发市场交易对手的恐慌，严重时会让公司突然垮掉。过去几年，证券行业通过提高负债杠杆，大力发展资本中介业务，致使负债与资产的期限错配程度日渐加大，主要是“短资长用”。随着2017年以来去杠杆不断加强、2018年初“资管新规”落地，同业业务增长速度已大幅放缓，证券业信用风险和流动性风险已经得到一定程度的控制。

证券业高速扩张还使操作风险日益突出，这与内部风险控制体系不完善有关，各种操作风险事件都可能发生。操作风险是最容易被忽视的风险，它主要是指由于不完善或有问题的内部操作过程、人员、系统或外部事件而导致直接或间接损失的风险。操作风险最常见的形式是各种内外部欺诈行为以及系统漏洞、操作失误等，多数操作风险造成的后果还会进一步引发信用风险、市场风险、流动性风险、监管风险及声誉风险等连锁反应。2016年的国海证券“代持”事件就是一例。操作风险广泛存在于各个业务部门，有的具有“概率高、损失小”的特点，也有的具有“概率低、损失高”的显著特征。后者往往是“黑天鹅”事件，通常被认为不可能发生的事情却真的发生了，这种特性给操作风险管理带来了较大的难度。在严监管的态势下，操作风险能够得到一定程度的抑制。

2018年初以来，股权质押业务流动性危机频繁出现，上市公司股权质押平仓公告数量快速增长，业务风险快速放大并传导至金融机构展业层面。股权质押对金融市场的影响存在顺周期性：股市整体上涨时，出质人提供的股权价值高，融得的资金多，会进一步促进市场上行；股市整体下跌时，被质押的股权价值下降，有可能引发大规模平仓，导致恶性的螺旋式下跌，甚至导致企业流动性枯竭与破产。因此，股权质押业务是系统性金融风险的潜在来源。

对比 2018 年 10 月底与 2017 年同期的股权质押比例概率分布（见图 3.12），可以看出，高质押比例的股票数量显著增多。质押比例越高、高质押比例股票越多，股票价格之间的相关性就越强，越易在冲击到来时引发连锁反应。

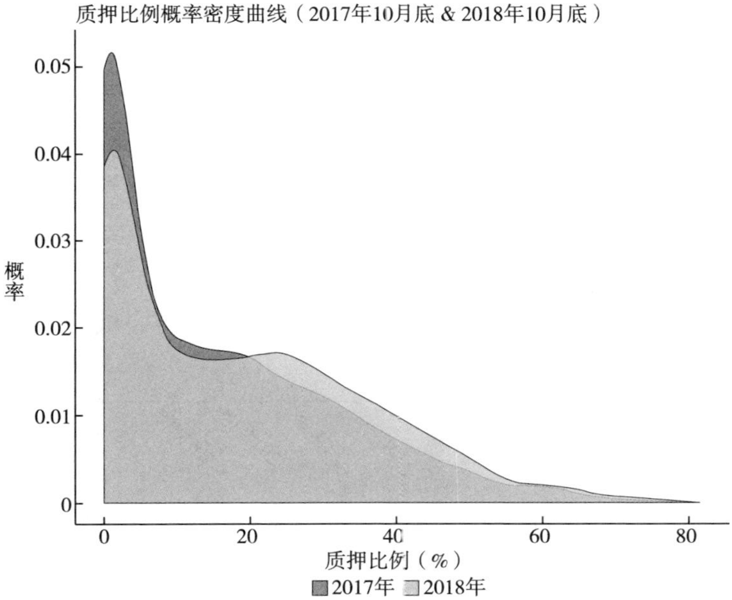

图 3.12　股权质押比例概率分布对比

资料来源：清华大学国家金融研究院。

从2018年初开始，我国A股市场下行趋势明显，在此大背景下，A股股权质押的总市值也不断缩水，由该年初的6.3万亿元降至10月底的4.4万亿元；与此趋势相背离的是，股权质押的总股数显著上升，从该年初约5 700亿股增至10月底的约6 400亿股（见图3.13）。从历史数据来看，股权质押总市值变化趋势与总股数变化趋势明显背离的情形在2015年中期和2016年初股市异常波动时期也发生过。综合比较这两个趋势不难发现，质押股权的平均价格大幅下跌，质押品价值的缩水极大增大了在市场持续下探时交易账户被强制平仓的可能性，进而加大了引发螺旋式下跌的概率。中国证券业协会已组织部分证券公司共商市场化方式化解股权质押风险，提升股权质押融资业务风险管理水平，支持民营经济高质量发展的方法和途径，初步形成了证券行业支持民营企业发展集合资产管理计划的意向性方案（国盛证券，2018）。

图3.13　2018年股权质押趋势

资料来源：清华大学国家金融研究院。

三、证券业风险度量

在本部分中，我们测算了上市满1年的证券业机构的微观系统性风险指标，即SES、△CoVaR以及SRISK，并从证券业角度进行子样本分析。

从模型结果（见图3.14）来看，2018年，证券业SES总值达到了历史最高值，但SES均值仍低于2015年“股灾”时的高位；与之类似的是，SRISK总值虽然有所上涨但仍远低于2015年的水平；另外，△CoVaR总值也经历了快速上升。整体来看，证券业风险有所增加，但增长幅度低于保险业与银行业。而且由于证券业自身体量因素，证券业金融机构对系统性金融风险的边际贡献远低于银行业，证券业风险仍然处在可控范围内。

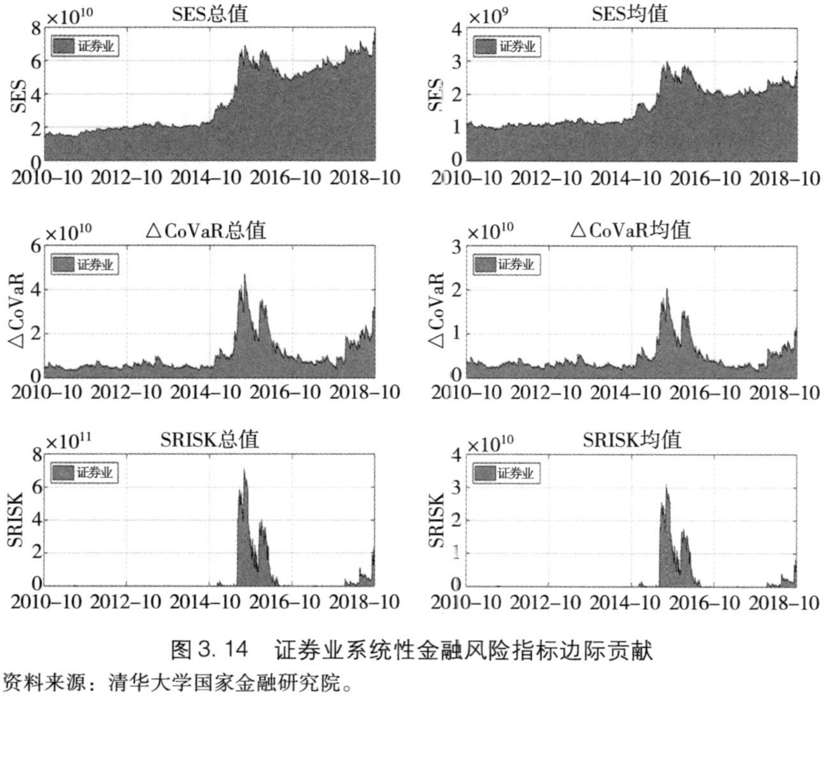

图3.14　证券业系统性金融风险指标边际贡献

资料来源：清华大学国家金融研究院。

| 第四章 |

债券市场的系统性风险

外部融资环境收紧、资金链紧张导致债市信用风险集中爆发。截至2018年5月底，债市已出现违约的债券共计21只，涉及的违约主体11家，违约总金额184亿元。从上述主体的违约原因来看，包括大额对外担保、公司重组和资金链紧张，其中明确表示因资金链紧张导致违约的融资主体有8家，涉及违约金额114.78亿元。

在央行管住货币供给总闸门的政策导向下，截至2018年4月，社会融资规模存量同比增速下滑到历史最低点即10.5%，M2同比增速也下滑至历史低位即8.3%，在委托贷款、信托贷款、票据融资等融资渠道收缩的情况下，仅依靠信贷投放难以满足实体经济的融资需求，未来实体经济的现金流预计仍将表现出一定程度的紧张。从2018年以来债市违约的情况看，负债率过高、评级相对较低（AA级及以下）的融资主体容易出现违约风险。总之，在信用收紧环境下，需警惕实体经济的流动性风险。

第一节　短期内债券市场存在较大风险

一、外部再融资环境收紧使企业经营状况恶化

以资管新规正式公布为标志性事件，我国金融市场进入统一监管新局面，从2017年开始的金融强监管，意在抑制资金空转、金融加杠杆问题，这是中国金融体系和实体经济实现长久健康发展必不可少的环节。但是，加强监管客观上也导致企业融资渠道收紧，近年来，我国金融体系仍然以间接融资为主，传统商业银行体系受到较为严格的信贷规模管控；以股市和债券市场为代表的资本融资市场进入门槛较高，难以满足一些企业的资金需求，存在这类企业融资困难的问题。在此背景下，资管新规正式公布以来，那些无法通过正规融资渠道获得贷款的主体不得不通过其他渠道创新融资。

我国影子银行体系具有很明显的融资性质，且在资管新规出台之前，对企业的融资起到了举足轻重的作用，参照金融稳定理事会在2011年4月提出的定义，影子银行体系是指“传统银行体系之外的机构和业务构成的信用中介体系”。

就实际存在形式来看，我国影子银行体系包括银行承兑汇票，非保本型商业银行表外理财产品，部分证券公司集合理财产品、定向资产管理计划、专户理财计划，基金公司专户理财中的部分业务，小额贷款公司，融资租赁公司，以典当行、担保公司为代表的民间金融等。

接下来，我们就对自资管新规正式公布以来企业的外部再融资环境做详细分析。

1. 原有不合规的融资渠道受限。

（1）非标通道。在对非标做了总体的原则性监管规定后，自 2017 年底开始，证监机构、银监机构等监管主体纷纷出台针对各项具体业务的监管文件，以规范约束非标的扩张。

在对非标做总体监管之前，单一信托主要是银信合作产品，2012 年末余额约为 2.03 万亿元，其中，0.7 万亿元用于证券投资，另外 1.33 万亿元用于其他投资，非证券投资部分一般都具有融资性质。银行利用信托融资方式的灵活性，将表内贷款资产转移至表外，通过信托渠道有效地规避了监管机构对于银行信贷规模的监管。然而，银行仍然承担或有负债，信贷风险并未完全转移出表，具体合作模式如下：银行和信托公司签订协议，由银行向社会发售理财产品，再将募集资金用于购买信托计划并作为单一委托人指定资金用途（见图 4.1）。

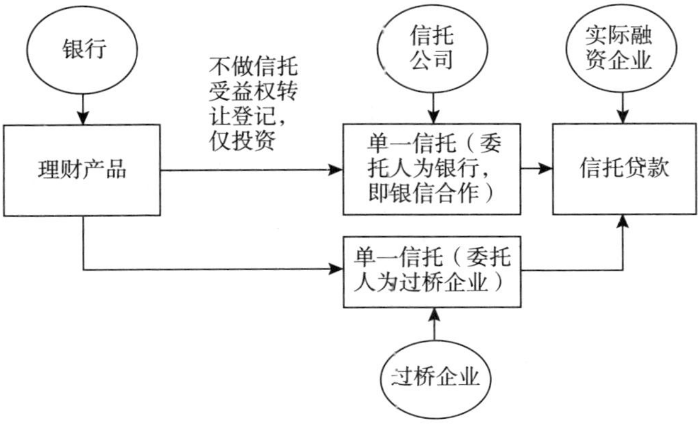

图 4.1　银信合作模式

《中国银监会关于规范银信类业务的通知》（以下简称“55 号文”）首先扩大了银信类业务的范围，将表内外资金、收益权以及各类信托形式同时纳入了银信类业务，而此前对于银信合作业务的监管主要针对的是理财资金与信托公司合作，55 号文明确指出，“商业银行对于银信通道业务，应还原其业务实质进行风险管控，不得利用信托通道掩盖风险实质，规避资金投向、资产分类、拨备计提和资本占用等监管规定，不得通过信托通道将表内资产虚假出表”，并着重强调“实质重于形式”的原则，明确了银信业务的穿透监管，堵住了银信通道规避监管的口子；同时，还强调不得将信托资金委托投向房地产、地方政府融资平台、产能过剩行业等限制或禁止性领域。如果 55 号文得到严格执行，信托通道业务将会受到严格限制，利用信托投资的非标规模将面临萎缩。

（2）资管产品的非标投资中的期限错配。资管新规第十五条明确规定：“资产管理产品直接或者间接投资于非标准化债权类资产的，非标准化债权类资产的终止日不得晚于封闭式资产管理产品的到期日或者开放式资产管理产品的最近一次开放日。”资管新规禁止了非标投资中的期限错配。非标期限一般以 1—3 年为主流，按照要求，意味着投资于非标的资管产品的期限必须长过非标，达到 1—3 年。

（3）明股实债。2018 年初，《中国保监会关于保险资金设立股权投资计划有关事项的通知》发布，禁止保险资金投资明股实债，不得采取以下方式承诺本金和投资收益：设置明确的预期回报且每年定期向投资人支付固定投资回报，约定到期、强制性由被投资企业或关联第三方赎回投资本金等。

（4）大额风险暴露。2018 年 4 月 24 日，《商业银行大额风险暴露管理办法》发布，要求对于资管产品，银行需要穿透至基础资产的最终债务人来计算风险暴露额，这样银行借资管计划作为通道规避表内授信、风险暴露额和集中度等限制基本失效，非标通道的需求大幅收缩。

在此之前，商业银行常通过资产证券化业务将贷款出售给发行人，从而将贷款资产从资产负债表剥离，达到优化商业银行资产质量的目标。但是，在这一过程中，实际上是将商业银行面临的信贷风险转移到了以该贷款为基础资产发行的证券化产品的投资者那里。如果证券化产品的投资者不能够获得足够多的有效信息，以致无法对基础资产质量做出准确判断，那么他们面临的风险是比较大的。

（5）委托贷款。银监会发布的《商业银行委托贷款管理办法》，对委托贷款的资金来源和资金投向进行了双向堵截。具体来说，一是正式禁止具备贷款资质的机构作为委托人；二是正式禁止受托管理的他人资金作为委托方，要求商业银行不得接受受托管理的他人资金、银行的授信资金、具有特定用途的各类专项基金、其他债务性资金和无法证明来源的资金等发放委托贷款，意味着银行不能接受任何资产管理产品募集的资金发放委托贷款。该委托贷款新规封堵了很多资管产品非标投资的重要渠道，颠覆了现有的业务模式。监管加强导致不合规的业务规模逐渐萎缩，原来通过这些融资渠道融资的企业面临较大的债务滚动续作压力。

按照此规定，银行不能接受任何资管产品募集的资金发放委托贷款，券商资管、基金专户、信托计划、私募基金等都不能担当委托贷款的委托人，同时该类资金不得用于投资资管产品和国家禁止领域，结合资管新规禁止多层嵌套以及银信合作55号文等，众多资管计划投资非标的重要渠道进一步被堵。

（6）《私募投资基金备案须知》提出私募基金的投资不应是借贷活动，明确3类不符合“投资”本质的经营活动不属于私募基金范围：①底层标的为民间借贷、小额贷款、保理资产等属于借贷性质的资产或其收（受）益权；②通过委托贷款、信托贷款等方式直接或间接从事借贷活动的；③通过特殊目的载体、投资类企业等方式变相从事上述活动的。私募基金作为非标通道被堵。

综合来看，监管对于非标资产与非标业务的管控约束已然形成多条道路封堵的局面。非标投融资在严监管环境下困难重重，多数非标资产可能会在未来逐渐转回银行表内。据统计，早在资管新规出台前的2012年末，我国影子银行体系的非标资产规模约为26万亿元至27万亿元，具体各类资产规模如表4.1所示。

表4.1　我国影子银行体系资产规模（2012年末）

资产类型	资产规模（万亿元）	说明
非保本银行理财产品	4.473	以非保本型理财产品数量作为权重乘以理财产品规模余额
银行承兑汇票	6.3	数据来源：中信证券研究报告
部分信托资产	6.5	非投资于证券市场部分
券商资产管理	1.65	1.6万亿元至1.7万亿元间
委托贷款	1.28	
基金子公司专户理财中的部分	0.173	仅有部分资产属于影子银行体系
融资租赁	1.55	
小额贷款	0.5921	
民间金融	4	2011年规模为3.38万亿元，此为估计值
资产证券化产品余额	0.413	
总计	26.52	估计值

2. 加强同业监管弱化了金融体系向实体提供融资的能力。

加强同业监管尤以对同业负债的影响最大，强监管政策下，对于同业负债的限制加强，以新流动性管理办法为例，新增流动性匹配率和优质流动性资产充足率两项指标，如果商业银行依然保持此前那种“用同业负债支撑同业资产”的思路，将很难满足这两项指标的监管要求。所以这两项新指标要求限制了银行利用同业资金进行扩张的能力，从资金源头上对金融体系的扩张进行了约束。但是，金融体系在扩张过程中，客观上也对实体企业提供了融资，同业受限导致金融体系向实体经济提供融资的能力下降，加剧了企业的融资困境。

2017 年 12 月，银监会颁布《商业银行流动性风险管理办法（修订征求意见稿)》，新设了流动性匹配率指标，要求该指标达到 100%。其计算公式为：流动性匹配率 = 加权资金来源 ÷ 加权资金运用，其中，加权资金来源、加权资金运用是将不同类别的资金来源（负债)、资金运用（资产）按各自权重加权汇总（见表 4. 2)。从权重设计能够看出来，监管部门鼓励银行回归存贷款业务，对其他投资（表内非标一般计入此）给予了 100% 的最高权重，且不论期限如何，态度明显是不予鼓励。

该办法正式实施后，部分表内非标投资过多的银行，流动性匹配率指标较低，无法达到 100% 的要求，为此，它们有可能需要逐步压缩非标投资。

表 4. 2　流动性匹配率项目

项目	折算率（按剩余期限）		
	<3 个月	3—12 个月	≥1 年
加权资金来源			
1. 各项存款	70%	70%	100%

（续表）

项目	折算率（按剩余期限）		
	<3 个月	3—12 个月	≥1 年
2. 同业存款	0%	30%	100%
3. 同业拆入及卖出回购	0%	40%	100%
4. 发行债券及发行同业存单	0%	50%	100%
加权资金运用			
1. 各项贷款	30%	50%	80%
2. 存放同业及投资同业存单	40%	60%	100%
3. 拆放同业及买入返售	50%	70%	100%
4. 其他投资	100%		
5. 由银行业监督管理机构视情形确定的项目	由银行业监督管理机构视情形确定		

资料来源：银监会。

在企业外部再融资环境收紧之后，部分对非标融资较为依赖的企业一时难以应对融资环境变化，债务压力增大，偿债风险增加，对企业经营状况产生了较大影响，其中受影响较大的主要包括城投平台、地产公司和一些民营企业。

二、企业经营状况恶化增加违约风险

除金融强监管导致企业融资环境收紧之外，企业经营还受到在财政方面严控地方政府债务政策的冲击。

1. 相关政策频频出台，以更大力度限制地方政府违规举债。

2014 年 8 月全国人大常委会通过的新《预算法》、2014 年 9 月印发的《国务院关于加强地方政府性债务管理的意见》（国发〔2014〕43 号，以下简称“43 号文”），构建了全面规范地方政府债务管理的总体制度安排；

2015 年，《财政部关于对地方政府债务实行限额管理的实施意见》（财预〔2015〕225 号）出台，中央开始依法启动对地方政府债务的限额管理。在给地方融资开正门以后，政府在态度上对城投平台政府债业务整体是收紧的，其中 2014 年的 43 号文对城投平台的影响最为明显，主要内容包括：（1）提出地方债限额管理、预算管理并提出一般债和专项债。（2）提出“三不”原则：中央不救济、政府不担保、平台不增政府债。（3）要求甄别存量债，提出分类偿还方向。这些直接导致城投平台的再融资压力明显增大。

另外，“严监管”遏制了地方政府相关项目的生成，财政部严控城投平台不合理债务，禁止地方融资平台作为 PPP 社会资本方，且 2017 年国资委出台文件规范央企对 PPP 的参与，导致原有基建模式受到较大影响。例如，2017 年 PPP 在库项目数同比增长了 28.1%，2018 年受到“政府债务严监管”的影响，在库项目数显著回落，前 8 个月下降了 12.6%（见图 4.2）。

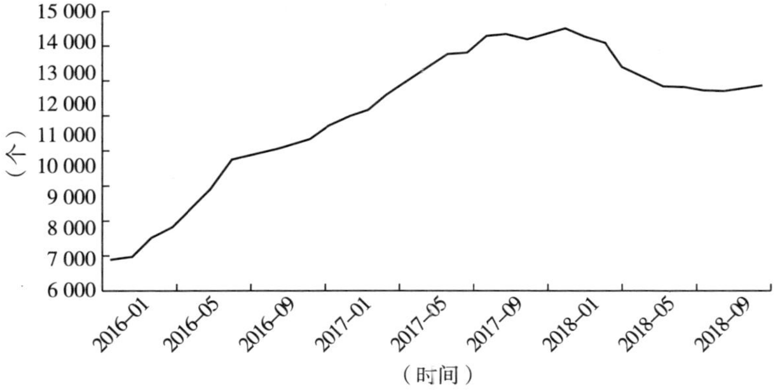

图 4.2　PPP 项目入库数

资料来源：Wind。

2. 2018 年广义财政支出力度下降。

2018 年开始，基建增速明显下降，新疆和湖南叫停部分项目，财政部对 PPP 项目库严格筛查，部分项目出库，总体来看，广义财政支出力度明显下降。2015 年以来的财政扩张实际上存在双重含义：一是财政赤字目标设定的提高（见图4.3）；二是实际执行中，一般公共预算收支差额对目标值的突破。从数据核算角度来看，2018 年财政支出的收缩，可能不仅表现在目标赤字停止扩张，还意味着实际执行中，一般公共预算收支差额的收缩，从这个意义上来看，财政政策不积极的趋势很明显。

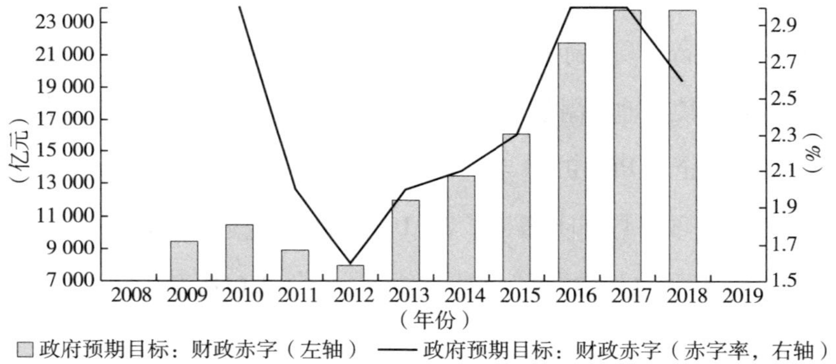

图 4.3　政府财政预期目标

资料来源：Wind。

上述严控地方政府债务的措施，导致部分与基建相关的企业盈利和现金流均受到显著影响。该情况在环保类企业表现突出，譬如神雾环保、凯迪生态等企业主要承接政府园林绿化工程，随着地方政府可动用资金紧张，导致企业回款出现问题，进而导致违约。

综上所述，2017—2018 年因面临外部再融资环境收紧和严控地方政府债务的双重冲击，企业经营状况出现了较为明显的恶化，而且呈现出较为明显的结构性特征。

由于支撑企业债务存续的核心要素在于现金流，部分企业的融资性现金流和经营性现金流由于外部融资环境和内部经营状况恶化而出现明显下降，因此企业违约风险大大上升，违约概率也明显上升。2018 年半年时间内，包括四川煤炭、丹东港、中城建、富贵鸟、盾安集团等大型企业都相继爆发了债务违约问题。根据 Wind 数据，2015—2017 年 3 年债券违约金额分别是 126 亿元、393 亿元、376 亿元。而 2018 年 1—11 月，发生了 10 起债券违约事件，违约金额达到 202 亿元，已经显著超过 2015 年总和，大面积违约已经成为现实。

三、大面积违约可能引发的债市冲突

由于债券市场的特殊性及其市场规模及发债主体的差异性，大面积违约容易使市场出现恐慌情绪，进而向全市场传导，具体表现为：

1. 债券市场可能放大企业的违约风险，形成负反馈循环。

由于过去国内债券市场具有刚性兑付的特征，导致投资者呈现出明显的风险厌恶特征，而且国内债券投资者结构较为单一，行为趋同性较为明显。当企业出现负面信息或者面临流动性压力时，投资者对发行人信心迅速丧失，在二级市场上抛售债券，进而导致企业在一级市场上发行债券失败，发行人债券融资渠道快速萎缩，上述行为反过来会进一步加大企业流动性压力，形成负反馈循环，从而加大企业的违约风险。猝不及防的违约不仅“曝光”频率令人咋舌，且涉及种类与范围“纷繁广泛”，从标准化到非标准化资产，从非上市发行人到上市企业，甚至从低等级债券到中高等级债券。

在资产配置分散化和多样化的形势下，“牵一发而动全身”的溢出效应彰显信用风险的冲击早已不再局限在债市。由于近些年债券市场快速发展，而且2018年以来随着委托贷款及信托贷款等融资渠道萎缩，债券市场在融资渠道中的作用越发重要，2018年1—9月，债券净融资占社会融资增量比重约为2%。部分企业更是高度依赖债券市场进行融资（见图4.4），一旦企业在债券市场的融资能力丧失，存量债券又面临滚动续发的压力，便极易出现违约。而且债券市场具有公开性，信息传播速度快，影响力大，债券市场负面信息能够迅速向其他融资渠道传播，容易导致企业陷入全方位的融资困境。

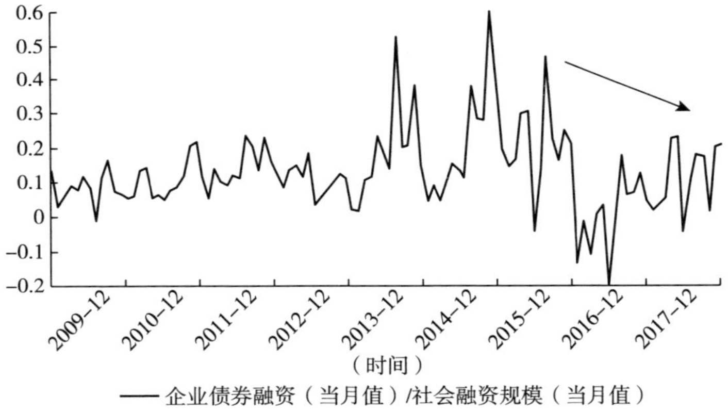

图4.4 企业在债券市场的融资规模趋势

资料来源：Wind。

2. 债券市场的特性容易导致错杀。

由于债券投资者所能获取的企业信息相对较少，主要局限在公开信息和部分调研得到的信息上，所以他们在甄别企业信用资质方面面临较大困难，而且从违约债券投资者保护角度看，由于法律层面尚未形成对债券投资者的系统保护制度，他们只能依据一般债权的相关规则寻求保护，风险处置过程耗时长，实际效果并不理想。因此，债券投资者在面对债券信用风险时，大多倾向于采取“宁可错杀，绝不放过”的态度，对于所有具有类似特征的主体统统规避，极易导致错杀，使得原本经营相对稳健的主体无辜受到牵连。在违约事件频频发生的当下，债券市场风险偏好急剧降低，投资者将资金主要投资于高等级主体或者国有企业（对于中低等级主体或民营企业另眼看待），已经在一定程度上导致这类主体的融资压力上升（见图4.5）。由于市场风险偏好恢复需要较长的一段时期，所以在市场风险偏好恢复前违约潮可能进一步加剧。

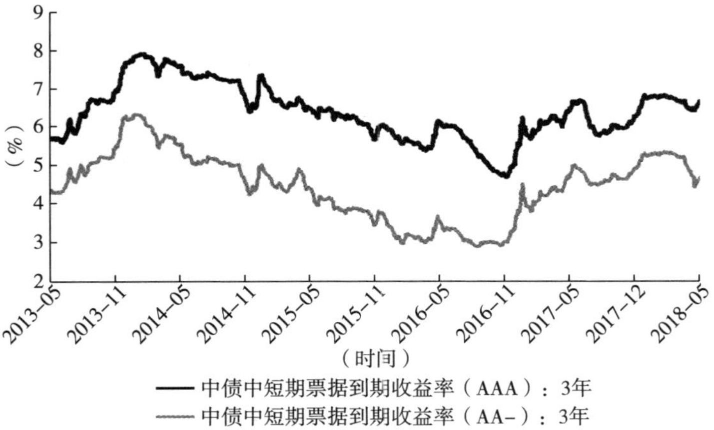

图4.5　中债中短期票据到期收益率

资料来源：Wind。

第二节　债市危机对金融市场的冲击

一、体量庞大增加债券市场金融脆弱性

经过过去10多年的快速发展，中国债券市场规模占GDP比重已越来

越大，与发达国家的差距明显缩小。对于实体经济而言，债券市场已经成为不可缺少的一个主要融资渠道，2018 年，中国信用债市场存量已经超过 26 万亿元，债券融资已经成为我国社会融资存量中占比第二大的分项。

债券融资与银行信贷不同之处在于，由于没有其他中间业务的捆绑以及客户关系的维系，信用债券投资人的投资行为更加容易形成群体性，当市场风险偏好逆转时，对有潜在信用风险的企业来说，债券市场这条融资渠道会迅速萎缩。

更为严峻的是，由于2014—2016 年债券市场较为火热，收益率处于低位且融资十分便利，企业发行了大量信用债券，并都已进入到期续发的阶段，所以 2018 年以来的违约潮叠加巨额到期与回售，对债券市场形成了巨大的压力。根据全口径统计，2018 年中国信用债市场到期量为 12. 08 万亿元，即便扣掉 AAA 级信用债券后，也有 4. 69 万亿元的到期量。2019 年债券市场的到期量高达 7. 11 万亿元，扣除 AAA 级信用债券后的到期量仍高达 4. 18 万亿元。由于信用事件频发导致市场风险偏好急剧下降，债券市场脆弱性显著增加。

从持有者角度来看，银行是中国国内债券的最大持有者。虽然中国债市规模增长迅速，但是大部分债券仍集中在少数持有者手中。中债数据显示，截至 2018 年 9 月，约 65% 的中国国内债券由商业银行持有。债券信用风险的上升对持有债券的银行来说，意味着其资产质量会受到威胁。另外，银行作为企业主要的融资渠道，虽然违约债券不一定直接形成银行的不良资产，但债券违约的企业，资金往往极其紧张，其融资能力下降，风险必然向贷款传导，债券违约对贷款安全有严重威胁。2018 年 8 月银保监会披露的商业银行运行情况显示，2018 年第二季度，银行业的不良贷款有抬升的势头。第二季度末，商业银行不良贷款率为1.86%，较上季度末上升0.11个百分点，是6个季度以来的首次明显上升（见图4.6）。

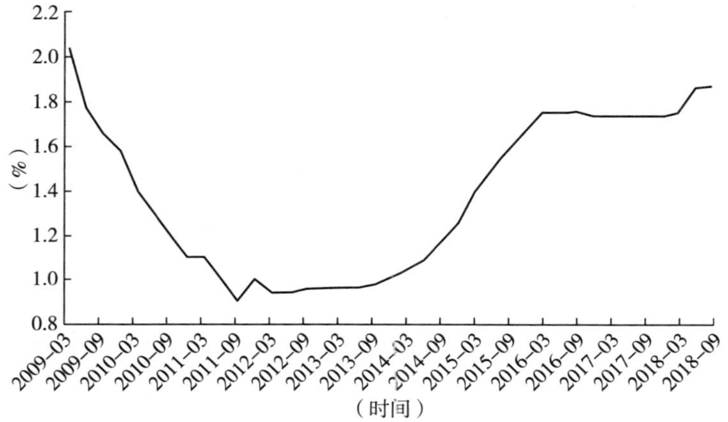

图4.6　商业银行不良贷款率

资料来源：Wind。

二、资产证券化放大债券市场金融脆弱性

资产证券化本身是资产汇聚打包再处理的过程，资产池内的债务债权错综复杂、数量庞大，理论上风险的分散程度非常高。但是，如果基础资产信用资质的恶化具有同质性和同向波动性，那么很可能造成系统性风险，使危机传递至整个金融体系。

例如，2008年美国次贷危机的实质就是资产证券化危机。在美国，个人向银行等放贷机构申请住房抵押贷款，放贷机构再将住房抵押贷款作为一种资产“卖给”房利美和房地美等机构。后者将各种住房抵押贷款打包成资产支持证券，经由标准普尔等评级公司评级，然后再出售给保险公司、养老金、对冲基金等机构投资者。对于2004—2007年的美国而言，由于房价不断上涨，购房者偿还房贷的意愿很强，坏账率较低，而且由于资产证券化产品内部结构复杂，评级机构又忽视了底层资产所面临的系统性风险，因此以按揭贷款作为底层资产的资产证券化产品所获得的信用评级是比较高的。但是，当房价开始持续下跌后，购房者放弃还贷，导致此类证券的底层资产信用资质迅速恶化，原本局限在住房按揭贷款市场的风险通过资产证券化产品迅速向整个债券市场、全美金融体系甚至全球的金融体系传递，引发了一场全球金融危机。

中国国内资产证券化市场正蓬勃发展，根据Wind统计数据，2018年，资产证券化产品存量已经达到2.17万亿元，成为国内债券市场上最为重要的一个部分。考虑到资产证券化发展迅速，如果未来违约事件蔓延到整个资产证券化市场，导致投资者信心丧失，则可能放大债券市场脆弱性，引发金融风险。

三、债券市场向股票市场的冲击与传导

现代金融市场具有系统性、复杂性和关联性，不同金融市场之间由于投资者心理、资金流动性等因素，具有内在联系，冲击能够从一个市场传导至另外一个市场。

2018年的东方园林“发债惨案”，便是说明以上传导路径的一个典型例子。2018年5月20日，东方园林发布公告称，公司2018年拟公开发行的10亿元公司债券，最终只成功发行了5 000万元。发债受挫之后，引发机构投资者对该公司流动性的担忧，接踵而至的是东方园林股价暴跌、股

票遭遇机构抛售、紧急停牌，4 天之内该公司市值缩水 100 亿元。债市投资者整体风险偏好明显降低之下，东方园林的个案只是近几年直接融资市场囚徒困境的一个缩影，另外还出现了上市公司直接取消原定发债计划的案例，比如盾安环境、中储股份、昆仑万维等。东方园林“发债惨案”对公司股价产生了重大负面影响，甚至对股市也形成了一定负面冲击，说明如果违约风险持续发酵，有较大概率向股票市场传导。

具体来看，违约风险对于股票市场的影响存在以下几个传导途径：

1. 公司出现债券违约事件直接作用于其股价。

尽管债券投资者与权益投资者对企业的分析落脚点有所侧重，债券投资者更看重公司的经营安全性、公司资金和现金流的周转，权益投资者更看重公司盈利潜力。但违约事件发生预示着企业经营状况和融资环境发生重大不利变化，而且对于非常依赖债券融资渠道的上市公司来说，违约事件导致债券融资渠道中断，公司日常的营运周转便会出现重大问题，甚至可能影响上市公司存续，因此在违约事件曝出之后，相关主体股价往往会出现暴跌。

2. 违约事件频发压制机构风险偏好，从情绪面来看不利于股票市场。

违约事件的频繁发生，导致机构投资者的风险偏好明显下降，对整体股票市场形成较大利空。

从 2018 年的情况来看，在信用收缩大环境下，股票市场上建筑环保等有高融资需求的板块股价均出现了大幅下跌，主要原因就在于股票投资者对于信用风险的担忧，风险偏好下降了。

3. 违约风险积聚可能引发流动性危机，直接冲击股票市场。

如果信用风险持续发酵引发债券投资者恐慌，导致利率出现踩踏式上行，整个市场出现流动性紧张，投资者尤其是高杠杆投资者将面临严重的流动性压力，需要采取多种方式获取资金，补充流动性。对于跨市场投资者而言，由于他们在股市和债市均有持仓，在债市大跌时，由于债市流动性弱于股市，被迫在股市上卖出流动性较好的股票，获取现金，以补充流动性，从而形成股票市场上强烈的抛压。另外，债券收益率走高，资金成本被抬高，回购市场利率也因此攀升，从而间接引起整个市场的流动性紧张。股市投资者也会受到债市下跌引发的流动性影响，将资金从债市和股市撤出，导致股债双杀。

| 第五章 |

股市和上市公司融资机制引发的系统性金融风险

上市公司股权质押融资风险仍需警惕。自 2017 年初至 2018 年 11 月底，上市公司中共有 2 126 家发生过股权质押融资事宜，占全部上市公司总数的 60.4%；根据 2017 年全部上市公司的年报显示，截至 2017 年底，共有 2 543 家上市公司处于股权质押状态，其中质押股本数占总股本比例超过 60% 的有 54 家，占比超过 40% 的有 345 家。由此可见，股权质押融资已成为上市公司股东融资的一个重要渠道和方式，但上市公司股权作为质押品，其价值随着市场波动幅度较大。2018 年 1—5 月底，上证综指累计下跌 6.4%，2017 年底处于股权质押状态的 2 543 家上市公司股价平均下跌 8.01%，质押的上市公司股权价值大幅下跌容易引发质押品被集中抛售，由此带来的股市系统性风险隐患值得关注。

为了防止股市、上市公司引发系统性金融风险，需要时刻关注并警惕股票市场杠杆资金占比过高、上市公司融资规模过大、收购资产估值过高和上市公司业绩变脸等风险因素。由于股市引发的系统性金融风险不易被识别，具有隐蔽性、传导性等特征，所以需要从监管层、金融机构和上市公司3个层面，逐步建立完善的系统性金融风险识别和预警机制，及时切断风险源，保障国内经济平稳健康发展。

第一节　股市、上市公司与系统性金融风险的关系

股市是国家经济发展重要的融资场所，是企业发展过程中募集资金的重要渠道，其发展状况是国民经济发展的真实写照。上市公司是资本市场健康发展的基石，是国家经济最具活力的竞争元素之一。自1990年上海证券交易所、深圳证券交易所先后成立以来，我国股市规模不断扩大，已经成为全球极具发展活力的资本市场之一。截至2018年11月30日，沪深两市的上市公司合计3 564家，总市值45.36万亿元，流通市值达36.74万亿元，2017年A股总市值占全年GDP的68.56%，在国民经济中的重要地位逐步显现。

上市公司作为股市的重要参与主体，与国民经济有着天然的联系。股市通过为上市公司筹集资金，推动我国实体经济不断发展。然而，任何来自经济、政治、自然环境等领域的变化都会引起股票价格的波动，甚至会导致资产泡沫的产生、膨胀和破灭。股市的联动性、风险传染性等特点会反作用于实体经济，甚至可能引发系统性金融风险。上市公司作为金融市场面临的系统性风险源之一，可能引发的系统性金融风险是指由于某种因素的影响和变化，导致股市所有股票价格下跌，从而给股票持有人带来损失的可能性，它是投资人无法通过多样化的投资组合来化解的风险。

目前，我国股票市场的系统性金融风险的预警和防范机制尚处在不成熟的阶段。特别是近期国内外经济形势的动荡变化，扰动了国内实体经济

和上市公司业绩，导致金融市场剧烈波动。上市公司已成为可能引发中国系统性金融风险的导火索之一。因此，分析和识别股市、上市公司可能引发系统性金融风险的因素，保证股市健康、稳定发展是守住不发生系统性金融风险底线的关键。

第二节　上市公司系统性金融风险传导的国际比较

当前，国内宏观经济形势面临汇率剧烈波动、金融体制较为脆弱、资产价格大幅震荡等多方面压力，与20世纪80年代的日本、韩国等新兴市场经济状况存在一些相似之处。因此，研究日本泡沫经济时期上市公司交叉持股引发的财务危机和亚洲金融危机时期韩国上市公司资产缩水危机，可以为国内上市公司防范系统性金融风险提供前车之鉴，有效避免重复发生类似危机。

一、日本泡沫经济时期上市公司交叉持股引发财务危机

交叉持股是日本为了逐步恢复经济、规避境外资本对本国资产的恶意收购、提高企业在国际市场竞争力而采取的防御性公司治理模式。通过银行与企业、企业与企业之间相互持有对方的股权，保持企业与金融机构和非金融法人之间长期稳定的合作关系（见图5.1）。

二战结束后，日本经济全面崩溃，企业的竞争力远不及美国和欧洲企业。日本政府认为，本国企业多采用小企业体制是自身国际竞争力差的重要因素之一。为了改变现状，日本政府修改并出台了一系列支持政策，扩

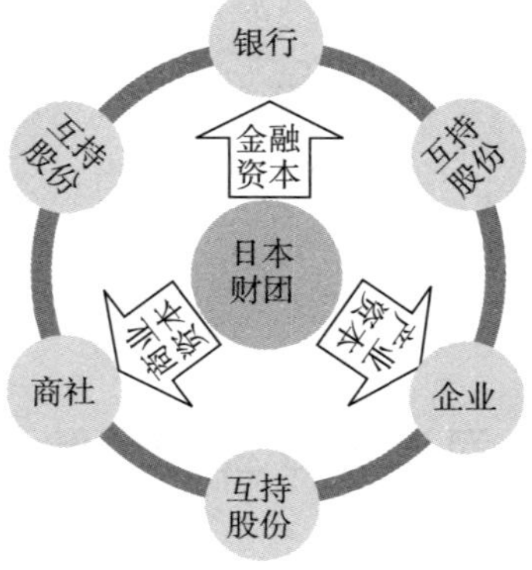

图 5.1 日本企业、金融机构和非金融法人交叉持股示意

大企业规模、发展主导产业，培育独立自主的经济体系。1949 年和 1953 年，日本政府两次修改《关于禁止私人垄断及确保公正交易的法律》（简称“反垄断法”），放宽了企业间交叉持股的限制条件。1964 年，日本加入经济合作与发展组织（OECD）并成为 IMF 成员，对外资本自由化加深了日本政府和企业界对民族经济的危机意识，交叉持股的意愿增强。1967 年，日本政府对《商法》进行了修改，放宽了企业向第三方配股增资的限制，为企业间交叉持股创造了极大的便利条件。1950 年至 1990 年的 40 年间，日本的稳定持股比例由 23.6% 逐步上升至 70.4%，国内法人持股比例也上升至 72.1%（见图 5.2）。

这一时期，交叉持股的企业已经偏离了原先的持股动机，持股双方转而追逐互相抬高股价带来的超额收益和对企业经营业绩的虚增。一方面，交叉持股这种稳定的持股关系保证了被持股企业的股票在证券市场上的有限供给，企业的稳定股东通过二级市场不断买入股票，操纵被持股企业的股价。而企业股价的上升增加了上市公司及相关股东的“未实现收益”，造成了上市公司经营业绩的表面虚假繁荣。另一方面，由于当时日本实行

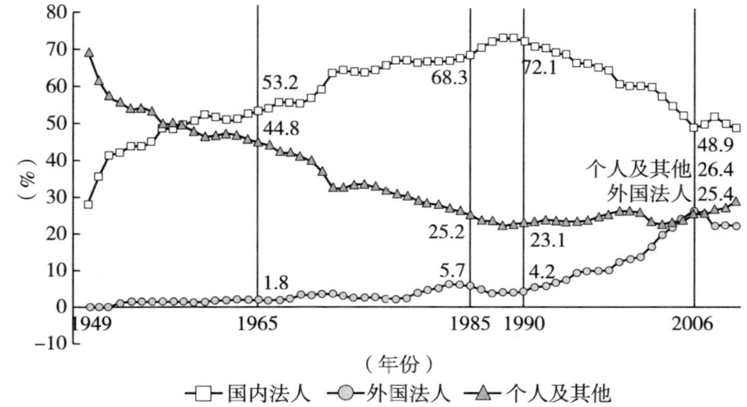

图 5.2　1949 年至 2010 年日本企业持股比例变化趋势

资料来源：日本交易所集团。

的是以时价发行股票的制度，而银行贷款利率偏高，市场上对股票需求量的增加促使企业“弃债从股”，大量通过二级市场低成本、高价格地进行股权融资，一时间发行新股成为企业筹资的主流。

过度上涨的股价最终必然会回归理性。许多企业荒废了主业，竞相进行股票投机，追逐高额利润，日本进入“泡沫经济时代”。1988 年《巴塞尔协议》通过，对金融机构资本充足率和核心资本的要求提高，随后发生的东南亚金融危机使日本经济雪上加霜，企业间交叉持股的成本和风险被无限放大，“泡沫经济”崩溃直接影响了交叉持股企业的经营业绩。1997 年，三一证券和北海道拓殖银行的相继破产引发了金融市场的恐慌，导致其他金融机构大幅抛售手中有价证券，上市公司市值大幅缩水。由于当时日本金融市场的虚假繁荣和金融体系的不健全，使实体经济领域的上市公司的资产虚拟膨胀逐步形成了局部经济泡沫，经过金融监管机构宽松货币政策的传导扩散后，最终引发了长达 20 年的经济危机。

二、亚洲金融危机时期韩国上市公司的资产缩水危机

1997 年爆发的亚洲金融危机使得东亚许多经济体遭遇了重创，而在这次金融危机中，韩国的金融体系几乎被摧毁，两个月内韩元贬值 55%，半年时间韩国股市暴跌 57%，资产缩水 35% 以上。在亚洲金融危机爆发前，韩国的经济金融体系已经积累了许多政策性和结构性风险因素。

20 世纪六七十年代开始，为了加速工业化发展和促进出口，韩国政府采取了外向型经济发展战略，集中金融资源为出口企业提供融资服务，同时提供了国家信用背书。韩国政府对银行体系的过度干预阻碍了以市场为导向的稳健银行体系的形成，政府背书使银行在防控风险和风险损失准备方面的能力不足。事实上，进入 20 世纪 90 年代后，韩国的出口企业盈利能力逐年下降，而银行体系对这些企业的风险敞口巨大，高杠杆率使得这些企业的现金流变得十分脆弱。由国家信用背书引发了银行的过度借贷、企业过度举债和盲目投资，随着本国货币的汇率波动，韩国国内通货膨胀率飙升，政府转而开始严控信贷增长，进而导致企业和银行资产负债表双双恶化（见图 5. 3）。

1996 年至 1997 年间，受到国外需求下降引起出口价格下降的冲击，韩国的贸易条件恶化了近 20%，出口企业开始出现亏损。这时，虽然商业银行开始放慢信贷扩张，然而实体企业并没有缩小规模，反而继续通过商人银行等非银行金融机构进行海外融资。审慎监管的缺乏、前瞻性管理的缺位以及对未来偿付能力和潜在风险评估的缺失，导致韩国国内系统性金融风险不断蔓延。1997 年 10 月，韩国国内企业超过 35% 的债务期限少于 3 个月，约 70% 的债务期限短于 1 年。短期融资体量过大使得这些票据的

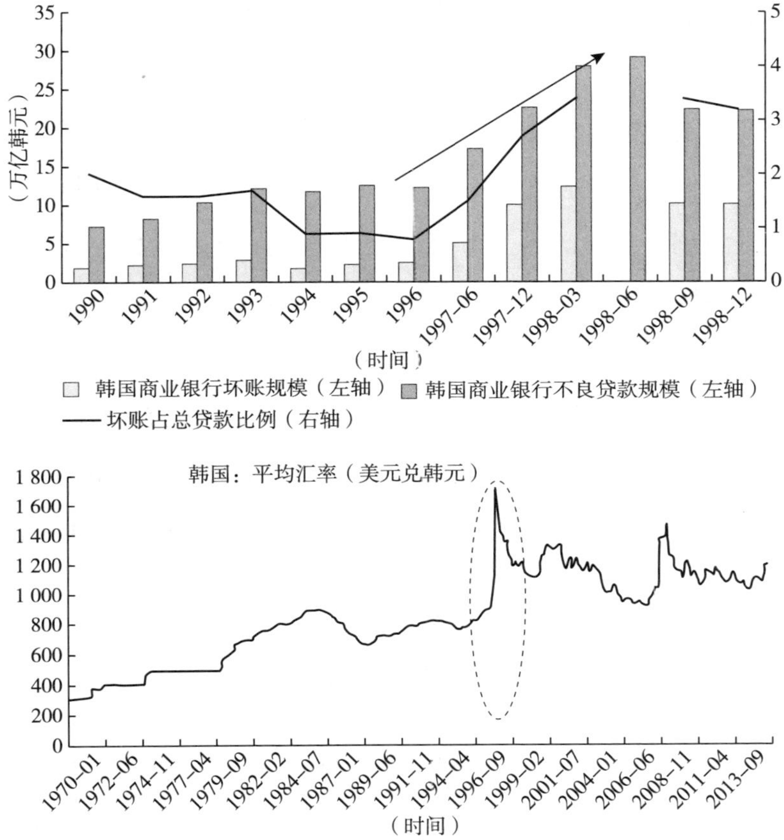

图 5.3　韩国在亚洲金融危机期间银行坏账率飙升、货币大幅贬值

资料来源：Wind，CEIC，兴业证券研究所。

利率在半年内几乎翻倍，过度的投资、下滑的利润和沉重的债务负担拖累了大量的高杠杆企业，它们纷纷开始破产。根据韩国公平交易委员会的统计数据，截至 1998 年 3 月底，韩国前 30 大企业集团的平均净资产负债率高达 522.1%。随着资产负债率大幅攀升，银行坏账率飙升，银行资产负债表扩张能力受到严重削弱，进一步加剧了企业的信贷收缩，大批企业接连倒闭，前 30 大企业集团中有 6 家申请了法院保护、7 家申请了破产。

三、日本和韩国上市公司引发系统性金融风险的反思

通过对日本和韩国由企业基本面变化引发的金融危机案例进行分析，我们发现，实体企业特别是上市公司发生的财务危机并非只是因为简单的个股风险或者局部风险。当上市公司无法消化风险因素和控制风险后果时，其自身将转化为风险因素并将风险链条由内向外延伸，风险后果同时被传导或转嫁给其他公司以及相关利益主体。上市公司的财务风险可能传导给其母公司或子公司等关联单位，也可能由一家上市公司传导给另一家上市公司。上市公司财务风险集中爆发的后果可能导致证券市场发生系统性风险，造成“股市债市双杀”的局面，最终甚至引发整个国家的经济危机。

（一）关于日本交叉持股引发财务危机的反思

20世纪80年代日本资本市场泡沫的形成过程，首先是实体资产虚拟膨胀形成局部泡沫，然后经金融管理当局的宽松货币政策传导扩散至整个经济体系，而交叉持股模式对资本市场泡沫的形成起到了推波助澜的作用。

健全的交叉持股模式始终应以维系企业间长期战略关系为主要目标，持股双方不应因股价的上涨或下跌而轻易抛售所持股票，尤其在股价出现异常波动的情况下，交叉持股可以起到维系交易双方股价稳定的“蓄水池”作用。而日本企业采用交叉持股模式是为了保证在企业集团内部形成稳定的商业伙伴关系，进而在经济持续增长中谋求共同利益。这种持股关系造成被持股企业的股票在证券市场上流通量减少，易被操纵并引起股价虚高。

从公司治理机制的角度分析，法人股东在企业中的表决权大多由经营者代为行使。而双方企业经营者出于对自身经济利益的考虑，常常按照事先约定达成默契，互不干涉对方的经营决策权。同时，监事会被经营者控制，造成企业内部监督机制职能的弱化，在一定程度上扭曲了公司治理结构，诱发了严重的内部人控制问题，最终导致企业经营效率的降低、基本面的恶化。因此，交叉持股可以使企业达到资本扩张的目的，有助于企业形成战略联盟，更好地应对各种风险，保持可持续发展。然而，如果交叉持股运作不当，将会由财务危机引发公司治理结构失衡、资本虚增、股价泡沫等潜在风险，因此控制企业发展适度、确保上市公司稳健发展的问题不容忽视。

（二）关于韩国上市公司资产缩水危机的反思

20 世纪 60 年代开始，韩国经历了多次经济危机，其中，1997 年亚洲金融危机爆发后韩国上市公司资产大幅缩水，几乎摧毁了整个国家的金融体系。为了完成原始资本的积累，韩国政府以国家信用为企业背书，导致银行过度信贷，企业过度举债和过度投资。亚洲金融危机爆发后，韩国财阀企业债台高筑，导致银行体系坏账飙升，资本账户的开放导致大规模赤字、外汇贬值、银行外债激增而海外资产大幅缩水，银行体系面临崩溃。天量的银行和企业坏账迫使韩国政府无力兜底，打破“刚兑”成为必然选择。

亚洲金融危机后，韩国政府重建金融秩序，调整结构性缺陷，采取了一系列改革措施，取得了良好的效果。在金融体系改革方面，韩国政府设立了金融监督委员会，负责制定统一的监理规范，并统筹金融检查工作，监督全体金融机构的运营情况，撤销了韩国银行与财政经济部对金融机构的控制权，实现了金融管理一元化。同时，韩国政府有序推进金融国际化、加强资本项目开放、修改外国投资法规、鼓励直接投资，取消了合格外国投资者对本国债券市场的投资限制。在资本市场方面，建立资产证券化制度，促进信托公司等大批法人投资机构发展，同时大力发展债券市场，逐步取消对公司债券发行的行政审批和限制。在微观层面，韩国政府不断引导企业改善公司治理结构，减少交叉持股、关联交易和担保，提升公司质量。经过一系列的调整，韩国经受住了2008年全球金融危机的考验，有效地抵御了外部危机带来的影响。

第三节　股市、上市公司引发系统性金融风险的具体表现

一、我国股市的发展状况及系统性风险防范措施

（一）中国股票市场及融资机制发展状况分析

股市是我国资本市场的重要组成部分。经过约30年的改革探索，股市在帮助企业筹集发展所需资金、改善企业融资结构、优化社会资源配置、促进经济发展等方面起到了十分重要的作用。同时，中国股市也经历了经济全球化进程加速、金融危机频繁发生及系统性金融风险传导渠道多元化等国内外多重考验。截至2018年11月30日，沪深两市上市公司总数达3 663家，A股上市公司3 564家，B股上市公司99家，上市证券总数21 624只，总股本57 602.58亿股，总市值453 623.04亿元；新三板市场挂牌公司10 786家，总股本6 360亿股，流通股本3 562亿股，场内市场蓬勃发展，场外市场逐渐

起步，我国多层次资本市场体系（见图5.4）已逐步建立。

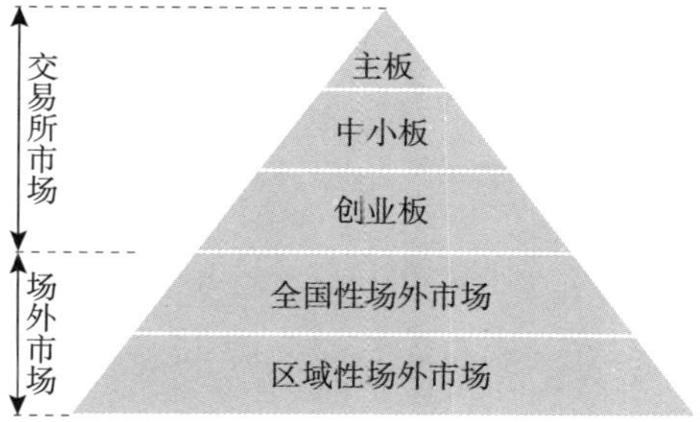

图5.4　我国多层次资本市场体系框架

在融资渠道方面，实体企业主要通过IPO（首次公开募股）和再融资的形式完成。而定向增发作为上市公司资本运作的主要形式，备受投资者瞩目，对资本市场影响巨大。2014年7月牛市行情启动后，A股市场定向增发迎来大暴发，当年再融资额是IPO的10倍，随后两年定增市场募资总额超过万亿元。2014年之后股市的一波上涨，激发了上市公司进行产业资本运作的热情，带动了投资者参与的积极性。同时，原有的定向增发审核制度为上市公司再融资提供了便利，高折价率为投资者提供了极大的安全垫，吸引投资者不断涌入定增市场。图5.5为1990—2018年我国沪深两市融资规模情况。

定增市场繁荣也催生了一些融资乱象，A股市场逐渐积聚了许多潜在风险。2017年初，证监会在一次监管问答中指出，部分上市公司存在过度融资倾向。有些公司脱离公司主业发展，频繁融资；有些公司编项目、炒概念，跨界进入新行业，融资规模远超实际需要量；有些公司募集资金大量闲置，频繁变更用途，或者脱实向虚、变相投向理财产品等财务性投资和类金融业务。同时，非公开发行定价机制选择存在较大套利空间。为了确保解禁前股价不破发，大股东与上市公司都有维护股价上涨的动力，但

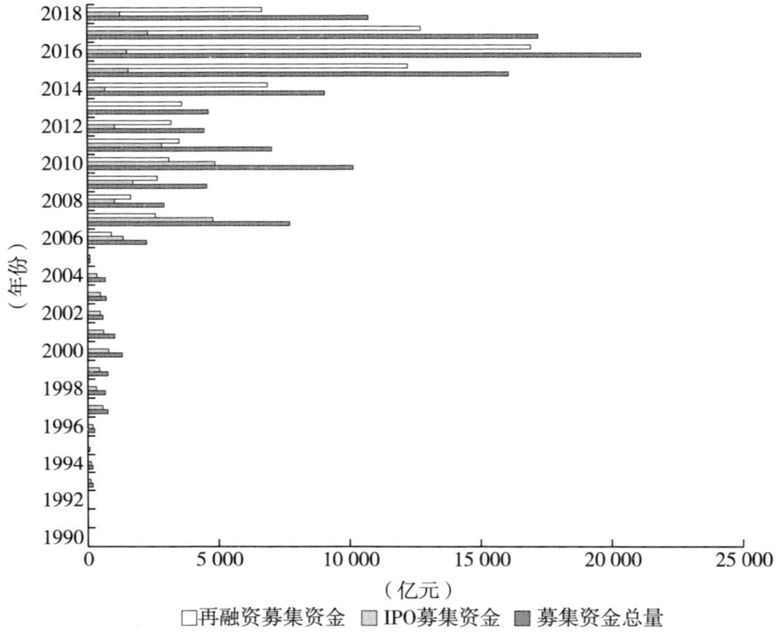

图 5.5　1990 年至 2018 年沪深两市融资规模统计

资料来源：Wind。

解禁后大股东和机构投资者存在减持套现的冲动，对股市流动性和上市公司股价的稳定造成较大压力，市场风险积聚。

为了理顺非公开发行股票的定价机制，进一步规范再融资发行市场行为，防范股票市场融资机制引发系统性金融风险，证监会在 2017 年连续调整监管政策。2017 年 2 月，证监会对《上市公司非公开发行股票实施细则》部分条件进行修订，突出了市场化定价机制的约束作用；同年 5 月发布《上市公司股东、董监高减持股份的若干规定》，拉长了定增资金的退出周期；同年 9 月发布了《公开募集开放式证券投资基金流动性风险管理规定》，对定增类基金做出了更加明确的规定和限制。至此，定增市场开始寻找新的供需关系平衡点，融资规模和市场报价趋于理性。

（二）2015 年以来的系统性金融风险防范措施

2015 年 7 月我国股市出现异常波动的主要原因是高杠杆场外配资。在清理“配资乱象”的过程中，市场反映出了部分金融机构存在“体内循环”，资金在金融体系中空转，推高了实体经济的资金成本，带来了规模过大、链条过长、杠杆过高、关联过于复杂等问题，造成上市公司和金融机构资产负债表的畸形和异化。为了主动防范和化解系统性金融风险，避免上市公司融资难的问题拖垮实体经济，2015 年以来，证监会、银监会、保监会沪深两地证券交易所等多家监管机构采取了多项措施对资本市场各参与方进行体制和机制的规范。

1. 坚持“高压监管”原则，铁腕整治资本市场乱象。

2015 年，证监会开始推行“五位一体”监管协调工作机制，全面加强一线监管和风险防范，不断完善各项金融监管制度，提升监管能力和有效性，维护资本市场秩序。具体措施包括：一是加强对上市公司的信息披露要求，实施分行业监管，由此前的“保姆式”事前监管转向事中、事后监管，发挥“医生式”监管“诊疾治疾”的作用，有效引导、鼓励和督促上市公司披露其行业共性及其自身特有的风险和价值因素，提高上市公司透明度。二是加强对实际控制人、董监高的行为规范。2017 年 5 月，减持新规发布，重拳打击大股东哄抬股价、恶意减持的套现行为。三是加强对“忽悠式重组”和伪市值管理的整治，完善、修订并购重组信息披露规则，提高违法成本，净化资本市场环境。四是加强对证券中介机构的处罚力度，将证券中介机构作为监管执法的重点对象，督促证券中介机构归位尽责，对证券公司、会计师事务所、资产评估机构、律师事务所实现了稽查执法全覆盖。五是加强对私募基金的全面清理，推行私募登记备案工作，打击违法违规行为，排查金融风险隐患。

2. 严格控制企业融资节奏，保证上市资产质量。

根据对以往几次证监会暂停新股发行的情况分析，可以发现，实体企业有通过资本市场上市融资的迫切需求，但是过快的股票发行节奏可能引发场内资金流动性不足，引发投资者恐慌情绪。因此，2015 年股市异常波动后，证监会总结经验，采取一级市场和二级市场联动调控的方式，疏通实体经济发展“血脉”，具体措施如下：一是健全新股发行常态化机制，稳步加快新股发行节奏，支持符合条件的企业发行上市。同时，监管机构开始注重与市场和媒体的沟通，对新股发行常态化进行预期管理，在稳定市场、防范风险基础上，稳步提高直接融资比重，支持实体经济发展。二是规范再融资，防止募集资金“脱实向虚”。为了优化再融资制度，证监会修订了《上市公司非公开发行股票实施细则》，同时发布配套《发行监管问答》，引导规范上市公司融资行为，明确要求除了金融类企业外，上市公司原则上不能将募集资金投资于类金融业务，以有效抑制通过募集资金进行财务性投资的情形，引导资金流入实体经济最需要的地方。三是调节再融资品种结构性失衡问题，发展可转债、优先股等股债结合产品和公发品种。受证监会政策支持，可转债、优先股等产品成为绿色通道单独审核品种，大幅缩减了发行审核周期，取消可转债、优先股和创业板小额快速融资 18 个月的发行间隔期限制。定增乱象和过度融资倾向逐渐被抑制，减轻了二级市场的压力，引导资金“脱虚向实”，金融资源重新得到优化配置。四是支持符合条件的企业通过债券市场融资，不断完善债券市场体制机制。证监会加大了债券品种创新力度，试点推出可转换公司债、熊猫公司债、可续期公司债、绿色公司债、创新创业公司债、PPP 项目资产证券化等新品种，为上市公司拓宽了融资渠道。

3. 资管新规提振实体经济，规范资金用途。

2018 年 4 月 27 日发布的“资管新规”不仅是对金融机构资产管理业务的进一步规范，对上市公司也有直接影响。一是此次“一行两会”联合外管局统筹协作，加强源头管理，对各类金融机构的资管业务进行了全面统一监管，不留盲区。监管机构力求做到从源头上监测流动性风险，及时跟踪穿透资金流动，加强业务规范，解决层层嵌套、资金空转以及监管套利问题，有效抑制市场高杠杆行为，有利于控制上市公司后续融资风险。二是目前银行理财资金直接或间接参与了许多权益市场产品，从资金分布看，股票委外投资多集中在价值蓝筹公司，结构配资和股权质押集中在中小创业公司。“资管新规”出台后，上市公司股票委外投资、结构配资、股权质押和券商融资融券等业务的规模面临大幅压缩。

4. 从量变到质变，PPP 项目完成全面清理。

2017 年 11 月 16 日，财政部正式公布了《关于规范政府和社会资本合作（PPP）综合信息平台项目库管理的通知》，以项目库为抓手来规范 PPP 模式，并列出了入库项目负面清单。2018 年初，财政部 PPP 项目库中超 1.4 万个项目被集中清理，不符合规范项目被清退，同时对新入库项目执行更加严格的标准。同时，伴随融资端的资管新规、银监会 55 号文、委贷管理办法和险资投资管理办法的出台，监管机构对项目募资严格收紧。随着“去通道”化的金融监管新规出台，PPP 项目在募集资金上将进一步收紧和规范。2018 年 7 月央行发布《关于进一步明确规范金融机构资产管理业务指导意见有关事项的通知》，在一定程度上缓解了市场资金面紧张的情况，但是上市公司项目中标后，仍然存在项目资金期限错配、资金来源偏重于银行贷款、退出渠道有障碍和回款难等风险。

二、股市引入杠杆资金引发的系统性金融风险

2015 年股市异常波动和 2018 年的股市连续下跌，都呈现出了股市风险具有股价跌幅大、持续时间长、涉及范围广的特点，对实体产业的健康发展和投资者的投资信心造成严重打击。2015 年开始，场外配资、场内融资融券等形式的资金杠杆开始兴起，规模迅速膨胀，在股市下行过程中埋下了安全隐患。股市中的杠杆资金规模过大是引起市场剧烈波动的主要原因之一，如果处理不当极易引发系统性金融风险。

（一）场外配资

由于信托机构规模快速增长、银行理财资金大举进入，2013 年，场外配资业务开始盛行。2014 年底，A 股市场快速上行，场外配资规模激增。根据监管部门和券商粗略测算，2015 年整个场外配资市场规模为 5 万亿元左右。民间配资公司全国约有 10 000 家，平均每家规模为 1 亿元至 1.5 亿元，因此保守估计，民间配资公司规模总体为 1 万亿元至 1.5 万亿元；伞形信托和单一信托资金规模为 1 万亿元左右；除此之外，还有“互联网 + P2P”配资等新的商业模式，因数量多、模式多样，难以统计具体规模。场外配资客户的准入门槛较低，杠杆比例一般为 1∶3，2015 年场外配资平均杠杆为 1∶5，当年 5 月行情较疯狂之时杠杆比例甚至达到 1∶10。这种

“赌徒式”运用杠杆资金直接影响到社会稳定，动摇了股票市场长期健康发展的基础。从投资者的资金来源看，银行进行配资的杠杆基本在 1∶2 左右，股市出现调整时风险将从配资公司、散户传导到银行。场外配资助推了市场非理性波动，加大了市场系统性风险发生的可能性，在市场调整过程中也成为后续“断崖式”下跌的主要推手，传导机制见图 5.6。

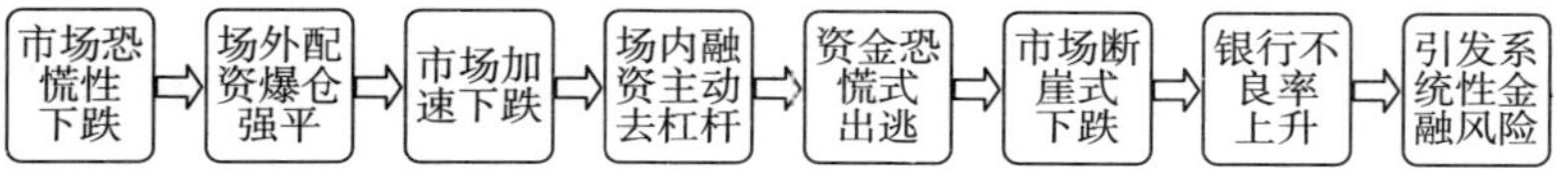

图 5.6　市场调整过程中场外配资引起的链式反应

2015 年 7 月，证监会和国家互联网信息办公室联合出手，严格清理场外配资。一是证监会分别对其监管的证券公司、具有分仓功能的软件系统提供商、配资公司这三方的场外配资业务进行清理。截至 2015 年底，证券公司共清理近 6 000 个场外配资账户。二是 HOMS（订单管理）系统和同花顺系统等全部停用，改用券商自身系统，互联网配资方式被叫停。三是证监会对证券公司、相关软件公司、配资公司等总计罚款 8.4 亿元，最终余下的账户配资资金规模只剩一成，基本销声匿迹。四是 2018 年“资管新规”明确规定：公募产品，开放式私募产品，投资于单一投资标的或债券、股票等标准化产品比例超过 50% 的私募产品，不得进行份额分级。这意味着，通过分级产品形式进行场外配资也将宣告终结。

（二）融资融券

2011 年 11 月 25 日，融资融券交易进入常规化操作阶段，此后，标的证券的范围和数量经历了 4 次扩容。随着 2014 年下半年股票市场流动性的增加，融资融券信用交易活跃，风险敞口放大后市场波动加剧。2015 年 3 月至 5 月，券商融资融券额度全部用满，融资融券余额达 2.08 万亿元，两融交易额达 4.51 万亿元，占当时 A 股市场的比重高达 3%。虽然两融杠杆比率相较场外配资风险相对可控，但是在 2015 年 5 月股市连续下跌时，场外配资率先爆仓后引发“多米诺骨牌”效应，风险传导到场内融资。

2015 年 4 月，《中国证监会通报证券公司融资融券业务开展情况》发布，随后证监会在清理场外配资的同时，对各家券商公司开展两融业务情况进行了全面检查治理。同年 11 月，沪深两市交易所对两融细则进行修改，投资者融资保证金最低比例从 50% 调整到 100%，限制融资交易过程中的杠杆率，有效避免了系统性风险发生。2018 年以来，融资融券业务规模一直保持在 7 000 亿至 10 000 亿元范围内。经过证监会的清理，融资融券业务已经拥有一套完善的风险控制制度，规模相对稳定。

（三）股权质押

2014 年，上市公司股权质押规模开始快速扩张，在 2015 年至 2017 年 3 年时间里持续走高。2014 年至 2015 年上半年，股市大涨，由于上市公司再融资产品相对单一、发行周期长、审核严格，大股东为了获取更多现金流，纷纷以股权质押的形式进行杠杆操作，全市场的股权质押规模不断上升。而在 2015 年下半年股市表现发生变化后，有部分企业的大股东选择增加质押来降低风险和摊薄成本，使得股权质押规模居高不下。

自 2017 年开始，股权质押式回购交易的风险已经开始暴露，而且数量不断增加。截至 2018 年 12 月 7 日，沪深两市股权质押市值规模为 4.53 万亿元，市场质押股数为 6 402.72 亿股，占沪深两市上市公司总股本的

9.97%，股权质押已成为证券市场波动的重要影响因素，对上市企业公司治理结构和大股东控制权也产生了重大影响（见图5.7）。2018年以来沪深两市股价连续下跌，特别是中小市值的股票跌幅更大，2018年内股价下跌幅度超过40%以上的上市公司超过1 000家，按照市场惯例股权质押率一般在50%，那么该跌幅已经到了质押股补仓警戒线，存在强制平仓风险。2018年10月下旬，监管部门对券商进行窗口指导，要求尽量减少质押股的强制平仓、避免市场踩踏，在一定程度上减缓了由股权质押融资风险造成的市场冲击，但股权质押的风险并未完全化解，而是暂时转移到了券商那里，市场风险仍在。

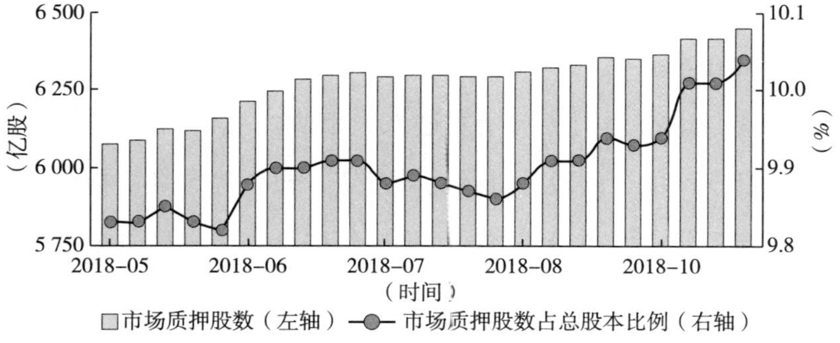

图5.7　2018年5—11月沪深两市质押情况

资料来源：中国证券登记结算有限公司。

正常情况下，股权质押融资作为一种融资手段，可以帮助公司股东获取更多的流动性，与上市公司或者股东方所发行的债券没有直接联系。但是，当二级市场出现大幅调整，股价直线下跌并且接近预警价格时，质押方将通知出质人补充保证金或者补充担保品。而如果股价跌破了平仓价，或者是说质押融资额低于平仓线，质押方将会要求出质人迅速补充保证金或者追加担保品至警戒线水平，否则质押方将进行强行平仓操作。一方面，追加保证金等操作将直接冲击股东的短期流动性；另一方面，平仓风险也可能会损害公司整体的利益以及股权的稳定性，并且影响证券市场对上市公司的资质评价以及对大股东现金流情况的预期。除了股票价格下跌带来的爆仓风险，高比例股权质押还会使出质人面临回购需求增加带来的现金流压力。控股股东如果是母公司或者同为发债企业，对持有股权进行了高比例的质押，那么在进入解押期时，大规模的现金流需求可能会造成上市公司或者股东的信用压力，甚至出现违约风险。如果大规模爆发股权质押违约事件，将会引发整个资本市场的恐慌甚至发生系统性金融危机。

（四）通道资金

通道资金在本质上属于一种场外配资。这些杠杆资金多数是在 2015 年前后通过参与上市公司定向增发进入股市的。从 2014 年开始，投资者开始利用信托产品的分级设计进行场外配资，银行等金融机构提供优先级资金享受固定回报，股市投资者提供劣后级资金享受杠杆资金带来的超额收益。据统计，此前参与定向增发的资金杠杆比例一般都在 1 倍以上，但也有些资金将杠杆比例放大到 3 倍以上。

从沪深两市上市公司年报披露情况来看，截至 2017 年末有 1 172 家上市公司的股东名单里出现了信托账户，占所有上市公司总数的 35%。2018 年的股价连续大幅下跌使得参与定增的杠杆资金出现了大规模爆仓风险。2015 年至 2017 年，上市公司再融资合计规模为 4. 18 万亿元，其中有较大比例的资金通过信托加杠杆的方式参与定增，保守估计，其中杠杆资金规模应该超过 2 万亿元。随着上市公司股价的大幅度下跌，这些参与定增的资金已经面临爆仓的风险，如果股价不能回升进而一旦爆仓，将形成价格踩踏和流动性恐慌，通道资金危机将与股权质押危机一样引发系统性金融风险。

三、上市公司基本面变化诱发的系统性金融风险

上市公司作为推动国内经济发展和转型的主力军，在实体经济中已占有举足轻重的地位，是中国企业直接融资的主要渠道，能够帮助企业有效降低发展过程中对银行的过度依赖和间接融资中金融风险的积聚。但是，目前实体企业仍处于较高的财务杠杆水平，直接融资的比例有待进一步增加。另外，近几年国内资金呈现出“脱实向虚”的趋势，使得中国金融体系、房地产市场不断膨胀，形成泡沫，而以制造业为主的实体经济发展承受巨大压力，融资成本不断增加，发生宏观经济系统性金融风险的概率增加。

（一）财务杠杆比例过大可能诱发的系统性风险

1. 过于依赖商业银行的间接融资。

过去很长一段时间由于我国多数企业的融资渠道比较单一，通过股票市场募集资金和引入私募股权、风险投资的企业比重较少，银行贷款等间接融资方式仍是企业获取资金的主要来源。我国银行业的特性和企业融资现状对“去杠杆”的进程形成极大的阻力。自 2008 年以来，国内社会的财务总杠杆水平不断提升，同时造成实体企业存在大量的过剩与落后产能。过剩产能不仅占用了大量资金，还推高了资金成本。而间接融资占比过高，加大了实体经济“去产能”“去杠杆”的难度。在这个过程中就会产生大量的债务核销，逐步侵蚀银行净资产，拖累银行进入衰退周期，进

而发生社会资产价格坍塌，最终导致整体经济陷入“通缩”的被动状态。目前，我国间接融资比例高达80%以上，财务杠杆风险过大，急需解决间接融资与直接融资比例严重倒挂的问题。

2. 企业直接融资方式发展畸形。

自2015年开始，央行多次降息降准，社会融资成本不断降低。但是由于上市公司再融资产品结构化失衡，企业通过一级市场和二级市场进行融资的渠道不畅。多重因素促使下，A股市场高价“买壳”“借壳”交易和跨界溢价并购成为上市公司谋求资本扩张的实现路径，而杠杆收购成为上市公司的主要操作模式。由于杠杆收购的特殊性及对监管的“天然逃避”，实际操作中不少杠杆收购完成后出现了严重的“后遗症”。因为杠杆收购背后必然是高比例的股权质押和担保，据不完全统计，2015年至2017年沪深两市有近20家上市公司在杠杆收购中易主，其中多数是通过杠杆资金增持、举牌完成的，其中不乏多个百亿级别的巨额收购案例，而数十亿收购规模的案例比比皆是。因不满足于单一杠杆的有限撬动作用，个别上市公司借由精妙的架构设计，通过设立多个空壳主体、多重质押、互相担保增信等方法，来获得金融机构和社会的资金，造成股票市场积聚大量潜在风险，也为2018年大股东股权质押危机的发生埋下了伏笔。

（二）公司业绩坍塌可能诱发的系统性风险

从会计角度来看，上市公司业绩“变脸”普遍的原因是行业周期性变化、计提资产减值损失、各项成本费用大幅提升等。然而，从目前监管机构调查的案例来看，通常上市公司业绩坍塌的背后深层动因涉及造假上市、虚假陈述、控股股东违法违规、经营管理层操纵业绩等行为，这些行为为上市公司增加了许多隐性成本，不利于资本市场的稳定运行，使上市公司丧失诚信，严重时将影响金融市场和宏观经济的稳定。

1. 公司寻求转型升级导致的业绩承压。

近几年，上市公司发生业绩坍塌主要是由企业寻求转型升级、多元化经营失败引起的。从外部环境来看，此前证券监管部门连续出台了多项鼓励上市公司并购重组的政策，新兴概念成为热门标的，受到上市公司和市场内资金的追捧，高估值、高溢价的资产纷纷被注入上市公司。从企业内部来看，为了响应国家发展战略、调整产能过剩，企业本身有业务转型升级的动力，希望通过多元化经营脱离原来低利润率的行业从而提升自身股价。但是，许多企业在寻求转变主业的过程中遇到了很多经营性问题，业绩无法与市场预期及其承诺相匹配，导致上市公司铤而走险，通过财务造假、虚报利好等方式维护股票市场的表面繁荣。其中，有代表性的操作方式包括：上市公司股东踩线完成借壳时向投资者许下3年业绩承诺；上市公司巧妙虚增利润和增加关联交易；通过特殊财务手段掩饰失败并购产生的巨额商誉减值和逾期债务；找借口临时停牌，在一定程度上避开股市波动，谋求补救措施；通过选择性信息披露的方式，发布并购交易、资产注入、获政府补贴、获得资质、重大项目中标等“忽悠式”利好。上市公司的上述操纵行为一旦被曝光，投资者将迅速“用脚投票”，造成股价的大幅波动，随后相关板块上市公司也可能受拖累，进而引发整个股票市场的波动，甚至诱发系统性金融风险。

2. 警惕商誉减值导致业绩大幅下滑。

在A股上市公司披露的定期报告数据中，还需要密切关注并保持警惕的指标是“商誉”值。2018年三季报发布，沪深两市上市公司商誉达到

1.45万亿元，这是在2016年突破万亿元（2016年年报数据）之后达到的历史新高（见图5.8）。其中，有41家上市公司的商誉规模超过50亿元，有9家上市公司商誉规模超过100亿元，有200多家公司商誉占资产的比例高于40%，甚至有个别公司商誉超过所有者权益两倍之多。

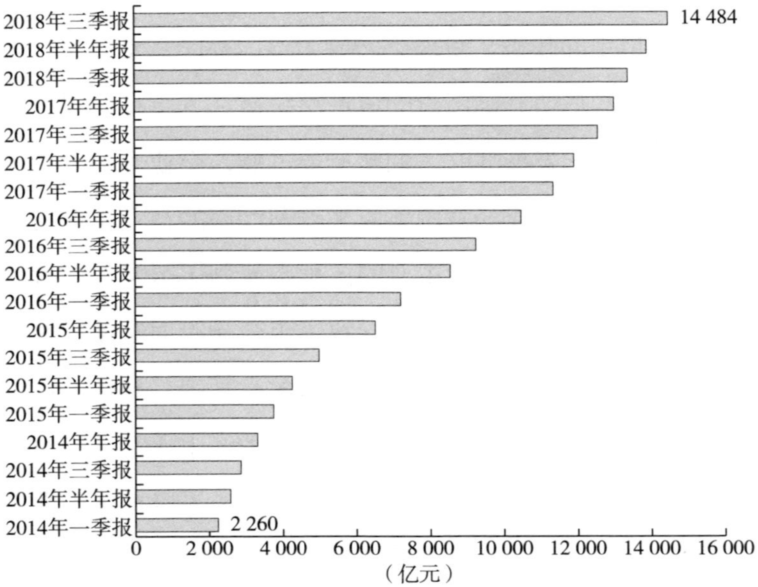

图5.8　2014年一季报—2018年三季报A股商誉规模变化

资料来源：Wind。

上市公司的商誉主要是指在非同一控制人下的企业合并时，合并成本大于标的公司可辨认净资产公允价值的数额。根据会计准则，上市公司每年至少要进行一次减值测试，通常在发布年报和半年报时完成。商誉减值损失一经确认将对该公司当期财务报表造成直接冲击，且在以后的会计期间不予转回。随着近几年上市公司并购重组业务的活跃，商誉对上市公司的影响越来越大，如果发生商誉减值，将拖累上市公司业绩大幅下滑甚至亏损。在2014年至2016年期间创业板上市公司完成了大量的并购重组整合，多数公司对投资人都有业绩承诺。由于对赌协议业绩承诺期一般为3到4年，那么在2018年年报披露时将迎来大量承诺到期，届时可能有大量商誉减值的风险积聚，这是悬在创业板头上的“达摩克利斯之剑”，需警惕商誉减值引起创业板波动，进而传递并带动整个金融市场的恐慌。

（三）避免上市公司危机向实体经济传导形成系统性风险

股市、上市公司与实体经济密不可分、具有联动效应。2015年股市的异常波动就对实体经济造成了巨大冲击。上市公司危机可能通过股票市场传导至实体经济，拖累整体经济发展。传导的路径具体包括以下两种：一是资产负债表渠道。上市公司陷入危机导致市值缩水、股价大跌，进而影响持有股票的投资者或机构财富缩水，可用支出和抵押物价值降低，最终压低实体经济总需求。二是信贷渠道。上市公司危机可能导致大量金融机构受到影响，金融机构是实体经济融资的主要来源，流动性紧张将直接影响经济活动，抑制经济转型增长。因此，需要及时识别和有效化解由股市、上市公司引发的系统性金融风险，阻断上市公司危机向实体经济的传导路径。

第四节　股市、上市公司引发系统性风险的识别与防范

一、股市、上市公司引发系统性金融风险的识别

系统性金融风险不易被识别，具有隐蔽性、传导性特征。局部风险经一定条件的催化作用后，在某个时点通过一系列环节的风险传递和连锁反

应，就可能引发全局性、系统性风险。根据上述分析，近几年随着 A 股市场和上市公司的不断发展变化，上市公司过度融资、资产估值高和基本面变化等股票市场个体的非系统风险因素已在场内积聚，当与利率风险、政策风险、通胀风险和经济周期风险等外部市场非系统风险相互作用、共振时，将极易引发全市场的系统性金融风险。

二、股市、上市公司引发系统性金融风险的防范措施

证券市场是实体经济发展到较高阶段的产物，从最初的债券现货市场到股票交易市场，再到金融衍生工具市场，参与主体和产品种类越来越复杂。防范股市、上市公司引发系统性金融风险的首要任务是正确认识和合理评估 3 个方面的风险因素，具体包括：宏观经济的变化对证券市场体系产生的负面冲击，证券市场体系自身演化和逐步累积的风险，来自外部风险的溢出及内外风险的共振。在识别风险的同时，建议从证券监管、金融机构和上市公司 3 个层面逐步建立、健全系统性金融风险防范体系。

证券监管层面，需要尽快建立系统性金融风险监测体系和预警机制。一是加快推进股票市场监管的信息化、数据化建设，建立内部风险防控系统，统一掌握股票市场统计数据和实时变化。二是统筹协调证券监管机构之间、证券监管机构与国资监管机构之间、证券监管机构与其他部门之间的权责利关系，逐步探索跨域业务监管合作。三是完善中央监管与地方监管的分工，统筹和协调两者关系，构建多层级的监管框架。四是结合 A 股市场的实际情况和发展需求，不断建立和完善证券监管法律框架，理顺证券市场各参与方的法律边界和职能要求。五是针对上市公司实施穿透式监

管，防止金融风险向实体经济传导。对杠杆增持、举牌等行为，强化出资方、资金来源、杠杆水平等方面的穿透式披露，在揭示风险的同时，避免违规杠杆资金流入股市，防止金融风险的交叉感染，维护市场稳定。

金融机构层面，需要逐步克服我国金融机构普遍存在的脆弱性和外部性，降低单个金融机构危及整个金融体系安全的风险。一是积极适应证券市场改革和发展的要求，形成较为完善的金融风险内部控制制度。二是为了防范特大金融风险出现对整个金融体系、信用制度稳定的重大影响，金融机构除采取一般性的财务防范措施外，还应建立防御特大风险的应急机制。三是借鉴日本、韩国的历史经验，建议在A股市场设立多只股市平准基金，集合银行、证券公司、保险公司和基金公司等金融机构资金，以及证券期货交易所、证券存管公司和证券业协会等自律组织资金，通过在股票市场进行逆大盘指数方向操作来熨平证券市场非理性的剧烈波动。四是严控杠杆资金的规模和比例，最大限度减小其他金融机构向自身的风险传递。

上市公司层面，我国上市公司主要存在持续经营与高位套现之间的矛盾，要解决该矛盾，一是需要提高公司质量，增强企业自身的造血功能，保证经营和业绩的稳定，同时规范公司治理水平，加强信息披露，提升公司透明度，准确传递公司投资价值。二是企业自身要严格控制财务杠杆率，拓宽上市公司融资渠道，改变直接融资和间接融资比例失衡的状况，降低融资成本。三是合理运用股票市场资本运作工具，谨慎开展并购重组相关业务，认真评估标的资产估值水平，避免盲目扩张。四是通过交叉持股的形式逐步引进战略投资者，实现上下游产业链的强强联合，逐步优化上市公司股权结构，形成合理、稳定、共赢的持股机制，有效平抑股价波动。

第五节　小结

经过约30年的发展，我国证券市场已达到许多发达国家的证券市场规模，取得了不少成功经验。但是，伴随市场的高速发展，也存在着许多制约证券市场自身功能发挥、阻碍市场健康发展的问题。在经济全球化的背景下，全球资本市场容易产生共振，未来因外部市场变化而引起的国内股票市场波动幅度将进一步加大。因此，由股市引发系统性金融风险的可能性不断加大，需要格外警惕。

上市公司在国民经济中占有重要地位，是紧密连接金融市场和实体经济的载体，其经营质量好坏是资本市场能否长期健康发展的基础。上市公司经营业绩的大幅变动和资产泡沫的产生将直接引起股票市场的波动，通过风险的联动性和传染性影响整个金融市场，最终导致经济整体的系统性风险发生。因此，为了守住不发生系统性金融风险的底线，密切关注股市和上市公司的发展和变化十分必要。

由于目前我国资本市场融资渠道较为单一、企业融资成本过高，上市公司具有强烈的转型升级需求，过去几年，股票市场积聚了许多不安全的隐患。A股市场中，以场外配资、融资融券、股权质押和通道资金等方式进入了大量杠杆资金；上市公司为了自身业务转型和扩张，大量并购重组了高溢价、高估值资产。当股市出现下跌时，场内积聚的非系统性风险与外部经济风险相互作用、共振，将形成股票市场踩踏式恐慌，许多上市公司的市值大幅缩水，个别公司甚至陷入丧失公司控制权的被动境地。

为了防止股市、上市公司引发系统性金融风险，需要时刻关注并警惕股票市场杠杆资金占比过高、上市公司融资规模过大、收购资产估值过高和上市公司业绩变脸等风险因素。由于股市引发的系统性金融风险不易被识别，具有隐蔽性、传导性特征，需要从监管层、金融机构和上市公司3个层面，逐步建立完善的系统性金融风险识别和预警机制，及时切断风险源，保障国内经济平稳健康发展。

第六章

汇率波动与资本流动风险

一国汇率制度选择会显著影响外汇风险敞口。自1978年中国改革开放以来，人民币汇率经历了5轮重大改革，即从单一固定汇率制度发展到如今以市场供求为基础、参考一篮子货币进行调节的有管理的浮动汇率制度，人民币汇率完成了从记账核算工具到宏观经济金融管理因变量的转变（丁志杰，严灏 & 丁玥，2018）。与汇率和资本流动相关的风险形式从币值单边升值预期和短期资本流入，转变为币值单边贬值预期和短期资本流出。

本章主要分析2015年8月11日汇率形成机制改革以来中国面临的汇率波动与资本流动风险。一方面，这一阶段中国正处于人民币可兑换进程加快、人民币国际化步伐加快、中国经济开放程度比较高的制度背景之下；另一方面，这一段时期全球宏观环境日趋复杂，发达国家主要经济体民粹主义浪潮兴起，全球贸易一体化进程受阻，同时，全球经济和金融系统的“底色”是全球主要央行尤其是美联储的货币宽松和全球的流动性泛滥。在错综复杂的宏观背景下，作为开放型大国经济体，中国面临不少来自汇率波动与资本流动的风险。下面我们将梳理“8·11”汇改以来中国面临的风险并总结经验，分析和评估近年来潜在汇率和资本流动风险，最后给出相应的政策建议。

第一节 “8·11”汇改后汇率与跨境资本流动风险及经验总结

一、汇改后5个阶段面临的风险挑战

自2015年8月11日汇改实施以来，中国人民银行逐渐建立了基于一篮子货币的人民币指数作为“参考货币锚”、根据市场预期和供求关系、辅以逆周期调整因子、在设定的区间内自由浮动的汇率机制。根据中国面临的汇率压力，人民币汇率形成机制经历了5次调整，通过观察可以发现以下政策调整的规律，即以人民币指数为锚，在压力小的情景下，增强汇率的灵活性，在压力大的情景下，增强汇率的稳定性（张明，2017）。

人民币汇率形成机制调整具体可以划分为5个阶段。从这5个阶段可以看出，近年来，中国跨境资本流动已超越了基本面，对汇率价格的影响越来越大，与此同时，市场信心对汇率走势的影响也越来越大。经济基本面情况、跨境资本流动情况、市场对政府调控意愿和能力的信心这三者共同影响了汇率与跨境资本流动风险的大小。

第一个阶段是2015年8月11日到2015年12月30日，其间汇率中间价完全由市场供求来决定，人民币兑美元汇率从6.23贬值到6.49，贬值幅度为4.06%，贬值速度为0.0428%/天（见图6.1）；第一财经名义有效汇率指数（CBNRI NEER）从104.08贬值到99.20，贬值幅度达4.69%，

贬值速度为0.0494%/天（见图6.2）。但由于监管当局与市场沟通不足，汇改超出了市场预期，人民币的迅速贬值引发了市场恐慌情绪，跨境资本流出压力大，在短短5个月内，外汇储备下降约3 209.48亿美元（见图6.3），而这又进一步恶化了市场恐慌情绪。

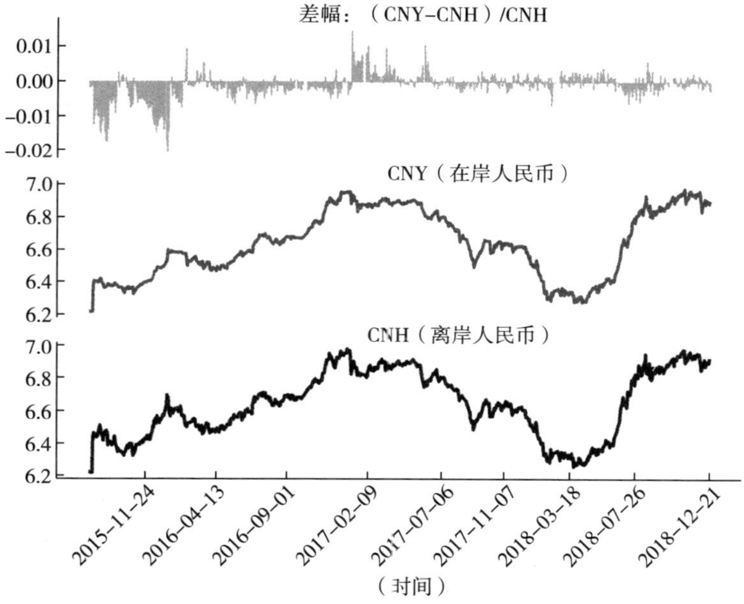

图6.1　在岸、离岸人民币兑美元汇率走势

资料来源：第一财经研究院。

第二个阶段是2016年初到2017年5月26日，央行不再袖手旁观，引入CFETS（中国外汇交易中心）货币篮子，人民币汇率形成机制变成了"自由浮动+盯住一篮子"的组合（余永定，2017），管涛（2017）认为这是对2015年8月11日央行汇改公告的数学表示，即银行"参考上日银行间外汇市场收盘汇率，综合考虑外汇供求情况以及国际主要货币汇率变化向中国外汇交易中心提供中间价报价"。其间，人民币兑美元汇率从

6.49 贬值到 6.87，贬值幅度为 5.48%，贬值速度为 0.0161%/天（见图 6.1），市场供求对人民币汇率中间价的影响有所减弱；第一财经名义有效汇率指数从 99.26 贬值到 91.41，贬值幅度为 7.91%，贬值速度为 0.0233%/天，人民币兑一篮子货币的贬值幅度和速度都较大（见图 6.2）。2016 年全年，人民币汇率面临贬值压力，资本外流压力依然较大，市场信心低迷，外汇储备降至 3 万亿美元附近（见图 6.3），外汇占款累计减少 2.26 万亿元（见图 6.4）。2017 年 1—5 月，外部环境改善，资本外流压力减弱，外汇储备回升了 430.50 亿美元，外汇占款减少显著放缓，但人民币兑一篮子货币并没有止跌。

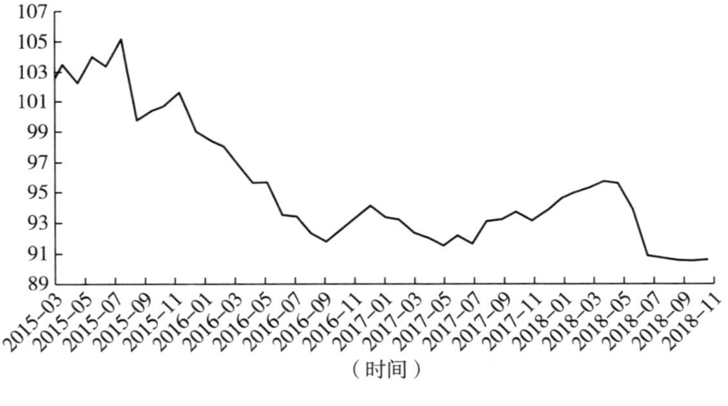

图 6.2　第一财经名义有效汇率指数走势

资料来源：第一财经研究院。

第三个阶段是 2017 年 5 月 27 日到 2018 年 1 月 8 日，其间引入逆周期因子之后，政府干预市场预期的能力增强。人民币兑美元汇率从 6.87 升值到 6.48，升值幅度为 5.63%，升值速度为 0.0368%/天（见图 6.1）；第一财经名义有效汇率指数从 91.41 升值到 94.09，升值幅度为 2.93%，升值速度为 0.0192%/天（见图 6.2）。逆周期因子扭转了低迷的市场情绪，人民币兑美元和一篮子货币均在随后出现了升值，资本流动持续回稳，外汇储备进一步上升 1 078.90 亿美元（见图6.3），外汇占款稳定（见图6.4）。

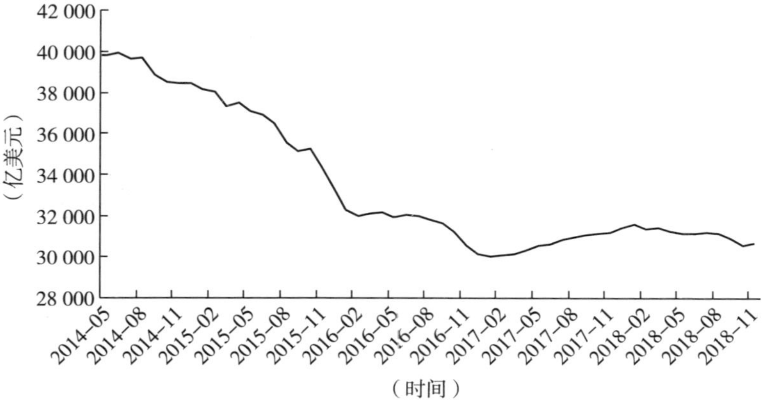

图6.3　中国官方外汇储备资产规模

资料来源：CEIC，第一财经研究院。

第四个阶段是 2018 年 1 月 9 日到 8 月 24 日，其间央行暂停使用逆周期因子，市场供求对人民币汇率中间价的定价影响力有所增强。受到中美贸易摩擦升温的负面影响，人民币兑美元汇率从 6.48 贬值到 6.87，贬值幅度为 5.98%，贬值速度为 0.0388%/天（见图6.1）；第一财经名义有效汇率指数从 94.09 贬值到 90.67，贬值幅度为 3.66%，贬值速度为 0.0239%/天（见图6.2）。这段时期，虽然存在资本流出压力，但流出压力小于 2016 年，外汇储备减少 302.33 亿美元（见图 6.3），也显著小于 2016 年，外汇占款稳定（见图6.4）。

第五个阶段是 2018 年 8 月 25 日至 2018 年 11 月底，其间央行重启逆周期因子，市场供求的影响力量再度被削弱。人民币兑美元汇率从 6.87 贬值到 6.88（截至 2018 年 12 月 21 日），贬值幅度为 0.46%，贬值速度为

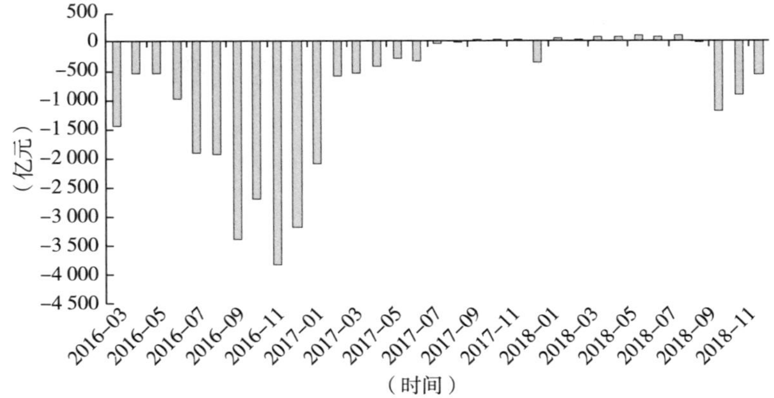

图 6.4　外汇占款变化

资料来源：CEIC，第一财经研究院。

0.0059%/天（见图 6.1）；第一财经名义有效汇率指数从 90.60 升值到 90.89，保持了人民币兑一篮子货币的基本稳定（见图 6.2）；外汇储备累计减少 480 亿美元（见图 6.3），外汇占款累计减少 2 681 亿元（见图 6.4），但市场情绪稳定，没有出现持续的悲观（见图 6.5）。

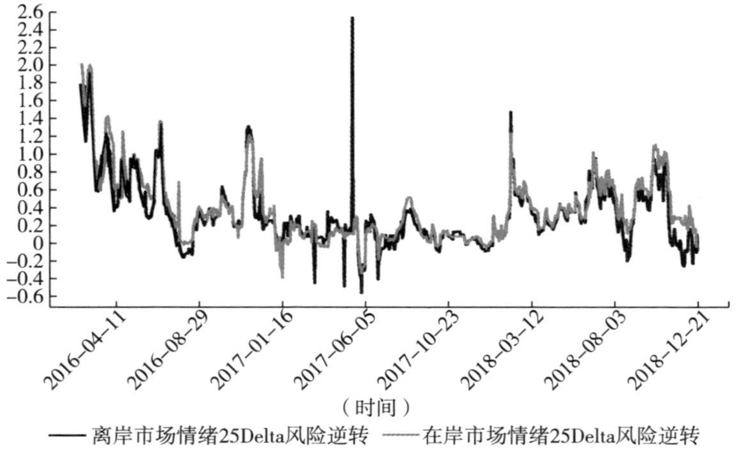

图 6.5　离岸、在岸市场情绪指标走势

资料来源：Bloomberg，第一财经研究院。

二、“8·11”汇改以来的风险管理经验及启示

根据“8·11”汇改以来的经验，管涛（2017）认为中国外汇市场面临3种均衡情形：其一，基准情形。市场相信政府有意愿、有能力维持汇率稳定。其二，正面情形。基本面向好，市场相信汇率稳定有基本面支持。其三，负面情形。基本面恶化，市场信心进一步减弱，政府维持汇率稳定的能力面临较大考验。其中，基准情形和正面情形对系统性金融风险的影响不大，但是负面情形中市场信心的恶化会产生传染效应，可能与其他金融部分的风险联结并产生共振，对系统性金融稳定造成威胁，因此，负面情形需要监管当局有力的干预。

在开放经济条件下，面对跨境资本流动的冲击，监管当局在干预时面临中微观层面的“不可能三角”，即汇率浮动、外汇干预和跨境资本流动管理在面对资本流动冲击的时候，这三大工具至少要用一个或者是组合使用，我们不可能既不想动汇率，又不想动储备，还不想用管制手段（管涛，2016）。根据“8·11”汇改后的经验，3个工具要结合并用。

可喜的是，2018年，在国内经济下行、中美贸易摩擦、美元指数升值背景下，人民币兑美元汇率先涨后跌，最高时升至2015年“8·11”汇改启动时的水平附近，最低时又到了重要心理关口。但其间，市场预期稳定，资本流动有序，外汇市场进一步走向成熟，汇率市场化基础更加夯实（管涛，2018），汇率灵活性的增加使汇率能更好地发挥经济减震器的作用（Meade，1951），促进国际收支自主平衡，这也可以使中国货币政策的独立性增强，从而更好地调节国内经济，毕竟稳健的宏观经济基本面是人民币币值稳定的磐石。

此外，近年来IMF关于新兴市场脆弱性的研究表明，审慎的资本流动管理是必要的，开放与审慎管理资本流动并不冲突（Farhi，E.，Werning，I.，2014）。“8·11”汇改后的汇率风险管理经验告诉我们，跨境资本流动管理是重要有效的工具之一，既包括鼓励资本流入、放宽结汇限制等措施，也包括对跨境资本流出使用宏观审慎管理和加强真实性审核的政策。因此，在密切监测跨境资本流动的基础上，监管当局要预备充足的跨境资本流动管理工具。

第二节　从跨境资本流动角度评估近年来的汇率风险

一、人民币兑美元汇率灵活，人民币指数稳健

与2015年和2016年人民币汇率单边贬值预期持续，伴随着大量资本外流、外汇储备快速下降，跨境资本流动冲击风险近在咫尺的场景不同，2018年，在中美经济贸易关系持续紧张、中美经济金融周期分化、中美利差持续收窄的背景下，人民币汇率相对年内高点跌幅较大，下行速度快，却未引发市场恐慌情绪的飙升，境外资本还通过债市和股市持续流入中国证券市场，跨境资本流动净流出规模小于2015年和2016年。这说明，监管当局渐进式深化汇率市场化改革进展良好，在基础设施建设方面，用于管理汇率风险的金融衍生品更丰富、交易的限制在减少；在市场参与者的教育方面，逐步扩大的汇率市场波动率（见图6.6、图6.7）逐步使市场适应了汇率浮动带来的不确定性，无论是从衍生品市场情绪指标（见图6.5）、舆论情绪指标（见图6.8），还是从即期结售汇意愿（见图6.9）来

看，在2018年人民币兑美元汇率快速贬值时，都没有出现像2015年和2016年那样程度的恐慌。

具体来看，图6.6描绘了第一财经研究院名义有效汇率指数（CBNRI NEER）、货币篮子人民币汇率指数［CFETS（SDR）］、人民币兑美元汇率（中间价）的30天滚动波动率，在微观金融领域，通常而言，波动率越高意味着风险越大。通过观察“8·11”汇改以来的波动率走势我们有以下发现：一是汇改前人民币兑美元汇率（中间价）波动率低，汇改后人民币兑美元汇率（中间价）显著上升，并且呈现上下波动的态势，而2018年8月人民币兑美元汇率波动率创2015年以来的新高；二是汇改前人民币兑一篮子货币指数的波动率要远高于人民币兑美元汇率（中间价）的波动率，但此后，人民币指数的波动率通常远低于中美双边汇率波动率。

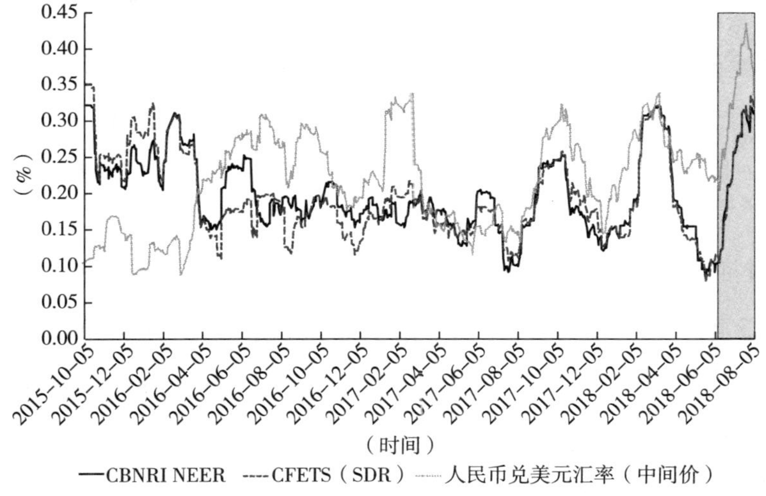

图6.6　人民币汇率指数、人民币兑美元汇率（中间价）波动率

资料来源：CEIC，第一财经研究院整理。

图6.7刻画了汇率衍生品市场中通过市场衍生品价格带入布莱克－斯科尔斯模型倒推的人民币兑美元隐含波动率、人民币兑美元汇率的历史波动率，以及两者的差值。通常而言，隐含波动率较历史波动率更有前瞻性，差值的极端分布通常意味着市场预期的转变，从图6.7中可以观测到2018年两者差值的极端分布情况更多，这说明2018年起市场预期开始分化，这是汇率市场成熟的一个标志。

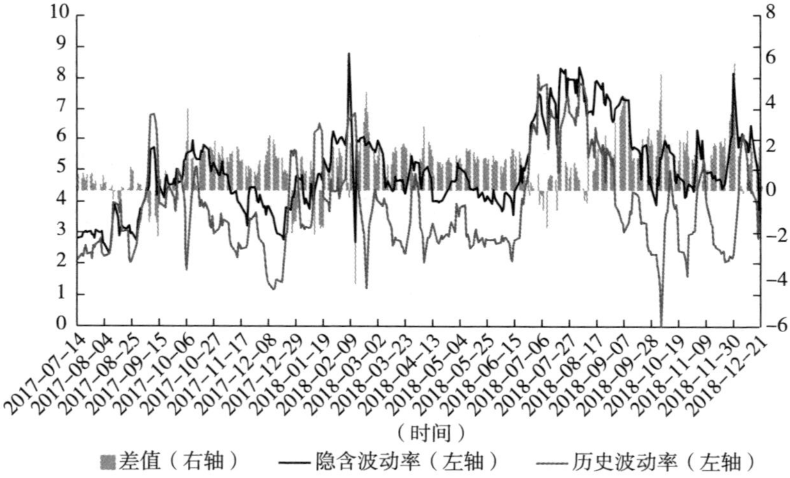

图6.7　人民币兑美元汇率隐含波动率、历史波动率及两者的差值

资料来源：Bloomberg，第一财经研究院。

通过描绘搜索引擎的热度指标，图6.8显示了舆论情绪的变化，可以看到2015年“8·11”汇改之后，市场舆论对于人民币贬值的悲观情绪达到最高点，2018年下半年，市场舆论中对人民币贬值的担忧虽然存在，但要远低于2015年和2016年的高点。

剔除远期交易行为后的结售汇指标显示（见图6.9），在2018年上半年，市场的结汇意愿要强于售汇意愿，这也意味着市场参与者更愿意持有人民币，虽然在2018年的下半年，收汇意愿弱于售汇意愿，但净售汇的规模要远远低于2016年。

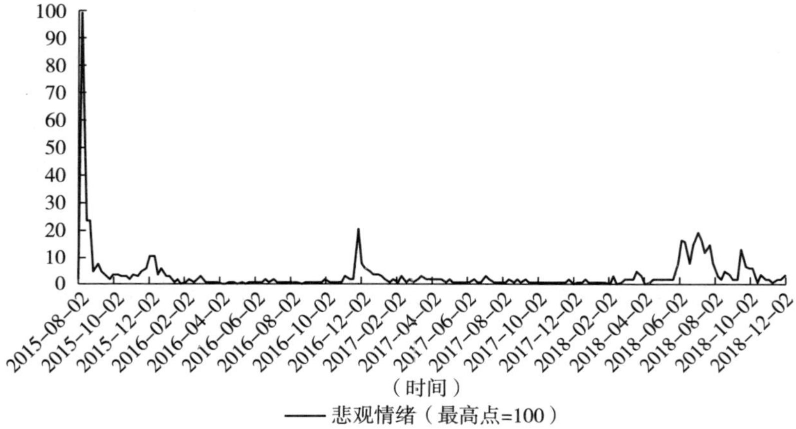

图6.8　舆论情绪指标走势

资料来源：Google Trend，第一财经研究院整理。

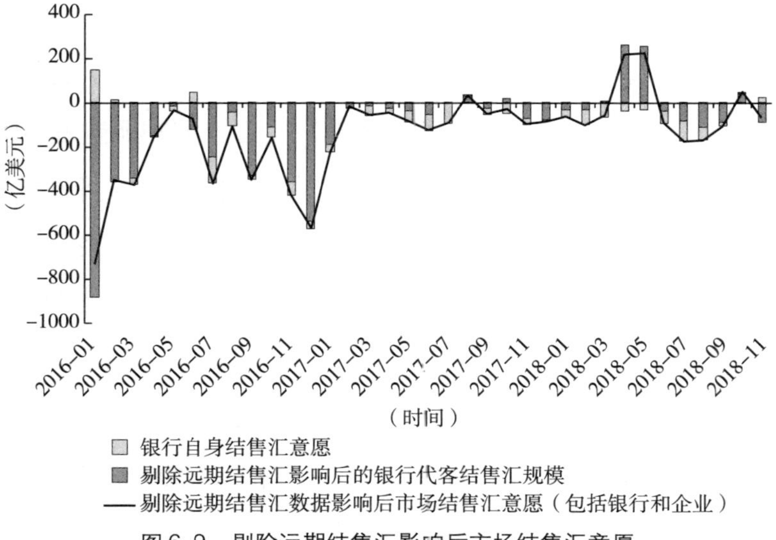

图6.9　剔除远期结售汇影响后市场结售汇意愿

资料来源：CEIC，第一财经研究院。

近年来，国内经济稳中有变、外部环境复杂严峻，人民币汇率稳定机遇与挑战并存，深化汇率市场化改革仍需砥砺前行、伺机而动（管涛，2018）。不过可以确定的是，中国人民银行逐渐建立的基于一篮子货币的人民币指数作为“参考货币锚”、根据市场预期和供求关系、辅以逆周期调整因子、在设定的区间内自由浮动的汇率机制运作良好。这为近来货币当局在更大程度上退出常态化干预，逆周期因子逐渐淡出提供了良好基础。在疫情大背景下，中国经济的相对强劲表现提升了各界对人民币的信心，发达经济体极度宽松的货币政策推动美元走上持续贬值之旅，我们认为，进一步加快人民币汇率体制的清洁浮动改革，抓住时机推进新一轮的人民币国际化应是当下的政策着力点。

二、国际收支自主平衡格局巩固

2014—2018 年，中国国际收支经历了 4 年的调整，从长期“双顺差”的格局逐步自主调整到较为平衡的格局，经常账户顺差占 GDP 的比重也从 2. 2% 降低到 –0. 155%。2018 年，中国的国际收支平衡表呈现出的自主平衡格局进一步巩固。前三季度各季，经常项目与资本项目（由资本与非储备性质金融账户净变化以及净误差与遗漏项净变化两部分构成）顺逆差交替出现，外汇储备资产净变化（剔除估值影响，下同）不论增减规模均不大（见图 6. 10）。2018 年前三季度，经常项目累计逆差 128 亿美元，与 GDP 之比为 0. 1%；资本项目顺差 599 亿美元；外汇储备资产增加 463 亿美元，与 GDP 之比为 0. 5%。而 2015 年和 2016 年，由于资本外流规模远超当期经常项目顺差，外汇储备资产分别下降了

3 423亿和4 487 亿美元。

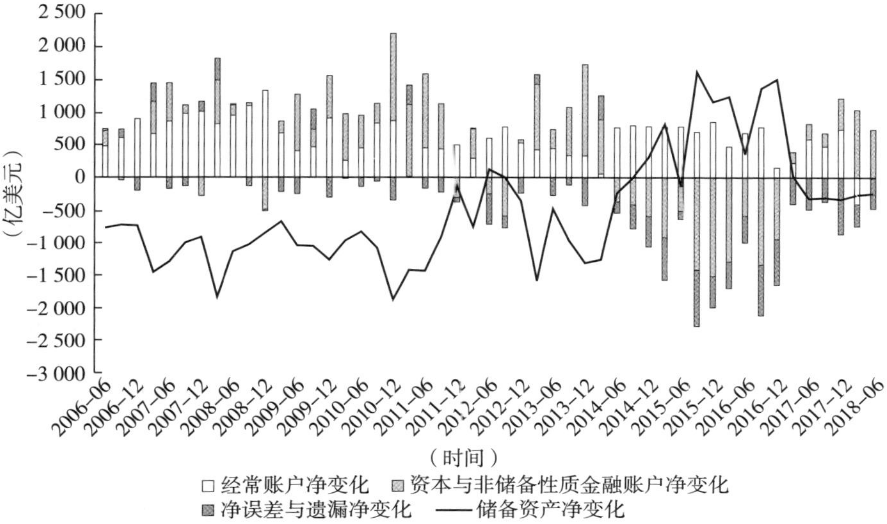

图 6.10　中国国际收支呈自主平衡格局

资料来源：CEIC，第一财经研究院。

从中长期看，2014 年是国际收支格局的分水岭。在此之前，中国凭借劳动力、土地、能源等要素价格低廉的优势，以及准确的国际分工定位和改革开放释放的资源配置红利，在国际收支上形成了长期“双顺差”格局，即经常账户、资本与非储备金融账户均保持顺差，这也带来了人民币长期单边升值趋势。然而，随着要素价格优势逐步收窄，经济金融风险逐渐暴露，2014 年以后，我国国际收支趋势转为经常账户顺差规模缩减、资本与非储备金融账户趋势性逆差以及持续的净误差与遗漏逆差，随之而来的是人民币持续贬值的压力，人民币兑美元汇率从 2014 年初的 6.10 贬值到 2018 年 12 月底的 6.89，贬值幅度为 12.94%；第一财经名义有效汇率指数从 93.62 下行到 90.89，下行幅度为 2.92%。截至 2018 年底，中国国际收支格局趋于平衡，人民币兑美元汇率和人民币兑一篮子货币的汇率指数均已经调整到位，贬值压力基本释放。

然而，考虑到在2018年中美经贸关系紧张局势下，尽管市场充斥着关于外资撤退等负面消息，而且，年中汇率急跌、股市也重挫，但并未触发资本流动冲击。仔细分析中国直接投资净流动和短期资本流动可以发现，境外资本对于中国的信心较足，流入的形式既包含直接投资又包含资本项下的证券投资。境内资本信心的匮乏与经济政策的不确定性强有关，然而随着12月19—21日，中央经济工作会议的召开，未来的宏观经济政策已经定调，会议强调了坚持深化国资国企、财税金融、土地、市场准入、社会管理等领域改革，强化竞争政策的基础性地位，创造公平竞争的制度环境，鼓励中小企业加快成长。相信随着经济政策不确定性的降低，境内资本对中国经济的信心增强，这部分跨境资金的外流趋势或将得到逆转。

具体来看，根据第一财经研究院估算，2018年1—11月，中国直接投资净流入810亿美元，与2016年同期累计净流出762亿美元、2017年同期累计净流入401亿美元相比，2018年直接投资净流入显著增加，这也显示境外资本对中国经济和中国市场的信心（见图6.11）。不过，计算2018年以来累计资本净流出可以发现，净流出规模低于2016年短期资本外流，为6 330亿美元。考虑到2018年境外短期资本持续净流入中国的股票和债券市场，短期资本净流出的趋势主要是因境内资本净流出所驱动，其根本原因是境内资本对中国改革信心的不足（见图6.12），但这部分资本的外流并没有引发市场的恐慌。

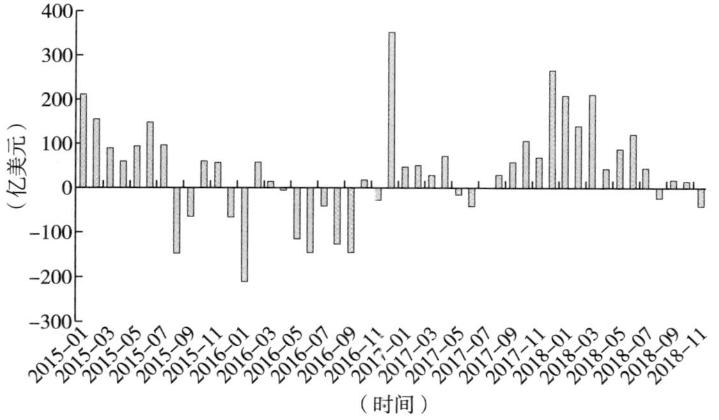

图 6. 11　估算的净直接投资额

资料来源：CEIC，第一财经研究院。

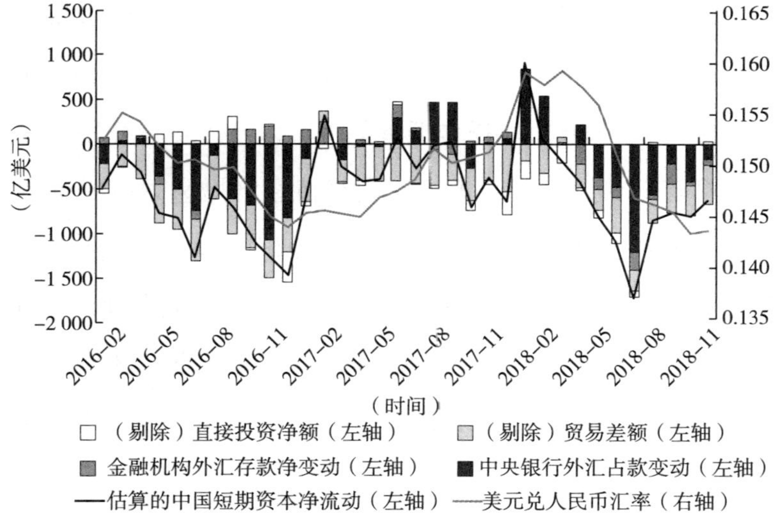

图 6. 12　估算的中国短期资本净流动

资料来源：Wind，第一财经研究院。

三、中美利差持续收窄、金融市场开放不当或触发风险

2018年中美经济金融周期相悖，中美利差持续收窄，这给人民币汇率带来贬值压力，考虑到短期内中美利差收窄的趋势或将延续，在人民币贬值的背景下，中国国内流动性有可能被动或主动收紧。在被动收紧的情境下，人民币汇率贬值导致资本外流，并且两者形成螺旋反馈，国内流动性将收紧，国内资金成本被动提高，市场利率上升；在主动收紧的情境下，央行为抵御人民币贬值及资本外流趋势，采取主动加息策略，提高中美利差，国内市场利率上升。无论是主动还是被动抬高利率，中国都面临资产价格重估以及可能引起债务风险爆发。

由于中国国内的经济情形是央行实施货币政策的首要考量，我们认为，央行主动收紧流动性的可能性很小。事实上，2018年以来，央行频频实施“定向降准”、公开市场操作抵押品扩容以及出资设立民营企业债券融资支持工具等政策，央行政策重点向维持经济增速倾斜的意图非常明显。尤其是在2018年12月20日美联储加息前夕，中国人民银行创设定向中期借贷便利（TMLF），由此可见央行加大逆周期调节力度，保持市场流动性合理充裕的决心。因此，从短期来看，中美利差收窄不利于人民币兑美元汇率的稳定。然而，从中期来看，货币政策支持中国经济增长有利于汇率稳定。

此外，鼓励资本流入、加快金融市场对外开放，也有可能为金融市场脆弱性埋下隐患。因此，应当审慎评估金融市场开放的程度对实体经济和金融会带来怎样的影响，中国的资本市场是否已经有牢固的基础让市场主体自发管理这些风险，以及监管当局是否已经有足够的基础设施使金融系

统有足够的韧性来承受资本流动带来的冲击。

第三节　政策建议

一、防范汇率波动风险的政策建议

要防范汇率波动对市场信心产生冲击并向其他金融部门外溢的风险，同时还要防范汇率波动给市场主体带来非预期损失的风险，可以考虑以下两个政策框架。

一是提高金融市场的韧性和自我调节能力。对此监管当局应该提供充足的金融衍生品，让市场参与者可以用来对冲汇率市场的波动风险，同时，培养市场参与者承担风险的意识。监管当局在与市场各主体充分沟通后，建议逐步降低一篮子货币在人民币兑美元汇率定价机制中的权重，让市场去适应市场定价带来的双向波动。此外，要建立量化的汇率风险衡量和监测指标体系，密切关注风险溢出和传染效应，防止系统性风险发生，增强金融监管的有序和协调。

二是以改革求真稳定。我们需要跳出金融市场局部均衡的思维模式，在推进供给侧结构性改革的过程中实现金融稳定。具体地，用有效的改革措施来提升市场的预期投资回报率，强化市场投资者信心。通过优化资源配置、提高经济效率，为金融稳定提供坚实基础（徐奇渊，2017）。人民币币值稳定在很大程度上取决于市场信心，而进一步推进供给侧结构性改革则是建立所有信心的前提，只有改革才能实现真稳定。

二、防范跨境资本流动风险的政策建议

严海波（2018）认为，国际短期资本大规模自由流动是构成发展中国家金融风险的主要诱因。贵丽娟等人（2015）在进行宏观金融风险研究时引入了文献（Aghion et al.，2004）提出的开放经济体模型，分析国际资本流动对新兴市场经济体的影响。研究结果表明，当一国的宏观金融风险程度较低时，国际资本流动对新兴市场经济体的经济波动影响较小；反之，若一国金融基础设施不完善或宏观金融风险程度相对较高，国内经济波动受国际资本流动的影响较为显著，具体表现在一旦经济进入下行周期，国际资本将大量外逃，加剧该国的经济衰退，而在经济上行周期，大量热钱涌入，抬高国内通胀预期，经济波动幅度大幅增加。

王维安和钱晓霞于2017年同样指出，更加自由和频繁的短期跨境资本流动将增加国内经济的不确定性，导致资产价格扭曲和资本市场的不稳定。根据中国资本项目开放的状况和金融市场的制度特性，两人在借鉴国内外学者研究成果的基础上，提出短期跨境资本流动会通过直接渠道和间接渠道影响我国资本市场的稳定，其中，间接渠道包括货币供给、银行信贷和汇率波动等渠道。

IMF的一篇工作论文（Echeverria et al.，1997）探究了资本账户自由化、国内金融部门改革与货币和汇率政策设计之间的相互关系。其结论是，资本项目自由化应作为全面改革战略中的一环，其步调应与恰当的宏观经济和汇率政策的实施相协调。

目前，中国汇率尚未实现清洁浮动，中国金融市场建设还有待完善，这些因素都决定了中国资本项目开放需要时间和其他政策的配合。

第七章

金融开放与系统性金融风险

金融开放一直是中国金融系统改革的重要议题。在中美贸易摩擦升温，一些国家实行贸易保护主义的背景下，中国金融开放的程度和路径再一次成为中国当下迫切需要关注的焦点。

何为“金融开放”？文献（Kaminsky & Schmuklex，2002）使用“金融自由化”来概括“金融开放”的内涵，认为金融自由化应包括3个方面，即资本账户自由化、国内金融部门自由化以及股票市场自由化。陈雨露 & 罗煜（2007）在此基础上对金融开放的概念进行了界定，他们认为，金融自由化包括对内和对外两个方面，金融开放讨论的是对外的方面，其中资本账户开放和金融市场开放是金融开放最核心的两个要素。在文献（Bekaert & Harvey，1995）提出的定义中，金融开放包括7个要素，分别是资本账户开放、股市开放、美国存托凭证（ADR）与国家基金的发行、银行业改革、私有化、资本流动、外商直接投资（FDI）等。文献（Le，2000）把金融开放界定为国内外资金的自由流动，文献（Yu，N.，2014）对金融开放的定义与之类似，认为金融开放应同时满足两个条件：一是国内居民和机构能够参与国际市场的交易和结算；二是国内金融市场对其他国家开放，允许国际参与者在国内市场进行各类金融交易和结算，这同时也被称为金融市场开放和金融结算准入。文献（Carmignani & Chowdhury，2006）则认为，金融开放是为解除本国资本流动在管理上或法律上的约束，为国内金融系统进入全球市场创造必要条件的过程。

在上述基础上，我们参照王洋天和郑玉刚（2018）对中国过去 40 年金融开放的总结，赋予本章“金融开放”两个内涵：一是金融服务业的开放，体现为银行、证券、保险等金融服务领域对外资准入的放开；二是金融市场与资本账户的开放，即实现资本跨境自由流动，国内与国外投资者双向参与对方金融市场的投资和结算。

第一节　中国金融开放历程回顾

回顾中国改革开放 40 年，徐洪才（2018）、王洋天和郑玉刚（2018）、郭田勇（2018）等均对中国对外开放的历史进程进行了类似的阶段划分，一个基本的共识是，2001 年 11 月 10 日中国成为 WTO（世界贸易组织）新成员是中国在对外开放道路上的里程碑事件。

徐洪才（2018）将中国金融业对外开放的 40 年分成了 4 个阶段，以外资金融机构进入、汇率形成机制改革、金融开放相关法律法规的颁布和完善等事件为主要标志。

第一阶段是 1978 年至 1992 年，即中国金融业对外开放的起步阶段。当时中国缺乏引进先进技术设备的资金，但劳动力供给充足，因此改革开放从对外贸易开始，利用劳动力成本优势进行来料加工。为配合对外贸易发展，我国金融业对外开放开始起步。这一阶段金融业对外开放的标志性事件主要有3个：一是1980年日本输出入银行和东京海上日动火灾保险株式会社在北京设立代表处；二是1980年在深圳、珠海、汕头、厦门设立经济特区，并允许外资金融机构在特区设立营业机构，开展外汇业务；三是1990年上海浦东获准引进营业性外资金融机构。

第二阶段是1993年至2001年，即中国金融业对外开放加快发展的阶段。从1996年起外资银行与国内银行在存款、贷款和结算三大传统业务领域逐步展开竞争。标志性事件包括：1994年，实行汇率形成机制改革；同年，《中华人民共和国外资金融机构管理条例》颁布，对外资金融机构的市场准入和监管等进行了规定，为外资金融机构在我国经营提供了法律规范；1996年，根据IMF的要求及中国经济发展的具体需求，中国基本实现了经常项目下人民币的自由兑换。

第三阶段是2002年至2017年底，即中国金融业对外开放稳步发展的阶段。在2001年加入WTO之后，中国在国内金融机构改革、汇率与资本流动方面取得了一系列成果。就金融机构改革而言，最主要的标志性事件是2004年至2010年间中国四大国有银行相继进行了股份制改革和上市，为银行业进一步对外开放奠定了坚实基础。就汇率与资本账户改革而言，2005年7月21日，中国人民银行宣布废除单一盯住美元的汇率制度，改为以市场供求为基础，参考一篮子货币进行调节、有管理的浮动汇率制度；2015年8月11日，中国人民银行再度调整人民币兑美元汇率中间价的报价机制，做市商参考上日银行间外汇市场收盘汇率，向中国外汇交易中心提供中间价报价，汇率形成的规则性、透明度和市场化水平进一步提升。此外，中国还主动推进人民币国际化，与多个国家和地区的货币当局签署货币互换协议；2016 年，人民币成为 IMF 的特别提款权（SDR）篮子货币，权重为 10.92%，仅次于美元与欧元，成为世界主流机构认可的国际储备货币和“可自由使用货币”。

第四阶段是自 2018 年以来的阶段，在 2018 年 4 月举办的博鳌亚洲论坛上，习近平总书记宣布，中国将大幅放宽包括金融业在内的市场准入①。中国人民银行行长易纲指出，将遵循三条原则推进金融业对外开放，彰显我国进一步扩大金融业对外开放的决心。第一条原则是准入前国民待遇和负面清单原则；第二第是金融业对外开放将与汇率形成机制改革和资本项目可兑换进程相互配合，共同推进；第三条是在开放的同时，要重视防范金融风险，要使金融监管能力与金融开放度相匹配。

王洋天和郑玉刚（2018）认为，中国金融业对外开放历程分为 3 个阶段：第一个阶段始于 1978 年设立经济特区，拉开了中国允许外资进入合资领域的序幕；第二阶段始于 2001 年加入 WTO，中国逐步履行相关国际义务，扩大市场准入，吸引外国投资者；第三阶段始于 2013 年“一带一路”倡议被提出，中国金融自此开始主动走出去参与国际金融治理。

一、中国金融服务业的对外开放

中国金融服务行业的对外开放程度仍处于较低水平。2016 年 OECD 公布的各国金融服务行业对外开放程度可以看到，不论是银行业还是保险业，中国的对外开放程度都处在较低水平，名次仅高于印度和印度尼西亚

① 金融业进一步开放的时间表来了［OL］. 中国日报网，2018－04－12.

等国（见图7.1、图7.2）。

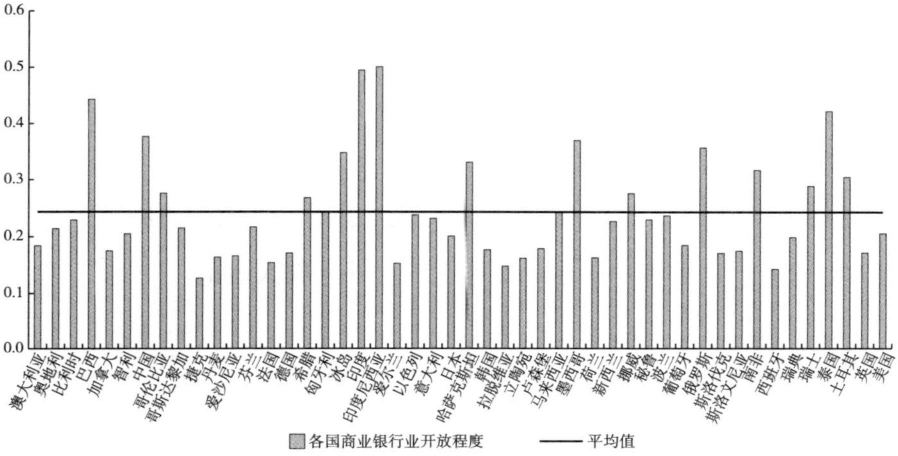

图7.1　2016年各国银行业对外开放程度

注：数值越大代表开放程度越低。

资料来源：OECD。

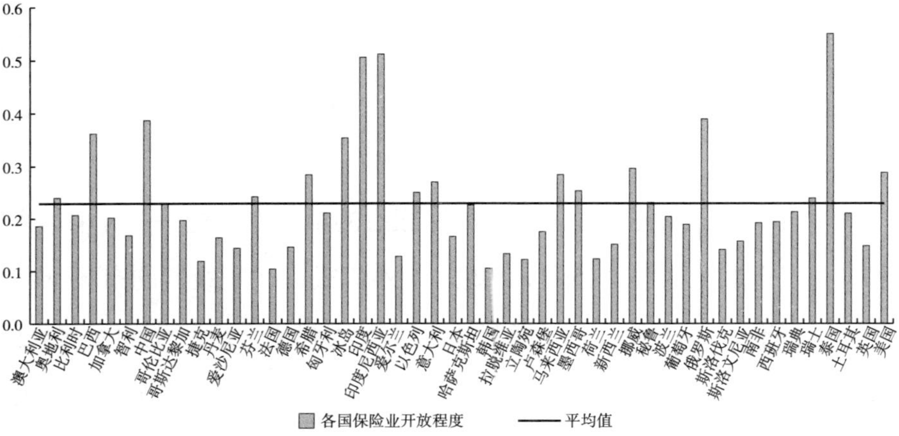

图7.2　2016年各国保险业对外开放程度

注：数值越大代表开放程度越低。

资料来源：OECD。

2018年博鳌亚洲论坛召开期间，中国人民银行行长易纲宣布了将在2018年落地的多项金融业开放措施，包括将取消银行和金融资产管理公司的外资持股比例限制；将证券公司、基金管理公司、期货公司、人身险公司的外资持股比例上限放宽到51%，3年以后不再设限；不再要求合资证券公司境内股东至少有一家是证券公司等。

这标志着中国金融服务业对外开放进入了新的时代。我们将在下文回顾1978—2018年40年中国金融服务业的对外开放大事记。

（一）银行业

1979年，在中国实施对外开放政策的第二年，日本输出入银行在北京设立代表处，拉开了中国金融服务业对外开放的序幕。1985年，国务院发布《中华人民共和国经济特区外资银行、中外合资银行管理条例》，允许外资银行在深圳、珠海、厦门、汕头和海南这5个经济特区设立经营性分支机构。1990年，上海成为继上述5个经济特区之后引进外资银行营业性机构的城市，两年后外资银行营业性机构的地域进一步扩大到大连、天津、青岛、南京、宁波、福州、广州7个城市。

1994年，中国颁布了全面规范外资银行的第一部法规——《中华人民共和国外资金融机构管理条例》，规定了外资银行在华经营的市场准入条件和监管标准，外资银行在华经营逐步进入法制化、规范化的发展轨道。2002年，国务院发布新的外资金融机构管理条例，明确外资金融机构的正当经营活动和合法权益受中华人民共和国法律保护。

2001年12月，中国正式加入世界贸易组织，中国银行业开始实施对外开放政策。例如，逐步将外资银行人民币业务客户从外资企业和外国人逐步扩大到中国企业和中国居民；逐步放松对外资银行在华经营的限制，取消外资银行人民币负债不得超过外汇负债50%的比例限制等，并在承诺基础上逐步给予外资银行国民待遇。同时，中国还根据经济发展和金融改革需要，积极实施了自主开放措施，例如，允许外资银行开展衍生品产品交易业务和代客境外理财及托管业务等；调整外资金融机构参资入股中资银行的比例，允许合格的境外战略投资者按照自愿和商业原则投资入股中资银行等。

2003年，中国银监会颁布《境外金融机构投资入股中资金融机构管理办法》（银监会令2003年第6号），规定外资金融机构入股中资银行，单一持股不超过20%、合计持股不超过25%。次年，汇丰银行入股交通银行，成为外资银行正式入股中资银行的首例。

在2003至2010年间，中国四大国有商业银行相继进行了股份制改革和上市，为银行业进一步对外开放奠定了坚实基础。2003年底，国务院决定动用外汇储备向中国银行、中国建设银行注资450亿美元，国有独资商业银行股份制改革试点工作正式启动。2004年8月、2004年9月、2005年4月以及2008年10月，中国银行、中国建设银行、中国工商银行以及中国农业银行相继由国有独资改组为股份有限公司，建立了现代公司治理结构的基本框架，公司治理机制开始发挥作用。

2014年9月，《中国银监会外资银行行政许可事项实施办法》颁布，该办法主要是统一了中外资银行的市场准入标准，取消了外资银行在一个城市一次只能申请设立1家支行的规定，取消了支行营运资金的最低限额要求。同年12月，《中华人民共和国外资银行管理条例》修订，外资银行、中外合资银行和外国银行分行可按照中国银监会批准的业务范围，进入中国银行间市场从事“债券买卖”业务。

2016年12月11日，中国加入世贸组织15年过渡期结束，从当日起取消了外资银行在中国境内经营人民币业务的地域和客户对象限制。2017年1月，《国务院关于扩大对外开放积极利用外资若干措施的通知》发布，重点放宽银行类金融机构等领域外资准入限制。

2018年6月8日，银保监会宣布废止《境外金融机构投资入股中资金融机构管理办法》，并取消其他办法文件中对外资入股比例的限制。6月28日，国家发改委、商务部以第18号令，发布了《外商投资准入特别管理措施（负面清单）（2018年版）》（以下简称“负面清单”），自2018年7月28日起施行。《外商投资产业指导目录（2017年修订）》中的外商投资准入特别管理措施（外商投资准入负面清单）同时废止，鼓励外商投资产业目录继续执行。负面清单取消了对中资银行的外资单一持股不超过20%、合计持股不超过25%的持股比例限制；将证券公司、证券投资基金管理公司、期货公司和寿险公司的外资持股比例放宽至51%；并明确在2021年取消金融领域所有外资持股比例限制，给予外资更大的自由度及更好的激励机制，以及更多投资中国市场的机会。

（二）保险业

1992年，保险业对外开放步入试点阶段，上海成为对外开放保险业务的首个试点城市。同年7月，中国人民银行颁布《上海外资保险机构暂行管理办法》，不久，首家外资保险公司友邦保险获批在上海成立分公司，这是改革开放后成立的首家外资保险机构，也标志着保险市场对外开放的大门打开了。1994年，日本东京海上火灾保险株式会社获准在上海成立分公司，成为首家进入我国财产险市场的外资财险公司。1996 年，中国人民银行批准加拿大宏利人寿保险公司与外经贸信托在上海合资设立中宏人寿保险有限公司，成为中国第一家中外合资保险公司。

自 2001 年中国加入 WTO 后，中国逐渐履行保险业全面开放的承诺，在开放业务领域和地域范围方面逐步扩大，美国纽约人寿、美国大都会、日本生命人寿 3 家外资公司获得业务执照。同年 12 月，首部外资保险法规《外资保险公司管理条例》由国务院颁布实施。2004 年实行的《外资保险公司管理条例实施细则》为外资保险公司在我国的市场准入和经营发展提供了更为明确的法律依据。

2004 年 12 月 11 日，按照入世协议，中国保险业的入世过渡期结束，中国保险业按照入世协议具体细则实现全面对外开放，具体内容包括：允许外资寿险公司提供健康险、团体险和养老金/年金险业务；取消对设立外资保险机构的地域限制；除寿险外，设立合资保险经纪公司的外资股权比例可至 51%；经过 4 年过渡期，外资保险公司必须就非寿险、个人意外和健康保险的基本风险的所有业务向指定再保险公司分保的要求被逐步取消；经过 5 年过渡期，将申请设立保险经纪公司的外国保险经纪公司总资产要求从 5 亿美元逐步降低至 2 亿美元。

2018 年，央行行长易纲在博鳌亚洲论坛上宣布，人身险公司外资持股比例上限放宽到 51%，3 年以后不再设限。除此以外，将允许符合条件的外国投资者来华经营保险代理业务和保险公估业务；放开保险外资经纪公司经营的范围，与中资机构一致；同时，全面取消外资保险公司设立前需开设两年代表处的要求。

2018 年 6 月 28 日，国家发改委、商务部联合发布了《外商投资准入特别管理措施（负面清单）（2018 年版）》，自 2018 年 7 月 28 日起施行。负面清单将证券公司、证券投资基金管理公司、期货公司和寿险公司的外资持股比例放宽至 51%；并明确在 2021 年取消金融领域所有外资持股比例限制。

（三）证券业

2002 年 6 月，证监会颁布《外资参股证券公司设立规则》（2007 年、2012 年陆续做了修订），对境外股东与境内股东依法共同出资设立证券公司以及境外投资者依法受让、认购内资证券公司做出了规定。该文件（2012 年版）规定外资参股证券公司可以经营以下业务：股票（包括人民币普通股、外资股）和债券（包括政府债券、公司债券）的承销；外资股的经纪；债券（包括政府债券、公司债券）的经纪和自营；中国证监会批准的其他业务。就持股比例限制而言，境外股东持股比例或者在外资参股证券公司中拥有的权益比例，累计（包括直接持有和间接持有）不得超过 49%；境内股东中的内资证券公司，应当至少有 1 名的持股比例或在外资参股证券公司中拥有的权益比例不低于 49%；内资证券公司变更为外资参股证券公司后，应当至少有 1 名内资股东的持股比例不低于 49%。2002 年 10 月，证监会颁布《上市公司收购管理办法》和《上市公司股东持股变动信息披露管理办法》，外资并购参股上市公司全面启动。这些法规的颁布和实施，使我国上市公司并购重组的法律体系基本形成。

2006 年 2 月 1 日，商务部等发布《外国投资者对上市公司战略投资管理办法》，允许外国投资者对已完成股权分置改革的上市公司进行战略性投资。截至 2006 年 11 月底，中国已经批准设立 8 家中外合资证券公司和

24 家中外合资基金管理公司，其中 11 家合资基金管理公司的外资股权已达 49%。

2008 年 3 月 28 日，《国务院关于推进资本市场改革开放和稳定发展的若干意见》发布，鼓励具备条件的境外证券机构参股证券公司和基金管理公司，继续试行合格的境外机构投资者制度；支持符合条件的内地企业到境外发行证券并上市。

2018 年 4 月 28 日，证监会正式发布和实施《外商投资证券公司管理办法》，《外资参股证券公司设立规则》同时废止。该管理办法的要点在于：允许外资控股合资券商，合资证券公司的境内股东条件与其他证券公司的股东条件一致，即最高持股比例可至 51%；逐步放开合资证券公司业务范围，放开证券业务许可，初始业务与控股股东经营证券业务相匹配；合资证券公司不再局限于股债承销保荐、外资股经纪以及债券经纪和自营，可依法有序申请证券业务；完善境外股东条件。

2018 年 6 月 28 日，国家发改委、商务部联合发布了《外商投资准入特别管理措施（负面清单）（2018 年版）》，自 2018 年 7 月 28 日起施行。负面清单将证券公司、证券投资基金管理公司、期货公司和寿险公司的外资持股比例放宽至 51%；并明确在 2021 年取消金融领域所有外资持股比例限制。

二、中国金融市场与资本账户的对外开放

（一）对外开放之后的资本流通渠道

在资本账户开放之前，国内外缺乏合法合规的资金流通渠道。但是，

随着中国经济的发展和金融体系的完善，以及国内金融市场与国际金融市场的逐渐融入，国内资金渴望走出国门，参与国际市场竞争；国外资金也期望进入中国市场，分享中国经济蓬勃发展的红利。在此背景下，QFII 和 QDII 应运而生。

QFII 是指合格境外机构投资者，是允许国外机构向境内市场投资的一项制度安排。与之相对，QDII 是指合格境内机构投资者，是在资本项下不可兑换、资本市场未开放条件下，在一国境内设立，经该国有关部门批准，有控制地允许境内机构投资境外资本市场的股票、债券等有价证券投资业务的一项制度安排。在全面实现资本项目对外开放之前，QFII 和 QDII 是资金跨境流进流出的合法通道。

（1）QFII。

随着经济的蓬勃发展，我国金融体系逐渐完善，证券市场日益完备，规模、功能和效率大大提升，逐渐成为世界上最有活力的证券市场之一，中国市场成为世界投资者青睐的投资目标。同时，我国证券市场机构投资者比重极小，境外合格投资机构的参与将改善这一情形。在此背景下，2001 年一些专家学者建议尽快引入 QFII 制度，2002 年时任证监会主席周小川对 QFII 给予高度评价，同年《合格境外机构投资者境内证券投资管理暂行办法》正式出台。2003 年第一单 QFII 指令正式发出，境外合格投资者正式进入中国证券市场。QFII 是许多新生的市场对外开放初期通常采取的一种模式，已成为发展中国家吸引外资的一个重要途径，对改善市场参与者结构，提高与国际市场关联度并推动我国证券市场国际化起到了重要作用。

经过十多年的发展，QFII 获得了长足发展。截至 2017 年末，QFII 累计获批额度达到近51亿美元，获得QFII资格的中资证券公司数量则存在波动（见表7.1）。

表7.1 QFII中资证券公司数量及累计获批额度

年份	QFII中资证券公司数量（家）	累计获批额度（亿美元）
2012	13	—
2013	7	5.00
2014	8	19.00
2015	9	20.81
2016	7	28.20
2017	11	50.50

资料来源：Wind。

证监会统计了2007年至2013年的QFII资产情况（见表7.2），其中，证券资产占QFII总资产的比例逐步上升。2013年，证券资产接近3 800亿美元，约占总资产的90%。

表7.2 QFII资产（含证券资产）年度统计

年份	总资产（亿美元）	证券资产（亿美元）	证券资产占总资产比例（%）
2007	2 858.00	1 755.00	61.60
2008	1 787.80	1 047.80	58.70
2009	2 899.00	2 370.00	81.80
2010	2 971.00	2 658.00	89.50
2011	2 530.00	2 215.00	87.55
2012	3 305.00	3 011.20	91.11
2013	4 222.00	3 793.00	89.84

资料来源：Wind。

获得 QFII 资格的各类金融机构中，基金管理公司占比较大，商业银行和证券公司都有一定占比，保险公司占比较小；另外，基金管理公司和保险公司的占比逐年增加；同时，其他机构的占比均有所增加（见图 7.3）。

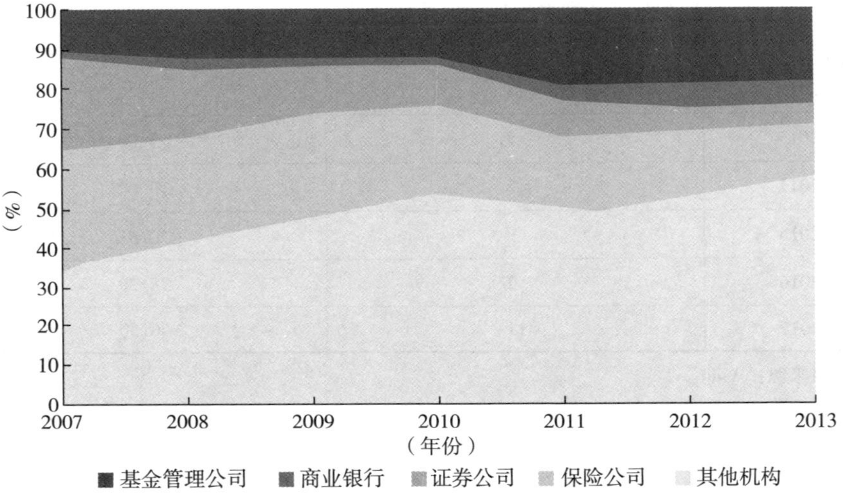

图 7.3 获得 QFII 资格的各类金融机构占比

资料来源：Wind。

2011 年 8 月，时任国务院副总理李克强在香港出席论坛时表示，将允许以人民币合格境外机构投资者（RQFII）方式投资境内证券市场，起步金额为 200 亿元。[①] 2012 年 4 月，经国务院批准，RQFII 试点额度增加 500 亿元人民币，专门用于发行在香港上市、投资境内 A 股指数成分股的 ETF（交易型开放式指数基金）产品。同年 11 月，经国务院批准，RQFII 投资额度增加 2 000 亿元人民币，RQFII 投资额度累计达到 2 700 亿元人民币。

① 李克强：将允许以人民币境外合格机构投资者方式投资境内证券市场［OL］. 新华网，2011－08－17.

（2）QDII。

随着国内资本市场的发展与完善，越来越多的中资机构有向外投资的需求。2004 年，《国务院关于推进资本市场改革开放和稳定发展的若干意见》。（以下简称“国九条”）出台，首次从政策层面鼓励 QDII 制度在我国的确立和发展。2006 年人民银行发布第 5 号公告，放宽有关境内资金进行境外理财投资的外汇管制，宣告 QDII 在我国正式起航。同年 8 月，证监会批准华安基金管理有限公司公开募集华安国际配置基金，成为第一只 QDII 基金。

在 2013 年人民银行年度工作会议上，QDII2 试点相关准备工作首次被提及。QDII2 是以 QDII 为基础，在人民币资本项下不可兑换条件下，有控制地允许境内个人投资境外资本市场的股票、债券等有价证券投资业务的一项制度安排。同年 1 月 14 日，证监会主席郭树清在香港“亚洲金融论坛”上表示，将在适当时机推出 QDII2，这被业内解读为中国资本账户开放一个非常重要的信号。央行行长周小川在第 31 届国际货币与金融委员会系列会议上表示，将开展具有试验性质的 QDII2 计划，2015 年初上海也宣布自贸区争取年内启动 QDII2 试点。2015 年 3 月 5 日，国务院总理李克强在做政府工作报告时明确提出，将开展个人投资者境外投资试点。之后 QDII2 正式启动。

随后，多部 QDII 法规相继颁布，QDII 制度逐步在银行、基金、券商、保险、信托等各金融领域正式确立。经过十多年的发展，QDII 的投资额度增长数倍，2013 年达到 1 000 亿美元的水平（见图 7.4）。

（二）资本流通渠道进一步开放：沪港通、深港通、沪伦通等

我国资本市场的对外开放是逐步进行的。中国经济持续繁荣，金融市

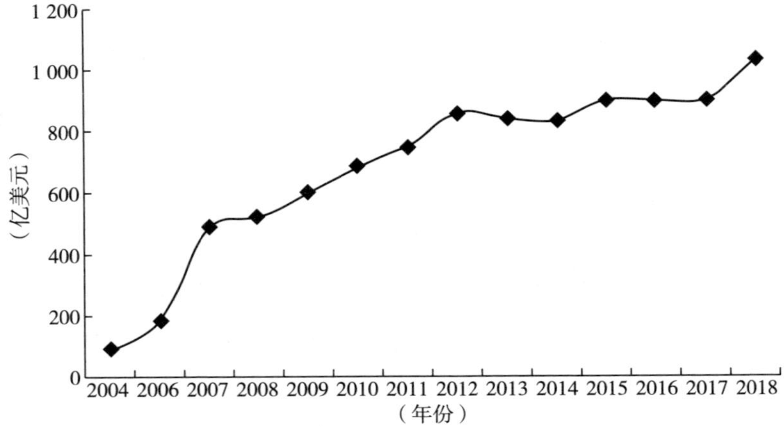

图 7. 4　QDII 投资额度

资料来源：Wind。

场蓬勃发展，QFII 和 QDII 已经无法满足境内外投资者的跨境交流。同时，市场也存在“地下钱庄”非法流通境内外资本，对我国资本市场造成了不良影响。为了规范境内外资本流通，完善资本市场秩序，沪港通、深港通、沪伦通等对外互联互通机制被提上日程。

（1）沪港通。

沪港通是指上海证券交易所和香港联合交易所允许两地投资者通过当地证券公司（或经纪商）买卖规定范围内的对方交易所上市的股票，是沪港股票市场交易互联互通机制。2014 年 11 月 17 日，沪港通下的股票正式交易。

沪港通包括沪股通和港股通两部分。沪股通，是指投资者委托香港经纪商，经由香港联合交易所设立的证券交易服务公司，向上海证券交易所进行申报（买卖盘传递），买卖规定范围内的上海证券交易所上市的股票；沪市港股通，是指投资者委托内地证券公司，经由上海证券交易所设立的证券交易服务公司，向香港联合交易所进行申报（买卖盘传递），买卖规定范围内的香港联合交易所上市的股票。

自2014年以来，沪港通架起了上交所和港交所的桥梁。截至2018年8月，沪股通累计流入3 169亿元，沪市港股通累计流入5 207亿元（见图7.5），极大地联系了两地证券市场的交易。这意味着，中国金融市场进一步接入世界市场的轨道。

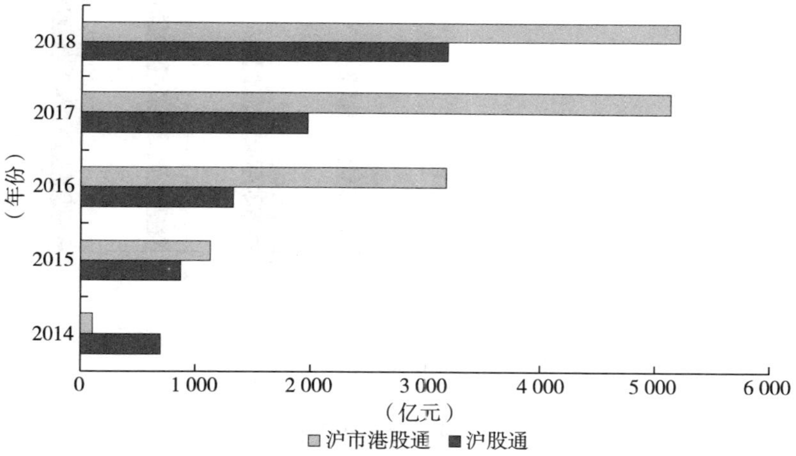

图7.5　沪港通累计资金净流入

资料来源：Wind。

（2）深港通。

沪港通是内地与香港展开互联互通的第一步，深圳交易所紧随其后，2016年12月5日，深港通正式启动。深港通，是深港股票市场交易互联互通机制的简称，指深圳证券交易所和香港联合交易所建立技术连接，使内地和香港投资者可以通过当地证券公司或经纪商买卖规定范围内的对方交易所上市的股票。深港通是沪港通的进一步展开，也是中国资本市场接轨世界市场的重要一步。

深港通“通车”后的近两年里，深市港股通累计资金流入超过 1 800 亿元，深股通累计资金流入超过 2 200 亿元（见图 7.6）。与沪港通类似，两地联通后，内地对港股的偏好更强，因此总的来说港股通流入的资金更多。

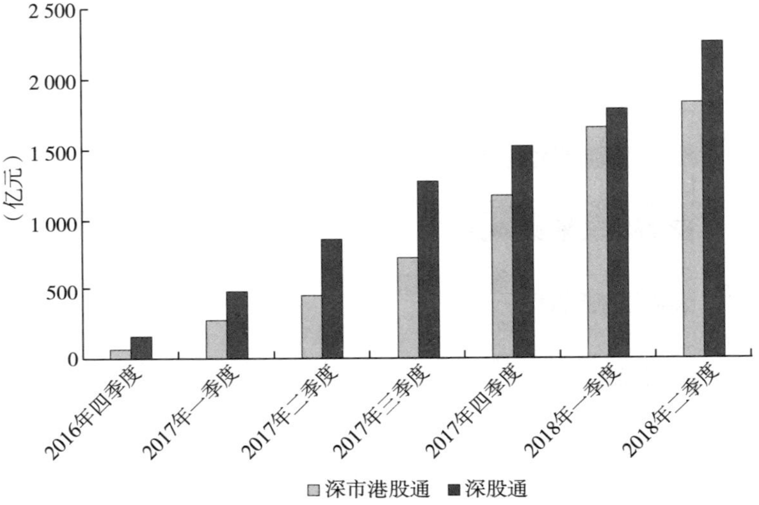

图 7.6　深港通累计资金流入

资料来源：Wind。

两次互联互通后，资金实现了双向流动，激活了香港离岸人民币市场，拓宽了流动资金的投资渠道，助推更多的海外投资者回归 A 股市场，港股市场成熟的运行机制将会逐步影响 A 股市场。

从沪港通到基金互认，而后到深港通的深入推进，实际上已在很大程度上推动了人民币国际化的进程，并直接提升了人民币在国际市场中的话语权。当然，对两地市场的国际地位提升也起到了很大的促进作用，沪伦通通车必然把这一积极性影响推向高潮。

（3）沪伦通。

沪伦通，是指上海证交所和伦敦股票交易市场的互联互通。沪伦通是沪港通、深港通推出后中国资本市场对外开放的进一步推进，也是中国金融业对外开放的关键节点。如果说沪港通和深港通解决了证券投资项下人民币输出和回流的问题，那么沪伦通将人民币输出到伦敦离岸市场，让伦敦的人民币回流到上海，而载体则是沪股、伦股。沪伦通的体量更大，将是真正意义上的资本市场对外互联互通，将对中国资本市场的内部发展和对外开放产生深远影响。

（三）金融市场的对外开放

伴随着人民币汇率制度改革和人民币国际化的不断推进以及资本项目的放开，债券市场对外开放成果进一步显现，中国金融市场与国际金融市场互相连接的程度也在日益加深。

2005 年 9 月，国际多边金融机构首次获准在华发行人民币债券，境外机构在我国发行的以人民币计价的债券被命名为“熊猫债券”。2015 年至 2016 年初，汇丰银行、中银香港等境外金融机构以及加拿大不列颠哥伦比亚省、韩国政府等陆续在我国债券市场成功发行了人民币债券，掀起了“熊猫债券”发行的热潮。从整体发展环境来看，熊猫债的发展迎来了新契机。

2007 年 6 月，国家开发银行首次在香港发行了这种以人民币计价、人民币结算的债券，规模达 50 亿元人民币，因其相对于整个人民币债券市场规模很小，市场称之为“点心债”。产生点心债的大背景是，中国大力推行人民币国际化，以提升人民币的国际地位。其中重要的一个步骤是，让人民币“走出去”，让其在境外流通，最终使之成为国际重要结算货币之一。2010 年，汉堡巨头麦当劳成为第一家发行点心债的非中资企业。

2017 年 3 月，彭博发布两项以人民币计价的中国债券与其全球指数相结合的全新固定收益指数：一是“全球综合 + 中国指数”，由彭博的全球综合指数与中国综合指数中的国债和政策性银行债券组成；二是“新兴市场本地货币政府债券 + 中国指数”，由彭博的新兴市场本地货币政府债券指数和中国综合指数中的国债组成。此前，彭博曾在 2004 年引入包含中国在岸债券的中国综合指数，此次是第一次将在岸人民币债券纳入全球指数系列。随后花旗也宣布，中国在岸债券已经符合纳入花旗相关的新兴市场及地区政府债券指数的条件，包括新兴市场政府债券指数（EMGBI）、亚洲政府债券指数（AGBI）和亚太政府债券指数（APGBI）。同时，鉴于中国市场庞大的体量，花旗将新推出 EMGBI – Capped 和 AGBI – Capped 债券指数，其中，中国债券的权重分别为最高 10% 和最高 20%。据高盛预计，如果中国债券被纳入所有全球主要债券指数（即花旗、摩根大通和巴克莱的相关指数），中国国债的外资持仓比例将由 2018 年的 4% 增至 15% 左右，大约 2 500 亿美元的资金有望流入。

2018 年 6 月，摩根士丹利资本国际公司（MSCI）宣布将中国 A 股纳入 MSCI 新兴市场指数和 MSCI ACWI（全球）指数。计划初始纳入 222 只大盘 A 股。为便于全球投资者操作，MSCI 于 2018 年 6 月 21 日推出 MSCI 中国 A 股大盘暂行指数，8 月进一步推出全球及各区域的包含 A 股的暂行指数。这是 A 股经历 4 次叩关失败后才成功纳入 MSCI 指数，对中国资本市场改革开放具有指标性意义。

第二节　金融开放的利与弊：世界经验与中国现状

金融开放是伴随着我国经济金融的发展逐步推进的，两者相辅相成，当然，金融开放更考验国内金融体系的健康和金融监管的健全。我国金融市场在开放过程中，曾多次受到国际流动资本的冲击，遭遇过重大损失。当前，我国外部形势非常复杂，在把握好开放的节奏和路径的同时，更要把握好金融风险和金融监管的平衡。

一、世界经验：促进论与促退论

金融开放可以有条件地促进经济发展，东南亚国家开放早期的经济腾飞印证了这一点。很多新兴经济体在转轨过程中，对国际资本较为依赖，但因其国内金融基础还较薄弱，风险管控意识和能力欠缺，如果不顾本国开放条件，贸然实施金融开放和取消资本流动管制，它们往往就成为金融危机的主要受害者。在 20 世纪 70 年代的墨西哥金融危机、80 年代的拉美金融危机、90 年代后期的亚洲金融危机以及 2008 年的全球金融危机中，新兴经济体都蒙受了巨大损失。

以亚洲国家和地区为例，泰国和马来西亚的股市几乎遭遇灭顶之灾，新加坡和中国香港的股市一时沦为海外资本的殖民市场。同样，日本在 20 世纪 80 年代中期成为全球第二大经济体，对美国形成大量国际贸易顺差后，美国通过“广场协议”迫使日元升值，并以特别会员方式逼迫东京证券交易所开放外资进入日本证券市场，形成了外资投行尤其是美资投行在日本证券市场的优势地位。韩国的情形更甚，1997 年亚洲金融危机爆发之前，韩国对外资进入韩国股票市场投资实行比例控制，但经历亚洲金融危机风暴的肆虐后，韩国政府不得不全面放开对外资进入资本市场的管制，允许外国投资者100%买卖韩国股票交易所上市的股票，以致目前韩国股票市场外资及其成交额占比高达50%左右，国际资本市场一有风吹草动，韩国股市就会随之震荡。

从实践来看，一国资本账户的开放往往能对该国经济增长有促进作用，但这种促进有条件限制，一旦突破“门槛”，资本账户将导致巨额资本流动甚至放大金融体系脆弱性，反而不利于该国经济增长。学术界对各个国家的金融开放进行了研究，与现实情况相吻合。理论上，资本的国际化可以在更广的区域实现资源优化配置，有利于技术转移，改善企业治理状况，即开放对于经济发展是有促进作用的（Quinn，1997；Ouinn，1997；Klein and Olivei，2000）。但同时有学者证明，金融账户开放对经济的促进作用是有条件的。良好的人力资源条件和制度法律基础都是金融开放起促进作用的底层原因（布鲁斯特罗姆，1993；巴拉斯坦，1995）。克鲁格曼（1994）指出，东南亚新型市场经济中，伴随资本市场开放，投资骤然增加，偏离了潜在稳定的增长水平，为日后的危机埋下了伏笔。

无论促进还是促退，资本开放对于尚未成熟的中国金融市场都构成巨大的不确定性因素。别国金融开放的经验和教训为我国留下了深刻的启示。因此，在考虑中国资本开放时，必须捍卫本国金融系统，将经济金融主权把握在自己手中。

二、中国现状：防止国际资本流动“灰犀牛”事件

目前外资投资国内资本市场总体规模持续增大，市场影响不断增强，

极端情形下，一旦国际资本大规模、一致性地进出行动，就要注意易造成资本市场波动的潜在风险。据统计，截至 2017 年 12 月 1 日，外资通过沪股通投资持有 A 股 1 936 亿元，通过深股通投资持有 A 股 1 485 亿元，通过 QFII、RQFII 合计投资持有 A 股 1.2 万亿元。4 种合法渠道合计投资规模已达到 1.55 万亿元，约占我国 A 股总市值的 2.6%，占自由流通市值的 6%，同 2016 年初相比，大幅增长 49%。随着 A 股纳入 MSCI 指数，2018 年成为外资布局 A 股大年。根据 EPFR 的数据，2018 年中国市场股票型基金实现资金净流入 350 亿美元，位居主要新兴市场榜首。此外，外资还投资持有银行间债券近 1.1 万亿元，约占银行间债券市场规模的 1.5%。

当前外资投资我国资本市场主要有 4 个方面问题：

一是现有投资规模已初具市场影响力。尽管外资现有投资规模的市场份额相对较小，但从绝对规模看，1 万亿元的 A 股投资规模已经与国家队的投资盘子大体相当，具有了潜在的市场整体影响力。沪港通、深港通北上资金持有食品饮料、家用电器等板块的流通市值比重已分别达到 16.9% 和 14%，单持有贵州茅台一只权重股的市值规模就达 457 亿元，持有上海机场、飞科电器等个股的流通市值比重分别达到 29.8% 和 20.7%，已能对局部板块和个股产生重要影响。

二是外资潜在投资规模不容忽视。按照现有规定，沪港通、深港通北上资金占单只标的股票的流通市值比重可以达到 30%，据此测算，北上资金理论上最大投资规模可达 13.4 万亿元，同时我国已累计批准 QFII 投资额度约 6 400 亿元，RQFII 投资额度约 6 050 亿元，如果这些额度被全部用满且投资 A 股，四者合计理论上规模将达到约 14.7 万亿元。从国际经验看，新兴经济体在市场开放过程中，外资大规模投资和进出股市是导致其资本市场泡沫破裂的重要因素，韩国1997年金融危机前外资持股比例达到40%；我国台湾地区金融危机前外资持股比例提高至25%；墨西哥1994年金融危机前外资持股比例升至37.8%；巴西1995年外资持股比例为29.4%。这些市场无一例外地经历了外资大规模撤出引发的股市大幅下挫。

三是外资投资资本市场缺乏统一的账户体系和监测机制。目前，外资进入我国资本市场的渠道比较分散，主要通过QFII、RQFII、沪港通、深港通4种渠道并行进入A股，而不是在A股市场直接开户后入场交易，加之银行间债券市场和B股市场等，各有各的账户体系，外资投资账户不统一、无法穿透，难以监控实际出资人信息，不能合并计算单一外资机构的实际投资规模，也无法对外资的实际投资动向进行总体监测监控。尤其是香港证券交易结算实行名义持有人制度，证券交易采取二级清算交收，无法对外资进入境内资本市场进行“穿透式”监测监管，一旦沪港通、深港通情形下的外资大进大出，将缺乏早期的预警监测和预防措施。

四是对外资因投资资本市场产生的资本流动缺乏监测管理机制。从经济转型失败的泰国、巴西、墨西哥、马来西亚等国经验来看，缺乏对国际资本流动的监测和应对机制是跌入中等收入陷阱的重要原因之一。这些国家无一例外地引入了短期投机性资本来弥补经常账户逆差，短期资本快速撤出导致这些国家发生了金融危机。目前，我国针对外资投资资本市场产生的短期资本快速流动，尚缺乏针对性的监测监控和管理机制。随着外资投资我国资本市场规模的不断增长，一旦我国经济发生波动或国际经济金融环境发生变化，外资大规模、一致性地撤出我国资本市场，将可能引发股市、债市、汇市连锁波动，形成系统性风险，不能不引起重视。

第三节　金融开放条件下的系统性金融风险防范

一、我国资本市场对外资开放的政策

中国实行资本市场对外资开放的政策始于加入WTO以后，按照入世时我国在证券业开放方面所做的承诺，我国实施了资本市场和证券行业有限度的对外资开放。目前我国资本市场和证券业对外资开放的政策归纳起来包括如下几点：

一是证券公司对外资开放政策，以允许设立中外合资证券公司的形式对外资开放，合资证券公司为内资证券公司的控股子公司，外资持股比例不得超过33%。2007年12月29日，中国证监会颁布了《证券公司设立子公司试行规定》和经修订的《外资参股证券公司设立规则》，适度降低了境外投资者参股境内证券公司的基本条件，不再局限于设立合资证券公司的外方股东必须是境外大型投资银行，允许境外非金融类机构参股境内证券公司，允许境内上市证券公司采取“A+H模式”① 在境外发行上市。

二是实行分步开放证券业务牌照的管理政策，符合规定条件的合资证券公司在做好投资银行业务后，可逐步增加A股经纪、资产管理及自营业务许可，明确了合资证券公司申请扩大业务范围的条件。也就是说，合资证券公司设立并持续经营满5年、近3年无违法违规记录，所经营的证券

① “A+H模式”是指既作为A股在上海证券交易所或深圳证券交易所上市，又作为H股在香港联合交易所上市的模式。

业务市场占有率不低于行业中等水平的，可申请增加业务许可牌照，扩大业务范围，逐步从单一牌照过渡到多牌照经营。法国里昂与湖南财富证券合资的华欧国际证券于2008年5月已设立满5年，并具备申请扩大业务范围的其他条件。经中国证监会批准，华欧国际证券公司除原有的投资银行业务外，新增证券投资咨询业务和在长三角区域内开展A股经纪业务的资格。

三是允许上市内资证券公司经批准引入境外战略投资者，单个境外战略投资者持股比例不得超过20%，全部境外投资者持股比例不得超过25%。根据相关监管规定，境外投资者如参股境内证券公司，不得在证券公司上市前购买，只能依法通过QFII购买，或者经批准作为战略投资者持有上市证券公司股份。境内证券公司如采取“A+H”方式上市，境外投资者还可在香港市场购买在境内外上市的境内证券公司股份。截至2011年6月30日，境外投资者通过QFII购买了中信证券、广发证券、光大证券和招商证券等4家上市证券公司的股份，单个QFII持股比例最高的是日本第一生命保险相互会社，持有招商证券1.28%的股份；全部QFII合计持股比例最高的是招商证券，4家QFII共同持有招商证券3.06%的股份。

由于规定境外投资者只能作为战略投资者参股已经上市的证券公司，所以可以比较有效地防止境外股东利用股票市场一二级市场的价格差，寻找监管套利的投机行为，避免我国证券业经营牌照没有完全放开的条件下，外资获得超国民待遇，优先得到证券公司上市带来的溢价收益，这也是符合国际资本市场惯例的做法。

四是有限度地开放股票二级市场，具体如下：允许境外投资银行作为上海证券交易所、深圳证券交易所的特别会员进行B股买卖的经纪业务；

允许 QFII 设立合资证券投资咨询、资信评级机构，外资股权比例不超过33%。2002 年 7 月，《外资参股基金管理公司设立规则》开始施行，截至2010 年末，63 家基金管理公司中有 37 家合资基金管理公司；内资基金管理公司市场份额为53%（人民币 1.321 万亿元），而合资基金管理公司则占 47%（人民币 1.176 万亿元）。同时，随着我国分别于 2002 年 11 月和2006 年 8 月先后推出 QFII 和 QDII 制度，我国资本项目下证券投资项目日益活跃。截至 2010 年底，共有 97 家外资机构获得 QFII 资格，累计获批额度达 197.2 亿美元；而 QDII 也达到了 88 家，获得批准的境外投资额度共计 683.61 亿美元。此外，证券资信评级业务属于我国自主开放的范围，允许外资参股比例在 33% 以下的合资资信评级机构，从事证券市场资信评级业务。

二、开放条件下的系统性金融风险防范

金融开放是当前中国面临的必然选择。部分国家的经验表明，金融开放不当将会引发系统性金融风险，对一国经济产生毁灭性冲击。我国经济体量大，与外部市场联系紧密；金融市场培育时间较短，发展不完善；国内金融主体普遍风险防范意识不强；当前贸易形势恶化，外部形势急剧变化，种种因素都有可能放大金融脆弱性，产生系统性风险。因此，我国在金融开放的条件下如何防范系统性金融风险成为亟须解决的问题。在当前形势下，金融开放应立足基本国情，按照“主动性、渐进性、可控性、审慎性”四个原则加强防范，正确认识资本流动对金融开放进程的冲击，规范金融服务业的对外开放。

（一）主动性

捍卫货币主权，把握汇率调整主动性。我国经济体量巨大，货币主权关系到国家安全和经济命脉，因此无论金融开放到何种程度，货币主权必须牢牢掌控在中央银行手中。我国既要避免拉美国家的货币美元化，痛失经济主权；又要避免货币制度僵化，阻碍经济发展。尤其是最近外部形势变化不断，贸易摩擦前景未定，人民币汇率波动是常态。此时，更应当把握汇率调整的主动性，主动出击、积极防守，坚决遏制国际空头对人民币的狙击，捍卫货币主权。

坚持掌握政策主权，加强监管的主动性。经济政策的制定和监管思路的调整既不能落后于国内经济发展水平，也不能受制于国外经济压力，更不能依附于脱离中国发展实际的经济理论或发展模式，开放不能脱离实际情况，应当以现实国情为政策制定依据，主动、持续地根据国内经济基本面、国际经济形势变化、自身政策管理水平来调整监管思路，完善政策框架。

（二）渐进性

资本账户应渐进开放，与人民币国际化程度相适应。资本账户的开放应当循序渐进，确保经济主体充分消化开放成果，为下一步开放打下坚实基础，为人民币国际化提供发展基础。积极推动人民币国际化，为资本账户开放创造外部环境，更好地适应国际市场的变化和波动。吸取其他国家资本账户开放的经验和教训，注重资本账户开放的次序和速度。

金融市场渐进开放，与各类市场发展程度相适应。我国金融市场发展时间较短，尚不成熟，金融市场的对外开放应当充分考虑市场发展程度，避免外部市场对内部市场的过度冲击。对于机构投资者参与较多的债券市场可以优先开放，积累治理经验；对于股市、房市等与老百姓生活息息相关的市场，则应当在经济安全的基础上逐步开放，避免市场波动带来社会不稳定因素。

金融机构渐进开放，完善金融牌照管理制度。国内银行、证券公司、保险公司等机构的涉外业务应当符合机构本身的金融职能，避免盲目暴露风险；境外机构涉及国内业务应当严格遵守国内监管法规条例，坚决遏制境外机构恶意炒作、做空国内市场。以渐进节奏开放境内金融机构，以探索方式开放境内金融业务，确保金融牌照管理制度落实，为金融发展服务。

对外开放应配合对内改革的步伐和进度。对外开放是改革开放的重要一环，是经济发展的必经阶段，是立足国情的开放，是有条件的开放，应当配合对内改革的步伐和进度。绝不能在对内改革条件不成熟时对外开放，伤害经济基础；也不能裹足不前，主动放弃对外开放，掣肘国内经济发展。当前国内经济增速放缓，供给侧改革逐见成效，对外开放更应该配合好经济发展情势，助力全面经济改革新发展。

（三）可控性

开放规模可控，确保对经济金融的总体影响可控。应为开放规模设立标准和红线，确保资本流动的整体规模可控，将其对经济金融的总体影响维持在一定范围内。避免毫无防守地对外开放，丧失经济主权。

开放方向可控，避免对少数市场或机构过度冲击。在开放规模可控的基础上，确保开放方向可控。要吸取 2015 年股市异常波动的教训，密切关注资本流动的方向和途径，避免外部资本对单个市场或机构的过度冲击，进而引发系统性金融风险。

完善监管指标，丰富政策手段。开放规模和方向的可控需要完善的监管指标，真实、有效、及时地检测资金流向和途径。加强外资账户管理，实施透明的外资事前申报制度，加强外资投资内地账户的统计和金融监督。当内外部形势发生剧烈变化时，丰富的政策手段和健全的调控框架可使监管当局在面临危机时更自如地进行政策对冲和宏观调控。

（四）审慎性

研判世界经济形势，审慎开放资本市场。当今世界正经历百年未有之大变局，世界经济形势变化迅速，经济全球化趋势面临考验，金融开放的风险增加。因此，金融开放到何种程度，甚至是否需要金融开放重新成为讨论话题。资本市场制度是发展中国家与发达国家进行资本交易时抵挡以大欺小、以强凌弱的屏障。无论如何，审慎开放资本市场是防范系统性金融风险的必要措施。

完善宏观审慎政策体系，保留紧急情况下的特定处置手段。随着贸易摩擦的深入，中兴、华为等中国企业巨头纷纷中枪，成为欧美国家狙击中国的枪靶。未来经济金融形势瞬息万变，我们应当冷静看待金融开放，不忘经济发展初心，不断完善宏观审慎政策体系，保留紧急情况下的特定处置手段，捍卫国家利益。

同时，在我国金融开放过程中，应当积极寻找兼顾国情和国际标准的对接区，有序推进资本账户开放。在前文论述的国外经验已说明，一国在条件尚未成熟时开放资本市场，不但有可能使该国资本市场沦为国外资本的殖民市场，更可能对该国经济产生毁灭性打击。我国金融市场尚未成熟，金融机构发展不完善，贸然开放资本项目极易放大金融脆弱性，引发系统性金融风险。

对外开放和引进外资必须是要有助于本国市场的发展。因此，在我国金融开放过程中，应当兼顾国情和国际标准，以金融服务性开放为先，提高本国金融机构的竞争力。既要稳妥实施本国资本市场国际化政策，也要加快推行本国资本市场自由化政策，从资本市场结构、资本市场公司治理、资本市场监管制度等方面实施有国际竞争力的制度创新。让外资在我国市场提供有益帮助，同时为其提供商业机会，并以此推动我国监管制度改革，完善法律制度，择机推进资本市场的投资性开放。

| 第八章 |

中美贸易摩擦与系统性金融风险

中美贸易摩擦不断升温、全球贸易保护主义不断抬头给中美两国及全球的经济增长都蒙上了一层阴影。

贸易摩擦对中国出口和经济增速的影响取决于美国政府未来关税政策的变化。根据贸易摩擦初期的测算，在美国对500亿美元中国出口商品加征25%关税、对2 000亿美元中国出口商品加征10%关税的情况下，中国一年的出口额将减少约789. 8亿美元，中国总出口额增速将下降3. 29个百分点，GDP增速将下降0. 54个百分点；在美国对2 500亿美元中国出口商品加征25%关税的情况下，中国一年的出口额将减少约1 518. 8亿美元，出口增速将下降6. 4个百分点，相应的GDP增速将下降1. 1个百分点。

从全球价值链视角来看，美国对中国加征关税的商品主要集中在中间品以及中高科技商品上，由于额外关税的征收，这些商品价格的提高会削弱其市场竞争力，打压中国企业在全球价值链中的参与度及地位。此举配合美国制造业回流的政策，则有助于提高美国企业在全球价值链中的参与度及地位。

就系统性风险而言，中美贸易摩擦升级是导致人民币汇率贬值的主要因素之一，将进一步减少中国贸易顺差和外汇储备余额，削弱中国抵抗外部风险的缓冲效果。由中美贸易争端所引发的悲观情绪无论在资本市场还是在实体经济中都表现得非常明显。中美两国之间的贸易摩擦并不仅仅只是影响中美经济，由贸易关税所产生的摩擦成本将通过全球价值链传递至所有参与国际分工的国家，为全球经济活动带来不确定性。此外，美国政府在中美贸易谈判中出现的反复无常的态度及立场也将加剧中国国内对两国之间最终是否能达成协议的悲观情绪。

第一节　中美贸易摩擦升级进程

美国特朗普政府上台之后在全球刮起了贸易保护主义的旋风，而自2017 年 8 月起，中美之间的贸易摩擦逐步升级。截至 2020 年 1 月，中美之间的贸易摩擦大致可以分为 6 个阶段。

第一阶段为 2017 年 8 月至 2018 年 3 月，美国贸易代表办公室（USTR）公布了“301 调查”最终结果，美方以此为依据发起针对中国的贸易摩擦。2017 年 8 月，美国总统特朗普为实现竞选承诺，指示美国贸易代表办公室对中国开展“301 调查”。2018 年 3 月，调查报告出炉，美方对中国的指控主要包含中方针对美国企业的不公平技术转让、歧视性的经营许可限制、中国政府指使中国企业通过境外投资获取美国尖端科技和知识产权并大规模向国内转移技术、未经授权侵入美国商业计算机网络及窃取知识产权和敏感商业信息 4 项内容。这些指控为美国发起针对中国的贸易摩擦提供了“依据”。同月，特朗普签署命令决定自 3 月 23 日起实施对进口钢铁和铝产品的全面征税，税率分别为25%和10%，牵涉的国家与地区包括欧盟、加拿大等美国传统盟友。

第二阶段为2018年4月至2018年8月，第一轮贸易摩擦开始，美国对中国出口的500亿美元产品加征25%的关税，其中340亿美元于7月6日生效、160亿美元于8月23日生效；中国决定对美国出口的500亿美元产品采取对等的加征关税措施。基于“301调查”的结果，美国于2018年4月公布了对中国约500亿美元出口商品加征关税的商品清单。同年6月15日，美国正式宣布对中国1 102种产品合计500亿美元的出口商品加征25%的关税，分340亿美元与160亿美元两批落地。6月16日，中国商务部立即采取反制措施，决定对美国出口的500亿美元产品采取对等的加征关税措施，主要涵盖农产品、汽车、化工品等类别。在500亿美元加征关税从推出到落地之间，中美双方也同时对对方企业采取了制约措施。4月，美国商务部制裁中兴，禁止美国公司向中兴出售元器件等产品，禁令为期7年。5月，中国监管机构以反垄断为由反对高通对恩智浦半导体的收购。在此期间，中美双方政府领导人多次就经贸问题进行磋商谈判，中方表示将增加美国农产品和能源进口，并强调中美达成的任何贸易成果都是以不打“贸易战”为前提的。

第三阶段为2018年6月至2018年9月，第二轮贸易摩擦使中美贸易之间的紧张局势进一步升级，美国对中国额外的2 000亿美元出口商品加征10%的关税，并声称将在2019年1月1日将加征关税提高至25%；中国则将对美国600亿美元的出口商品采取加征5%—25%关税的反制措施。在6月第一轮贸易摩擦公布之后，特朗普就表示若中国采取报复性措施并拒绝改变不公平的贸易做法，美方将对中国额外2 000亿美元的出口商品征收关税，并指示美国贸易代表确定2 000 亿美元的商品清单。7 月20 日，特朗普接受 CNBC（美国消费者新闻与商业频道）采访时称准备对中国5 000亿美元出口商品加征关税，这基本实现了中国对美国出口商品的全覆盖。8 月1 日，特朗普称将2 000 亿美元商品加征关税税率从 10% 上调至25%，并于 2019 年1 月1 日起实行。8 月3 日，中方回应将继续采取反制措施，对美国600 亿美元的出口商品分别加征 5%、10%、20% 和 25% 的关税，中美贸易摩擦再次升级。9 月24 日，中美双方对对方出口商品所加征的关税措施正式落地。

第四阶段为2018 年9 月至2019 年4 月，中美双方暂时进入“休战”状态。2018 年11 月底在布宜诺斯艾利斯举行的 G20 峰会之后，中美双方同意暂时“休战”，“休战”后的事态将取决于90 天内中美双方的谈判结果。在2018 年11 月至2019 年4 月期间，中美双方贸易代表进行了6 轮贸易谈判，双方都通过暂停加征关税释放善意。2019 年1 月14 日，中国国务院关税税则委员会发布公告，决定从2019 年1 月1 日起至2019 年3 月31 日对原产于美国的汽车及零部件暂停加征关税3 个月；同日，美国贸易代表办公室在联邦公报上正式将针对中国2 000 亿美元商品加征关税从10% 提高到25% 的时间节点推迟到2019 年3 月2 日零时。2019 年3 月5 日，美方宣布继续延迟调升中国2 000 亿美元商品的关税税率；2019 年4 月1 日，中方继续暂停加征美国汽车及零部件关税。

第五阶段为2019 年5 月至2019 年9 月，中美谈判破裂，双方再次进入互相加征关税环节。2019 年5 月6 日，美国国会中国经济与安全审查委员会（US China Economic and Security Review Commission）发布了题为《中国企业如何促进从美国转移技术》的报告，指出中国企业使用各种手段从美国获取技术，并在很多情况下获得中国政府的支持。2019 年 5 月 10 日起，美方对从中国进口的 2 000 亿美元商品加征的关税税率由 10% 提高到 25%；5 月 13 日，中国国务院关税税则委员会宣布自 2019 年 6 月 1 日起，对已实施加征关税的 600 亿美元部分美国商品提高加征关税税率，分别实施 5% –25% 的关税。2019 年 8 月 15 日，美方宣布将对价值 3 000 亿美元中国商品加征 10% 关税分两批实施，实施日期分别为 9 月 1 日和 12 月 15 日；8 月 23 日，中国宣布将对价值约 750 亿美元的美国商品加征报复性关税，在原有税率基础上加征 10%；8 月 28 日，美方继续加码关税措施，宣布把计划对价值 3 000 亿美元中国商品加征的关税税率由原定的 10% 提高至 15%，同时就针对 2 500 亿美元的关税税率从 25% 提高到 30% 征求公众意见。

第六阶段为 2019 年 9 月至 2020 年 1 月，中美贸易谈判获得成效，最终签订第一阶段贸易协议。2019 年 9 月 11 日，中国第一次排除第一批对美加征关税商品中的部分商品，在 2019 年 9 月 17 日至 2020 年 9 月 16 日的一年内，不再征收为反制美 301 措施所加征的关税。2019 年 10 月 11 日，美方取消对中国进口的 2 500 亿美元商品关税从 25% 提高至 30% 的计划；10 月 18 日，美方对价值 3 000 亿美元的中国进口商品实施新一轮关税豁免，有效期为 2019 年 10 月 31 日至 2020 年 1 月 31 日。2019 年 12 月 13 日，中美两国宣布达成一项初步协议，将暂停实施 12 月 15 日相互征收的新关税；中方表示将“增加从美国购买优质农产品的数量”，而美方表示将把现有 15% 的关税减半。2020 年 1 月 15 日，美国总统唐纳德·特朗普与中国副总理刘鹤在华盛顿特区正式签署了中美第一阶段贸易协议。

第二节　中美贸易摩擦对中国宏观经济的冲击

作为全球最大的两个经济体，中美之间的贸易摩擦不仅会对两国的宏观经济以及产业布局产生冲击，也将对世界经济产生深远的影响。

截至2018年底，美国对中国加征关税的出口商品金额已高达2 500亿美元，在中国海关总署的统计口径下，约占中国对美国出口总额的56.7%，占中国总出口额的10.8%。从行业分布来看，美国对中国加征关税的范围涉及6 048项HS（海关编码）八位数商品，涵盖绝大多数HS两位数子行业。其中，矿产品、木材及木制品、车辆等运输设备以及艺术品等行业的关税覆盖率最高，见表8.1。

表8.1　美国对中国加征关税的商品行业分布

HS分类	加征关税的各行业商品出口总额（亿美元）	占中国对美国出口总额的比例（%）	占中国总出口额的比例（%）
第一类 活动物，动物产品	15.5	77.1	8.8
第二类 植物产品	10.8	67.9	4.3
第三类 动、植物油、脂、蜡，精制食用油脂	0.1	12.5	1.2
第四类 食品，饮料、酒及醋，烟草及制品	18.5	48.3	6.2
第五类 矿产品	14.6	90.1	3.7
第六类 化学工业及其相关工业的产品	102.6	73.5	9.0
第七类 塑料及其制品，橡胶及其制品	96.5	52.0	10.6
第八类 生皮、皮革、毛皮及其制品，鞍具及挽具，旅行用品、手提包	43.7	64.1	13.2

（续表）

HS 分类	加征关税的各行业商品出口总额（亿美元）	占中国对美国出口总额的比例（%）	占中国总出口额的比例（%）
第九类 木及制品，木炭，软木，编织品	35.3	88.5	23.3
第十类 木浆等，废纸，纸、纸板及其制品	31.2	75.4	14.3
第十一类 纺织原料及纺织制品	40.9	9.6	1.6
第十二类 鞋帽伞等，已加工的羽毛及其制品，人造花，人发制品	15.8	9.9	2.6
第十三类 石料、石膏、水泥、石棉、云母及类似材料的制品，陶瓷产品，玻璃及其制品	52.6	71.7	11.5
第十四类 珠宝、贵金属及制品，仿首饰，硬币	6.7	18.7	3.7
第十五类 贱金属及其制品	164.6	73.1	10.0
第十六类 机电、音像设备及其零件、附件	1 261.9	63.6	12.8
第十七类 车辆、航空器、船舶及运输设备	189.4	96.2	18.1
第十八类 光学、医疗等仪器，钟表，乐器	67.7	63.6	8.8
第十九类 武器、弹药及其零件、附件	0.4	50.0	30.2
第二十类 杂项制品	267.2	52.4	16.8
第二十一类 艺术品、收藏品及古物	0.5	100.0	39.0
第二十二类 特殊交易品及未分类商品	0.0	0.0	0.0
合计	**2 500.0**	**56.7**	**10.8**

资料来源：西南证券，Wind，第一财经研究院。

一、关税对出口与GDP的冲击

美国对中国加征关税的直接影响是提高美国企业对中国出口商品的采购价格，而中国出口商品的价格弹性决定了中国出口受贸易摩擦影响的程度。西南证券（2018）通过对不同行业出口额进行回归来测算各行业的价格弹性（见图8.1），回归的自变量包括各行业的出口价格以及代表外部需求的OECD工业产出指数，出口价格的系数则为所测算的价格弹性。

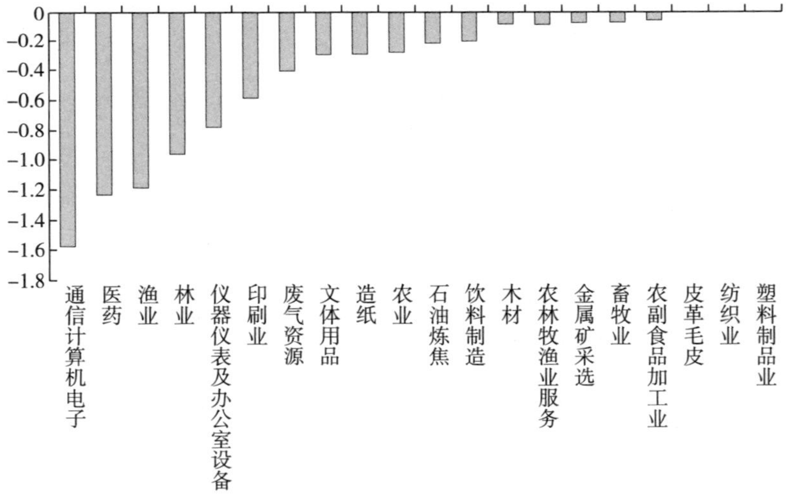

图8.1　中国各行业出口价格弹性

资料来源：Wind，CEIC，西南证券，第一财经研究院。

回归结果显示，通信计算机电子、医药、渔业、林业等行业的出口价格弹性系数较为显著，其绝对值均大于1.0，表明这些行业出口所受到美国加征关税的负面影响较为明显；而纺织业、塑料制品业等中国竞争优势较为明显领域的价格弹性则很低，这些行业几乎不受加征关税影响。

从贸易方式来看，中国加工贸易出口的回归系数并不显著，这意味着中国加工贸易出口几乎不具有价格弹性；对一般贸易来说，出口价格上涨将导致出口额有较为明显的收缩，出口价格上涨1%将导致出口额收缩0.91%，因此对一般贸易加征10%的关税将导致出口额收缩9.1%，加征25%的关税将导致出口额收缩22.8%。

2017年中国一般贸易出口额占总出口额比例为54.3%，若该比例同样适用于美国对中国两轮加征关税的商品范围，则中国出口额减少区间为161亿美元至309亿美元。中国出口下降幅度取决于美国未来的关税政策。就美国对500亿美元中国出口商品加征25%关税、对2 000亿美元中国出口商品加征10%关税政策来看，中国一年的出口额将减少约160.7亿美元；若美国对2 500亿美元中国出口商品加征25%的关税，中国一年的出口额将减少约309.1亿美元，出口额增速将下降1.4个百分点，相应的GDP增速将放缓0.25个百分点。

国泰君安（2018）的测算则遵循了凯恩斯对于贸易收支的理论模型，即一国对伙伴国的出口取决于两国货币的实际汇率以及伙伴国的收入。美国对中国出口商品加征关税等同于增加美国企业对中国商品的采购成本，提高人民币兑美元的实际汇率。国泰君安（2018）采用人民币兑美元实际汇率、人民币有效实际汇率以及美国GDP增速这3个自变量来对中国对美国出口额进行回归。回归结果显示，中国对美国出口额对人民币实际汇率的弹性为-2.43，即如果美国企业承担所有关税增加的成本，关税增加1%将导致中国对美国出口额下降2.43%。

在此模型下，根据美国政府未来关税政策的变化，中国对美国出口额减少区间为789.8亿美元至1 518.8亿美元。就美国对500亿美元中国出口商品加征25%关税、对2 000亿美元中国出口商品加征10%关税政策来看，中国一年的出口额将减少约789.8亿美元，中国总出口额增速将下降3.29个百分点，GDP增速将下降0.54个百分点；若美国对2 500亿美元中国出口商品加征25%的关税，中国一年的出口额将减少约1 518.8亿美元，出口增速将下降6.4个百分点，相应的GDP增速将下降1.1个百分点。

目前各界就中美贸易摩擦对出口冲击的影响均建立在一个统一的假设之上，即美国进口采购企业将全部承担额外的关税成本，但现实情况远比这个假设要复杂得多。从实际情况来看，中国出口企业同样会承担部分的额外关税成本来确保美国进口商的订单；为防止中美之间的贸易摩擦进一步恶化，一部分美国进口商已经开始选择在其他国家开设工厂和供应链。在垂直化分工的今天，多个市场的动态博弈将使贸易摩擦的经济影响测算变得更为艰难。

二、关税对就业的冲击

美国作为中国最大的贸易伙伴之一，对中国拉动出口企业人员就业有重要作用。以2016年数据为例，中国对美国出口所拉动的本国就业达1 452万人，其中加工贸易就业与一般贸易就业的比例约为1∶2。在2012年至2016年间，中国对美国出口中一般贸易拉动的就业岗位变化相对稳定，每年约增加1 000万至1 200万人次，而加工贸易拉动的就业在2013年达到近600万人次的高点后，已逐步回落至2016年的400万人次左右（刘博阳 & 褚建芳，2018）。从对就业的拉动数据来看，相较于加工贸易出口行业，中国对美国的一般贸易出口行业所受到加征关税的负面影响将更为显著。

周景彤和梁婧（2018）认为，中美贸易摩擦对中国国内就业的影响程度主要取决于两个主要因素：一是中国出口商品对美国市场的依赖程度；二是中国出口商品的价格弹性。以中国工业企业为例，通过中国对美国出口额占销售产值的比例来衡量中国出口对美国市场的依赖程度，2017 年数据显示，中国工业企业对美国市场的依赖程度为 2.8%。在制造业细分行业中，家具制造业、仪器仪表制造业、娱乐用品制造业、服装业、计算机及通信电子设备制造业等行业对美国市场的依赖程度较高（见图 8.2）。

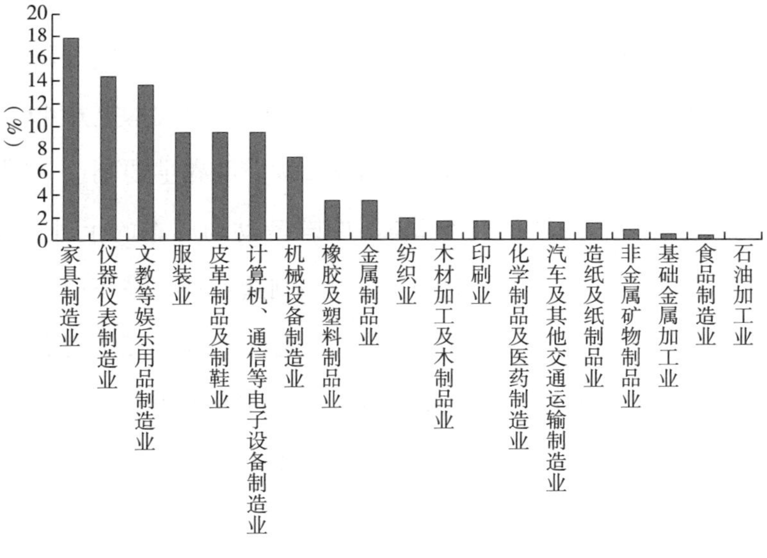

图 8.2　中国制造业细分行业对美国市场的依赖程度

资料来源：中国银行国际金融研究所，第一财经研究院。

在静态测算中，我们假设中国出口价格弹性同样等比例适用于就业。2017 年，中国工业企业整体从业人员为 8 493 万人，以中国工业企业对美国依赖度为 2.8% 进行计算，美国对中国加征关税将对 330.5 万人产生潜在的直接影响。假设中国出口弹性系数为 -2.43（国泰君安，2018），中国就业人数下降区间为60万人至116万人。就美国对500亿美元中国出口商品加征25%关税、对2 000亿美元中国出口商品加征10%关税政策来看，中国一年的出口额将减少约789.8亿美元，就业人数将下降60.7万人次；若美国对2 500亿美元中国出口商品加征25%的关税，中国一年的出口额将减少约1 518.8亿美元，就业人数将下降116.8万人次。

静态测算只考虑了直接受到贸易摩擦影响的出口企业人员就业，但事实上，贸易摩擦对中国就业的影响要更为深远。在中国加入世贸组织初期，中国相对低廉的劳动力成本是促进中国外贸出口快速发展的重要原因。但近年来，中国劳动力成本上升幅度明显，根据第一财经研究院的测算，在2000年至2017年间，中国制造业单位劳动力成本上升49.5%，而同期美国制造业单位劳动力成本仅上升2.1%，世界主要制造业国家单位劳动力成本上升幅度的均值为5.2%。中国劳动力成本的上升以及土地、能源等生产要素价格的上升，使得一些中国制造业正在往东南亚等地区迁移。相较于东南亚等新兴市场地区，中国制造业的优势在于有着更为完善的产业链，而中美贸易摩擦对就业所带来的负面冲击也会经由中国的产业链产生连锁反应，对非出口的制造业和服务业企业带来沉重打击。

第三节　中美贸易摩擦对全球价值链的冲击

传统贸易理论认为，出口商品只是出口国的投入产出函数，出口国与进口国之间不存在国际分工和产业转移因素。顺差意味着一国要素资源的使用更充分、生产更有效率、在贸易中获利也较多；逆差则表明出口竞争水平低、存在资源错配、宏观经济有内在扭曲。

全球价值链（GVC）理论则认为，由于产业内和产品生产分工的发展，贸易背后往往是大规模的跨境资本、人员、智力要素的流动，贸易利益不仅体现为商品进出口利益，也体现为投资、服务、就业以及经济结构改善等多重利益；利益源泉不仅来自国与国的比较优势差异，更来自商品价值链对于不同国家和地区比较优势的集合利用，是国家比较优势向全球比较优势的转变（刘日红，2015）。

在全球价值链视角下，中美之间的贸易摩擦将通过全球价值链的传递传导至参与垂直化分工的多个国家身上。例如，美国对中国所加征的额外关税首先是美国进口企业的成本，中国出口企业为确保订单达成也会负担部分关税，同时中国也会将这部分额外成本传导至位于其他国家的上游企业。

一、全球价值链的理论与测度

在全球价值链所主导的世界贸易格局中，由于大量中间品贸易的存在，传统的贸易总额数据存在大量重复统计的问题，因此，增加值贸易法成为全球价值链视角下衡量出口贸易规模和效益的主流方法。

根据文献（Hummels，2001）、文献（Koopman，2010）等提出的方法，一国的出口总额增加值可以被分解为出口的国内增加值（DVA）、返回的国内增加值（RDVA）、出口的国外增加值（FVA）、纯重复计算的部分（PDC）等（见图8.3及表8.2）。通过对一国的出口总额进行增加值分解有助于我们更好地理解一国在全球价值链中的参与程度以及地位。

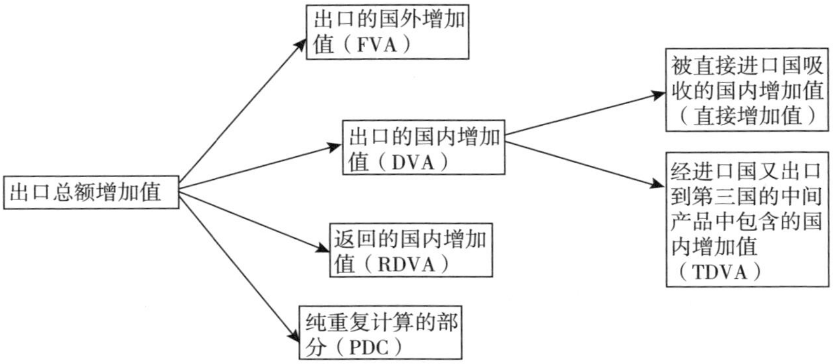

图 8.3　出口总额部分的增加值分解

资料来源：第一财经研究院。

表 8.2　出口总额增加值分解的类别与含义

大类名称	具体含义
出口的国外增加值（FVA）	一国出口的最终产品或中间产品中包含的直接进口国或第三国的增加值
出口的国内增加值（DVA）	一国出口中被直接进口国吸收的国内增加值、经进口国又出口至第三国的产品中包含的国内增加值
返回的国内增加值（RDVA）	一国进口的最终产品或中间产品中包含的返回的国内增加值
纯重复计算的部分（PDC）	一国出口的最终产品或中间产品中重复计算的国内增加值或进口国增加值

资料来源：第一财经研究院。

二、全球价值链视角下的中美贸易现状

中美货物贸易之间的失衡一直是美方对中国经济政策攻击的重点之一，而减少中美贸易顺差也是美方此次挑起贸易争端的主要诉求之一。

虽然在增加值法的测算下，中美之间货物贸易失衡的现象依然存在，但数据结果显示，贸易总额法下的中美贸易顺差要比增加值法下的中美贸易顺差被高估20%左右（见图8.4）。如果按此高估比例测算，在中国海关统计口径下，2017年增加值法下中美贸易顺差约为2 206亿美元；在美国商务部统计口径下，2017年增加值法下中美贸易顺差约为2 960亿美元。

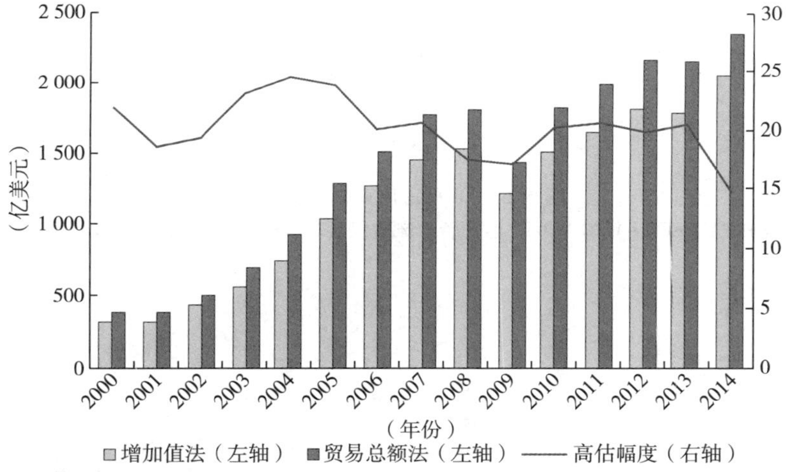

图8.4　增加值法与贸易总额法下的中美贸易差额比较

资料来源：OECD－WTO WIOT，戴枫 & 周天怡（2018），第一财经研究院。

1. **中美出口规模、效益及结构比较**。

一般而言，DVA占出口总值比例越高代表贸易获利能力越强。在2000年至2014年间，中国的DVA占出口总值比例在多数情况下要显著高于美国（见图8.5）。但若将RDVA也包含进来，我们可以得出美国制造业出口获利的能力要高于中国的结论（见图8.6）。从结构上看，中国的贸易获利多为外部获利，美国的贸易获利一部分来自美国国内消费者。

从两国出口商品的构成来看，中国消费品占国内增加值比例远高于中

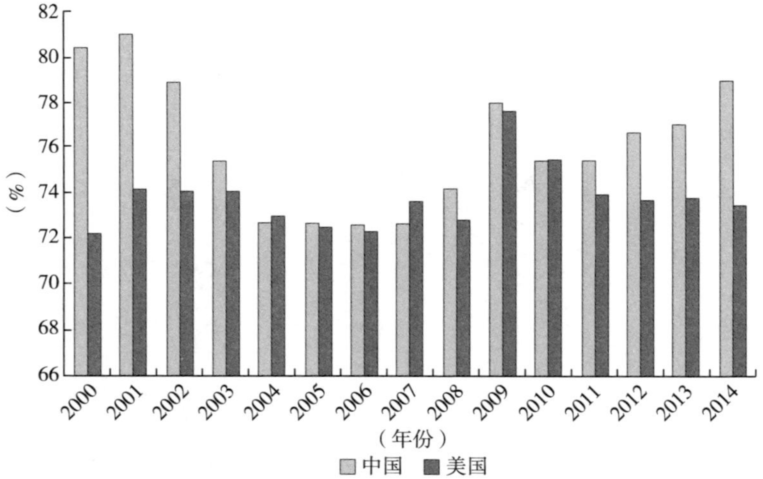

图 8.5　DVA 占出口总值比例

资料来源：OECD－WTO WIOT，程惠芳 & 刘睿伣（2018），第一财经研究院。

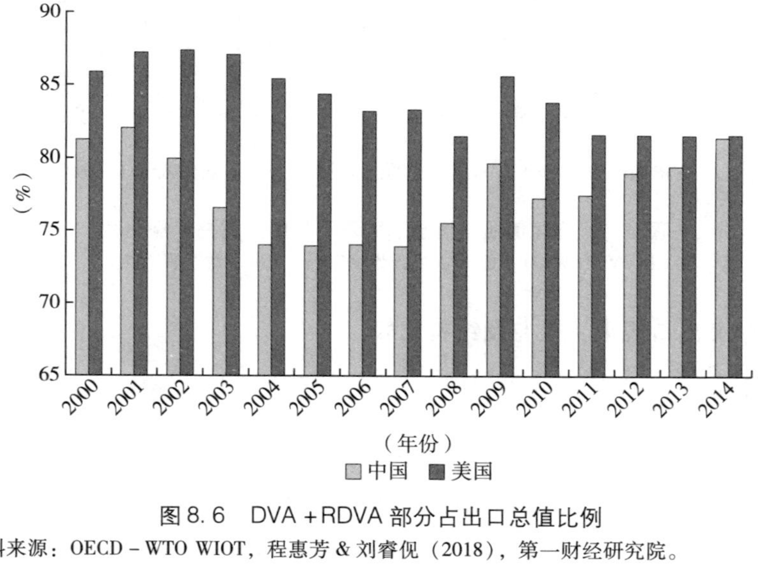

图 8.6　DVA＋RDVA 部分占出口总值比例

资料来源：OECD－WTO WIOT，程惠芳 & 刘睿伣（2018），第一财经研究院。

间品占国内增加值比例，但两者之间的差距在缩小；美国中间品占国内增加值比例高于消费品，两者之间的差距还在不断扩大；中美两国中间品占增加值比例均呈上升态势（见图 8.7）。

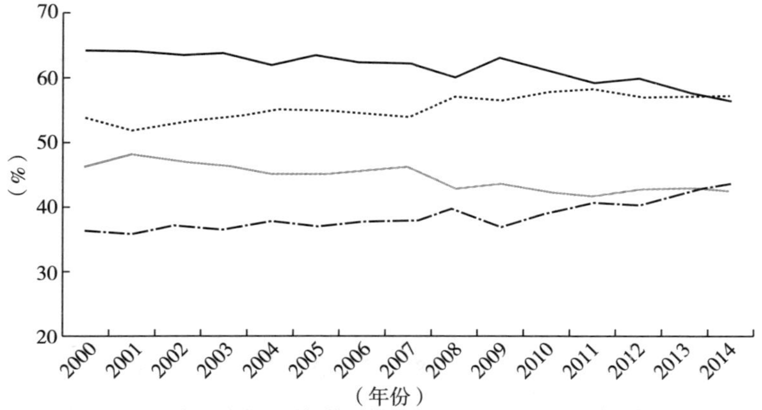

图 8.7　中美消费品及中间品占国内增加值比例

资料来源：OECD－WTO WIOT，程惠芳 & 刘睿倪（2018），第一财经研究院。

2. 中美在全球价值链中的参与度与地位。

全球价值链参与度的计算公式为（TDVA＋FVA）／E（E 代表出口总值，下同），该比重越大，表明该国参与全球价值链的程度越高；反之，则代表参与程度越低。

自 2011 年起，中国在全球价值链中的参与度有所下滑，这或与中国近几年来要素价格与人力成本上升以及人民币升值有关。美国在全球价值链中的参与度仅在全球危机期间有所下滑，总体保持较为平稳的上升趋势，并且自 2013 年后超过中国成为全球价值链中参与程度最高的国家（见图 8.8）。

测算一国在全球价值链中的地位的计算公式为 ln（1＋TDVA/E）－ln（1＋FVA/E），这表明，当一国 TDVA 占出口总值的比重高于 FVA 占出口总值的比重时，该国在全球价值链中处于较为上游或高端的位置，通过向

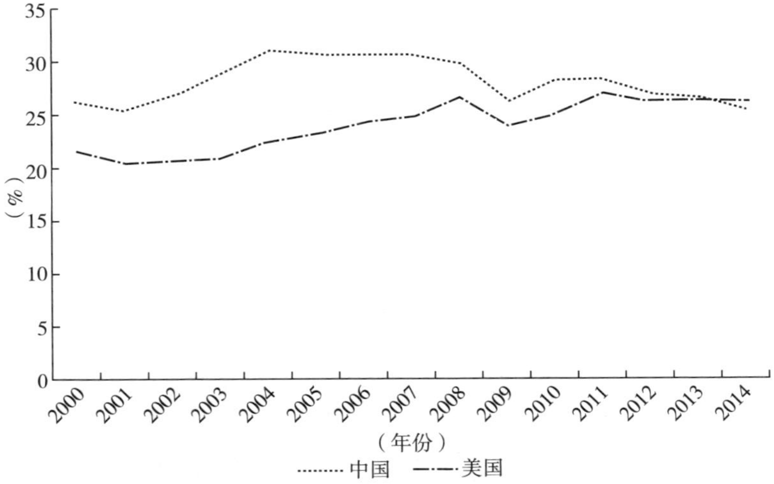

图 8.8　中美在全球价值链中的参与度

资料来源：OECD – WTO WIOT，程惠芳 & 刘睿伣（2018），第一财经研究院。

其他国家或地区出口原材料或中间产品参与国际分工；反之，则处于下游或低端位置，主要是通过进口中间产品来加工、组装、生产最终产品参与国际分工。

中国在全球价值链中的地位自 2005 年起不断上升，但依然处于垂直专业化的低端。在 2000 年至 2013 年间，美国在全球价值链中的地位有所下滑，但在 2014 年美国地位大幅回升（见图 8.9）。

潘月星（2018）在 OECD TiVA 数据库的基础上测算了 2000 年至 2014 年间国际贸易中最重要的 10 个国家和地区在全球价值链中的参与度及地位。综合来看，中国与德国、韩国、英国、墨西哥以及中国台湾的处境类似，呈现参与度高、地位低的特征；美国、日本、法国及意大利处境类似，呈现参与度高、地位高的特征（见表 8.3）。

在参与度方面，中国、德国与墨西哥在 2014 年的参与度较 2000 年有

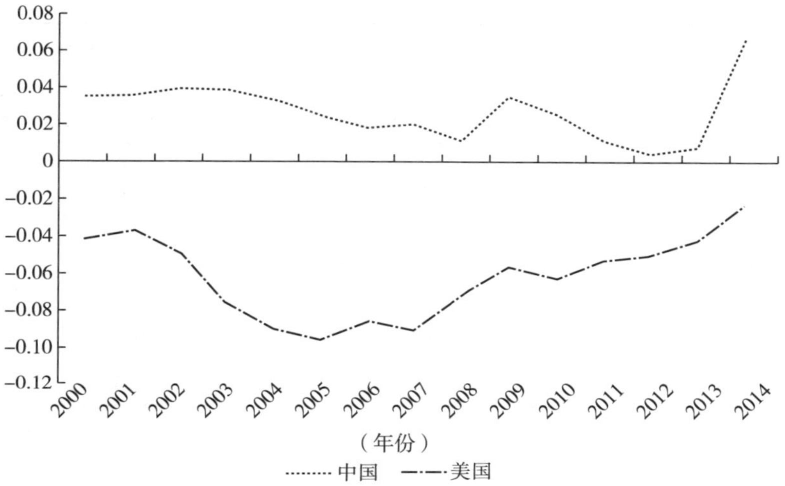

图 8.9　中美在全球价值链中的地位

资料来源：OECD - WTO WIOT，程惠芳 & 刘睿倪（2018），第一财经研究院。

所下滑，其他国家或地区的参与度则有所提升。在地位方面，中国和墨西哥是价值链地位上升仅有的两个国家，其余国家或地区在全球价值链中的地位均有不同程度的下滑。

从上述数据我们可以得到一个初步的结论，即新兴市场经济体在国际分工中正试图往上游发展，新兴市场经济体对出口产品技术含量的重视程度要高于对数量的重视程度。与此同时，发达经济体也在积极地融入全球贸易分工，但其整体地位呈下滑趋势。

表 8.3　总出口附加值排名前 10 位国家或地区的 GVC 参与度与地位

		GVC 参与度		GVC 地位	
总出口附加值排名	国家或地区	2000 年	2014 年	2000 年	2014 年
1	中国	0.741	0.737	−0.170	0.001

（续表）

		GVC 参与度		GVC 地位	
总出口附加值排名	国家或地区	2000 年	2014 年	2000 年	2014 年
2	美国	0.570	0.605	0.171	0.125
3	德国	0.607	0.585	0.101	-0.019
4	日本	0.547	0.605	0.287	0.119
5	韩国	0.649	0.700	-0.042	-0.119
6	法国	0.675	0.734	0.062	0.021
7	意大利	0.660	0.685	0.128	0.055
8	英国	0.613	0.642	0.076	-0.022
9	墨西哥	0.731	0.697	-0.136	-0.130
10	中国台湾	0.677	0.693	-0.083	-0.236

资料来源：OECD TiVA，潘月星（2018），第一财经研究院。

三、中美贸易摩擦对全球价值链的冲击

正如我们前文所说，在全球价值链视角下，中美之间的贸易摩擦将通过全球价值链传导至参与垂直化分工的多个国家身上。中美贸易摩擦不仅对两国的经济数据产生影响，并且由于多个市场动态博弈，它将在一定程度上改变全球价值链的格局。

我们将文献（Beltramello et al.，2012）对制造业科技含量的划分投射到 HS 两位数子行业上（见表 8.4）。其中，HT 代表高科技含量，MHT 代表中高科技含量，MLT 代表中低科技含量，LT 代表低科技含量。

表 8.4　HS 两位数子行业所大致对应的科技含量

科技含量	HS 分类	加征关税的各行业商品出口额（亿美元）	占中国对美国出口额的比例（%）	占中国总出口额的比例（%）
	第一类 活动物，动物产品	15.5	77.1	8.8
	第二类 植物产品	10.8	67.9	4.3
	第三类 动、植物油、脂、蜡，精制食用油脂	0.1	12.5	1.2
LT	第四类 食品，饮料、酒及醋，烟草及制品	18.5	48.3	6.2
MLT	第五类 矿产品	14.6	90.1	3.7
MHT	第六类 化学工业及其相关工业的产品	102.6	73.5	9.0
MLT	第七类 塑料及其制品，橡胶及其制品	96.5	52.0	10.6
LT	第八类 生皮、皮革、毛皮及其制品，鞍具及挽具，旅行用品、手提包	43.7	64.1	13.2
LT	第九类 木及制品，木炭；软木；编织品	35.3	88.5	23.3
LT	第十类 木浆等，废纸，纸、纸板及其制品	31.2	75.4	14.3
LT	第十一类 纺织原料及纺织制品	40.9	9.6	1.6
LT	第十二类 鞋帽伞等，已加工的羽毛及其制品，人造花，人发制品	15.8	9.9	2.6
MLT	第十三类 石料、石膏、水泥、石棉、云母及类似材料的制品，陶瓷产品，玻璃及其制品	52.6	71.7	11.5

（续表）

科技含量	HS 分类	加征关税的各行业商品出口额（亿美元）	占中国对美国出口额的比例（%）	占中国总出口额的比例（%）
MLT	第十四类 珠宝、贵金属及制品，仿首饰，硬币	6.7	18.7	3.7
MLT	第十五类 贱金属及其制品	164.6	73.1	10.0
HT	第十六类 机电、音像设备及其零件、附件	1 261.9	63.6	12.8
MHT	第十七类 车辆、航空器、船舶及运输设备	189.4	96.2	18.1
HT	第十八类 光学、医疗等仪器，钟表，乐器	67.7	63.6	8.8
MLT	第十九类 武器、弹药及其零件、附件	0.4	50.0	30.2
LT	第二十类 杂项制品	267.2	52.4	16.8
LT	第二十一类 艺术品、收藏品及古物	0.5	100.0	39.0
LT	第二十二类 特殊交易品及未分类商品	0.0	0.0	0.0
	合计	2 500.0	56.7	10.8

资料来源：Wind，西南证券（2018），OECD（2012），第一财经研究院。

从总额上来看，在美国对中国加征关税的 2 500 亿美元商品中，高科技商品占了一半以上，这是由于高科技商品在中国对美国出口额中所占的大基数导致的。

从比例上来看，在中国对美国出口商品中，中高科技商品被加征关税的比重最高，高科技与中低科技商品被加征关税的比例次之，低科技商品被加征关税的比例最低（见图 8.10）。中国制造业中的中高科技商品主要由化学制品与汽车及交通设备组成，这两个行业也是美国在其“301 报告”中指控中国强迫技术转让比较集中的行业。

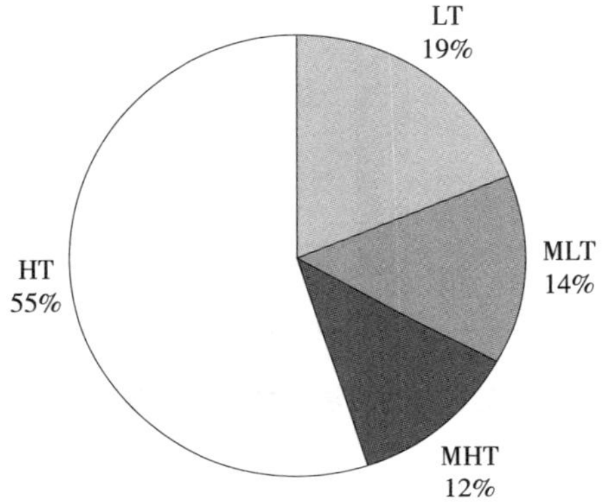

图 8.10　2 500 亿美元商品中各层科技含量商品的比例

资料来源：Wind，西南证券，第一财经研究院。

从全球价值链的视角来看，美国对中国加征关税的商品主要集中在中间品以及中高科技商品上（见图 8.11），由于额外关税的原因，这些商品价格的提高会削弱其市场竞争力，打压中国在全球价值链中的参与度及地位。若美国再实施制造业回流的政策，则有助于提高美国在全球价值链中的参与度及地位。

由于美国对中国部分商品加征关税，原先工厂设在中国的出口企业有可能将工厂移到其他国家，东盟与亚洲其他新兴市场被认为是最有可能的目的地之一。

在中美贸易摩擦的背景下，相较于中国，东盟与亚洲其他新兴市场的优势在于单位劳动力成本较低、显性贸易成本较低；劣势则在于经济体量较小、隐性贸易成本较高。

从经济体量来看，新加坡、马来西亚、印度尼西亚、泰国、越南及印

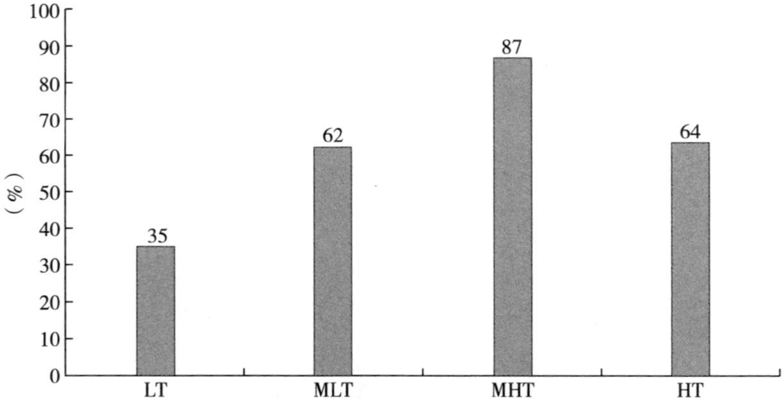

图 8.11　中国对美出口中各层科技含量商品被加征关税的比例

资料来源：Wind、西南证券、第一财经研究院。

度制造业增加值与中国相比均有巨大差距。根据王泽（2018）所测算的数据，2015 年中国制造业增加值为 32 504.23 亿美元，新加坡、马来西亚、印度尼西亚、泰国、越南 5 个东盟国家制造业增加值的总和为 4 392.14 亿美元，仅为中国制造业增加值的 13.51%；印度制造业增加值为 2 729 亿美元，约为中国制造业增加值的 8.39%（见表 8.5）。

表 8.5　中国与其他新兴市场经济体各项指标比较

	贸易加权关税税率（农产品除外，%）	制造业单位劳动力成本	制造业增加值（亿美元）
中国	4.6	0.394	32 504
印度	5.5	0.411	2 729
印度尼西亚	5.3	0.273	1 806
马来西亚	3.8	0.117	674
泰国	4.9	—	1 103
越南	5.4	—	265

注：关税数据时间为 2016 年，单位劳动力成本数据时间为 2017 年，制造业增加值数据时间为 2015 年。

资料来源：WTO et al.（2018），王泽（2018），第一财经研究院。

从行业上来看，中国与东盟国家在机电仪器类、纺织衣帽类、橡塑皮革类及玩具家具类产业上存在较强的竞争性。其中，在美国对中国加征关税的2 500亿美元商品中，机电仪器类占比超过50%，因此应重点关注中国机电仪器类出口企业在全球产业布局上的变化。

从贸易成本来看，中国与其他新兴市场经济体在关税这一显性成本上的差距并不明显（这一现象在中美贸易摩擦升级之后有所改变），但中国与其他新兴市场经济体在非关税贸易成本（如航空连通性、船运连通性、物流情况、营商环境、监管等方面的成本）上差距较大，这也反映在中国与其他新兴市场经济体在全球价值链参与度上的区别。文献（Ismail，2009）指出外国投资者在向东盟国家投资时，会面临政治不稳定、罢工等风险；同时，基础设施的便利性、政府透明度或政府腐败程度等社会因素也会影响投资进入东盟国家。文献（Ferrantino，2012）着重强调了贸易成本的变化在全球价值链的传导过程中对贸易流量的非线性影响，关税成本或者非关税的隐性贸易成本在中间品流转的过程中被放大，而放大程度则取决于商品的加工流程数量。根据文献（Ferrantino，2012）的测算，若商品每个阶段的贸易成本是面价的10%，商品在供应链第五个阶段上的累积贸易成本约为34%，在第十个阶段上的累积贸易成本约为75%。在一些牵涉复杂价值链的行业，如汽车制造、计算机及电子通信设备制造以及机械制造等，总体贸易成本将是关税的4倍以上；而在一些传统的贸易领域，如农产品、矿物及木材等，这些非关税成本几乎不构成阻碍（World Bank et al.，2017）。

综上所述，由于新加坡、马来西亚、印度尼西亚、泰国、越南及印度的制造业体量远小于中国，隐性贸易成本远高于中国，并且这些亚洲新兴市场经济体要构建较为完整的产业链需要3到5年时间，因此从短期来看，中国在全球价值链中的参与度及地位受到中美贸易摩擦的影响可控，并不存在产业大规模向亚洲其他新兴市场经济体转移的风险。

第四节　中美贸易摩擦对中国系统性金融风险的冲击

一、人民币汇率与经常账户余额

自2018年3月美国贸易代表办公室公布“301调查”结果以来，人民币汇率降幅明显，人民币兑美元汇率由3月的6.3降至12月的6.9，人民币贬值幅度接近10%。

中美贸易摩擦升级是导致人民币贬值的主要因素之一。在资本自由流动的情境下，汇率是调节各国收支平衡的关键。在贸易摩擦的背景下，中国大量出口商品被美国加征额外关税，这意味着人民币兑美元实际汇率的上升以及中国商品出口竞争力的下降。为维持原有的收支状态，市场预期人民币兑美元名义汇率将贬值来收窄中美贸易顺差。市场对于汇率发挥收支平衡调节作用的逻辑只是导致人民币贬值的因素之一，事实上人民币汇率走势既受到国内经济政策影响，也受国外市场影响。2018年美元指数的走强、央行货币政策边际放松所导致的中美利差收窄等因素叠加中美贸易摩擦，共同推动人民币兑美元汇率呈现贬值趋势（见图8.12）。

中国经常账户是中国抵御外部风险的主要缓冲垫之一。2008—2018年这10年，中国经常账户顺差、所积累的大量外汇储备、严格的资本流动管理是中国抵御外部风险的主要缓冲垫。中国经常账户顺差曾在2008年

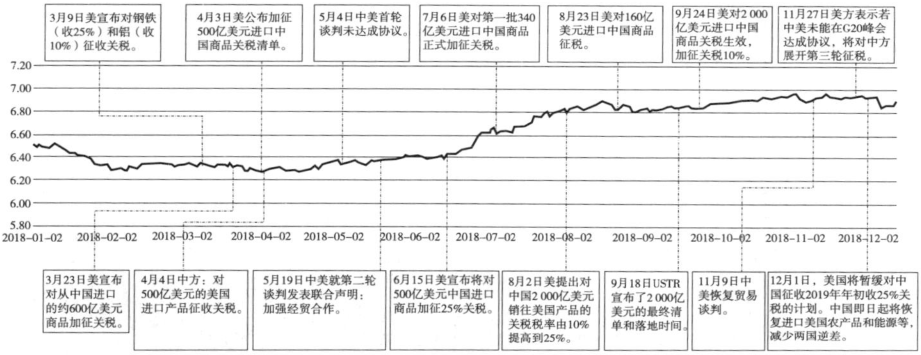

图 8.12　人民币兑美元汇率走势

资料来源：Wind，第一财经研究院。

达到 4 206 亿美元的峰值，占当年 GDP 的比例超过 10%，而近年来，中国经常账户顺差占 GDP 的比例已连续低于 3%，中国经常账户顺差已趋于平衡。而中国外汇储备自 2014 年底达到 4 万亿美元的峰值之后，近年来呈连续下滑态势，截至 2018 年 11 月，中国外汇储备规模为 30 616 亿美元，较峰值下降了近 25%。

但是，中美贸易摩擦将进一步减少中国贸易顺差和外汇储备余额，削弱中国抵抗外部风险的缓冲效果。如图 8.13 所示，经常项目下，中国货物贸易多为顺差，服务贸易一直为逆差。近年来，由于人民币有效汇率的持续升值、中国劳动力成本的上升以及土地等其他要素价格的上涨导致中国货物贸易顺差有所收窄；同时，随着中国加快服务业开放，而中国服务业整体竞争力显著低于美欧日等发达国家或地区，中国服务贸易逆差呈扩大趋势（张明，2014）；货物贸易顺差减少叠加服务贸易逆差扩大，将导致中国经常账户余额增速放缓。而在中美贸易摩擦谈判中，美国的主要诉求就包括减少中国货物贸易顺差以及扩大对外开放、降低外资准入，这些诉求都将进一步降低中国经常账户余额的积累，削弱中国抵抗外部风险的缓冲效果。

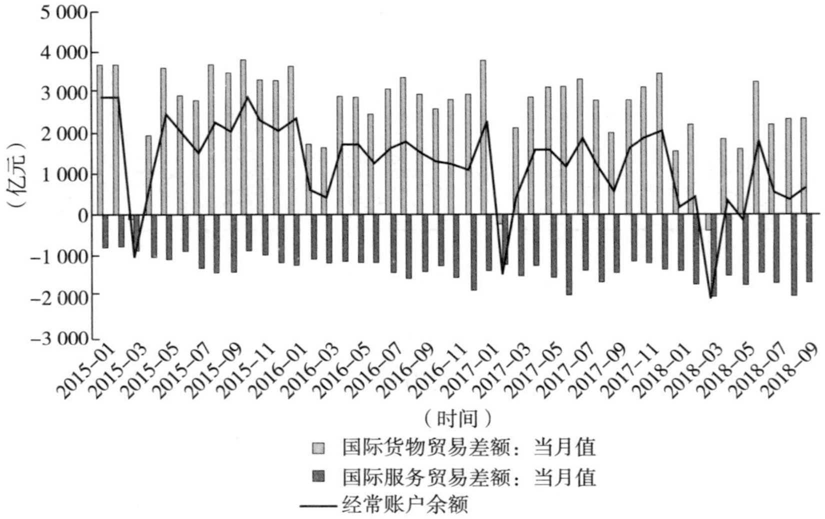

图 8.13　中国货物贸易与服务贸易差额

资料来源：Wind，第一财经研究院。

二、汇率、利率与流动性之间的互动

在人民币贬值的背景下，中国国内流动性有可能被动或主动收紧。在被动收紧的情境下，人民币汇率贬值导致资本外流，并且两者形成螺旋反馈，国内流动性将收紧，被动提高国内资金成本，市场利率上升；在主动收紧的情境下，央行为抵御人民币贬值及资本外流趋势，会采取主动加息策略，提高中美利差，国内市场利率将上升。但无论是主动还是被动抬高利率，中国都将面临资产价格重估以及可能引起债务危机的风险。

由于中国国内的经济情形是央行实施货币政策的首要考量，我们认为，央行主动收紧流动性的可能性很小。事实上，2018 年，央行频频实施“定向降准”、公开市场操作抵押品扩容以及出资设立民营企业债券融资支持工具等政策，央行政策重点向维持经济增速倾斜的意图非常明显。

三、市场信心

由中美贸易摩擦所引发的悲观情绪无论在资本市场还是在实体经济中都表现得非常明显。

从资本市场来看，股市是反映市场情绪的先行指标。自 2018 年 3 月下旬美国贸易代表办公室发布“301 调查”结果以来，上证综合指数由 3 150 点下跌至 2018 年 12 月上旬的 2 600 点左右，跌幅达到 21% 以上（见图 8. 14）。

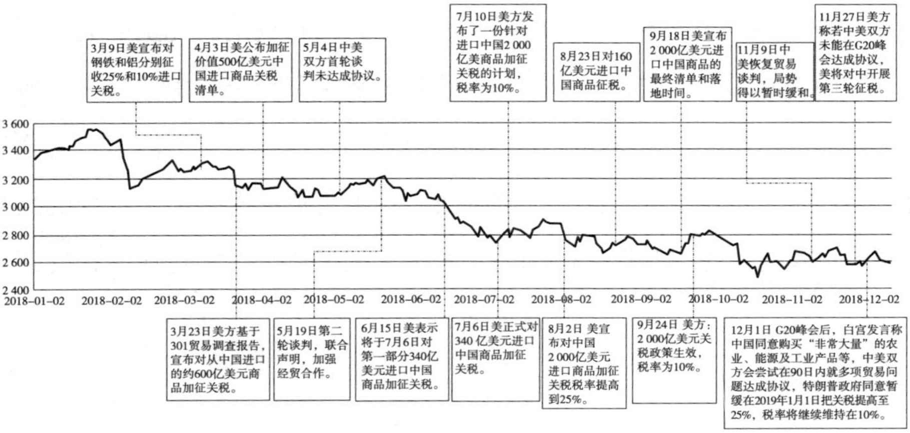

图 8. 14　上证综合指数走势

资料来源：Wind，第一财经研究院。

从实体经济来看，中国社会消费品零售增速由2017年初的10.9%下降至2018年10月的8.6%；中国固定资产投资增速由2017年初的8.9%下降至2018年10月的5.7%（见图8.15）。

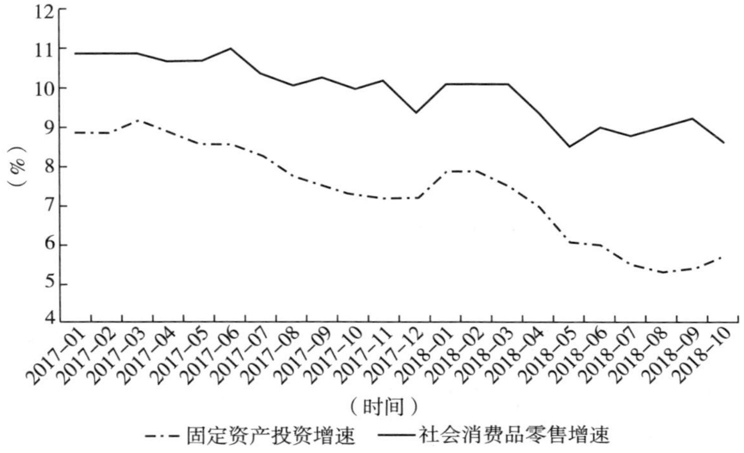

图8.15　中国社消增速与固定资产投资增速

资料来源：Wind，第一财经研究院。

中美两国作为世界上最大的两个经济体，同时也是彼此重要的贸易伙伴国，中美两国之间的贸易摩擦并不只是影响中美经济，由贸易关税所产生的摩擦成本将通过全球价值链传递至所有参与国际分工的国家，为全球经济活动带来不确定性。此外，美国政府在中美贸易谈判中所出现的反复无常态度及立场也将加剧中国国内对两国之间最终是否能达成协议的悲观情绪。

| 第九章 |

全面观测系统性金融风险与政策应对

系统性金融风险具有局部爆发、全面蔓延的特征，因此，从全局角度观测、衡量系统性金融风险对于相关的政策制定是非常重要的。

在本章中，我们将通过金融风险热力图、金融稳定图以及金融巨灾指数来综合衡量中国系统性金融风险的程度，并论述全球金融危机后各国对于金融监管的思考和实践经验。

第一节　全面量化与观测系统性金融风险

为全面观测系统性金融风险的源头和程度，我们通过金融风险热力图、金融稳定图以及金融巨灾指数 3 个方法来进行综合评估。

一、中国金融风险热力图

根据我们在第一章对中国系统性金融风险的定义，即各金融市场与各金融机构存在紧密的联动性，在某一市场或某一机构发生的局部风险事件将不再被局限在单一市场或机构中，而是会通过一系列传导和扩散机制蔓延至整个金融体系，我们通过风险热力图对中国各个风险领域进行量化与观测。

（一）金融风险热力图的指标选取

从宏观杠杆来看，我们选取非金融信贷占 GDP 比重、房地产价格同比增速以及金融周期等指数作为衡量宏观债务风险的主要指标。非金融信贷占 GDP 比重越高，代表生产每单位 GDP 所需要的信贷越多，这可能意味着经济活动中存在资源错配的现象。这里我们用指标对长期趋势的背离来判断资源错配的程度。房地产价格增速是衡量是否存在价格泡沫的指标，当房地产价格增速过快时，居民对房屋住宅资产的可负担性越差，推动居民部门杠杆率上升。金融周期指数由第一财经研究院开发建立，反映了信贷融资约束与资产价格的正反馈互动，金融周期指数越高，代表金融系统中所积聚的脆弱性越多。

从微观机构来看，我们选取商业银行不良贷款率、商业银行资本充足率与 SRISK 均值作为衡量微观金融机构风险的主要指标。商业银行不良贷款率是不良贷款占总贷款余额的比重，该指标升高意味着银行资产质量恶化，银行面对的信用风险上升。而商业银行资本充足率指资本总额占加权风险资产总额的比例，也是重要的监管指标，资本充足率越高意味着银行有更多的资本吸收一定量的风险，银行风险相应下降。SRISK 均值是由清华大学国家金融研究院开发的微观系统性风险指标，我们在第二章中用其来衡量金融机构风险，该指标测算了股票市场下跌 40% 条件下金融机构的平均预期资本损失，指标越高代表预期损失越大，换言之，金融机构面对的风险越大。

从债市来看，我们所选取的指标分别为：3 个月期 Shibor（上海银行间同业拆放利率）与 3 个月期国债收益率的利差，5 年期 AA 级企业债收益率与 5 年期国债收益率的利差，以及中债总净价指数的 30 天滚动波动率。3 个月期 Shibor 与 3 个月期国债收益率的利差反映的是银行间市场的流动性或机构之间互相拆借资金的意愿，利差上升代表了银行间市场流动性的恶化。一方面，银行间市场的流动性可以体现货币政策立场及市场基准利率；另一方面，银行间同业市场的流动性风险将通过抛售债券资产的方式转移至债券市场。5 年期 AA 级企业债收益率与 5 年期国债收益率的利差衡量了发行企业或背后募投项目的信用风险溢价。由于债券是主要的抵押资产，其价格以及价格的波动性都能反映市场情绪。

从股市来看，我们选取沪深 300 指数 12 个月滚动收益波动率、股市成交量占市值的比例、融资融券余额（亿元）与股市风险溢价作为衡量股票市场风险的主要指标。沪深 300 指数 12 个月滚动收益波动率是股指收益率的波动率，波动性越大意味着股票市场具有更大的风险。股市成交量占市值的比例反映交易的活跃程度，更活跃的交易表明市场流动性风险更低。融资融券余额反映股票市场杠杆交易规模大小，杠杆越大则表明股票市场聚集了越多的脆弱性。股市风险溢价是沪深 300 指数年化收益率与 1 年期国债收益率的差值，该指标反映市场风险偏好的变化，指标越低可能意味着市场越低估了股票市场风险。

从汇率波动及资本流动来看，我们选取人民币兑美元汇率中间价 30 天滚动收益波动率、人民币指数 30 天滚动收益波动率、外汇储备占 3 个月进口额的比例以及短期资本净流动作为主要指标。当人民币兑美元汇率中间价 30 天滚动收益波动率较大并且波动偏离长期趋势时被视为风险，因为汇率波动超出长期波动趋势的剧烈波动意味着更大的风险。当第一财经研究院名义有效汇率指数 30 天滚动收益波动率较大并且波动偏离长期趋势时被视为风险，因为人民币兑一篮子货币指数波动超出长期波动趋势的剧烈波动意味着更大的汇率风险。外汇储备占 3 个月进口额的比例衡量的是外汇储备的充足性，越小意味着外汇储备充足性越低，风险越大。当短期资本净流动（基于中国的国际收支平衡表，短期资本净流动 = 证券投资差额 + 其他投资差额 + 净误差与遗漏额）为负值并且超出长期波动趋势时，则意味着更大的跨境资本外流风险。

从金融开放领域来看，我们选取投资组合流入占 GDP 比重作为衡量金融开发领域风险的指标。该指标背离其长期趋势均被视为风险，因为投资组合流入较大可能意味着国际市场低估本国金融风险，导致热钱流入带来一定风险；而当投资组合流入偏少时则表明资本有流出压力，将给本国金融市场带来一定冲击。

从贸易摩擦的角度来看，我们选取进出口总值增速作为指标衡量贸易领域的风险。贸易摩擦的主要影响途径有两个：首先是影响本土企业出口，出口放缓影响宏观经济稳定；其次是会改变全球产业链格局，使企业向他国转移，这种变化不仅影响出口还会对原材料进口造成负面影响。因此，我们选取进出口总值增速作为衡量贸易摩擦风险的指标，该指标放缓意味着贸易摩擦对宏观经济的负面影响可能在放大。

（二）金融风险热力图的结果综述

从金融风险热力图（见图 9.1）的整体表现来看，近年来，防止发生系统性金融风险与去杠杆政策的推进取得了一定效果，大部分细分风险指标都处于可控范围。随着2018年中美贸易摩擦加剧，经济下行风险扩大，内外因素相互叠加，局部风险点有暴露的趋势，主要表现在：银行业资产质量下降，汇率市场的风险暴露程度有所增加，但综合来看，经济风险整体仍然可控。

风险领域	指标	2015年				2016年				2017年				2018年		
		Q1	Q2	Q3	Q4	Q1	Q2	Q3	Q4	Q1	Q2	Q3	Q4	Q1	Q2	Q3
杠杆	非金融信贷占GDP比重	225.6%	228.1%	229.5%	231.1%	237.4%	238.8%	240.0%	241.0%	244.9%	244.2%	243.6%	241.1%	253.4%	253.3%	244.5%
	房地产价格同比增速	−5.7%	−5.9%	−3.1%	−0.3%	3.5%	5.8%	7.6%	9.5%	8.1%	8.1%	6.9%	5.0%	4.4%	3.9%	5.8%
	金融周期指数	−0.33	−0.38	−0.21	−0.06	0.36	0.53	0.69	0.88	0.84	0.81	0.68	0.42	0.76	0.68	0.42
微观	商业银行不良贷款率	1.4%	1.5%	1.6%	1.7%	1.8%	1.8%	1.8%	1.7%	1.7%	1.7%	1.7%	1.7%	1.8%	1.9%	1.9%
	商业银行资本充足率	13.1%	13.0%	13.2%	13.5%	13.4%	13.1%	13.3%	13.3%	13.3%	13.2%	13.3%	13.7%	13.6%	13.6%	13.8%
	SRISK均值（10亿元）	185.24	218.28	222.68	187.17	209.01	195.48	183.10	162.84	160.07	156.04	142.09	143.98	164.50	173.01	176.92
债市	3个月期Shibor与3个月期国债收益率的利差（bp）	173.60	130.30	93.40	68.10	79.30	74.10	73.90	71.80	141.50	132.50	132.50	95.80	145.20	135.70	86.80
	5年期AA级企业债收益率与5年期国债收益率的利差（bp）	223.90	200.80	172.80	169.30	150.40	155.20	18.00	113.50	148.50	188.50	164.70	169.70	200.10	190.00	188.90
	中债总净价指数的30天滚动波动率	0.48	0.48	0.22	0.40	0.34	0.29	0.31	0.63	0.54	0.43	0.23	0.31	0.21	0.41	0.40
股市	沪深300指数12个月滚动收益波动率	8.12	9.30	12.26	9.82	11.42	9.67	8.21	7.94	3.24	3.34	3.10	1.71	3.36	4.08	4.30
	股市成交量占市值比例	91.2%	162.2%	138.3%	101.5%	70.7%	69.1%	66.5%	61.7%	49.1%	48.4%	58.2%	48.0%	50.5%	48.0%	41.5%
	融资融券余额（亿元）	14944	20492	9067	11742	8809	8536	8717	9391	9221	8797	9693	10261	10009	9193	8228
	股市风险溢价	85.5%	104.9%	28.3%	3.3%	−22.7%	−31.9%	−0.6%	−13.9%	4.5%	12.8%	14.5%	18.0%	9.5%	−7.4%	−13.3%
汇率	人民币兑美元汇率中间价波动率	0.0028	0.0030	0.0040	0.0024	0.0026	0.0020	0.0018	0.0019	0.0018	0.0017	0.0017	0.0017	0.0024	0.0014	0.0024
	第一财经名义有效汇率指数波动率	0.0007	0.0005	0.0026	0.0013	0013	0026	0027	0.0021	0.0026	0.0017	0.0017	0.0018	0.0024	0.0022	0.0032
	短期资本净流动（10亿美元）	−201.2	−93.2	−217.0	−204.1	−150.5	−74.7	−180.9	−197.8	−30.7	−22.4	−13.3	−73.2	5.4	−6.1	−26.1
金融开放	投资组合流入占GDP比重	0.8%	0.9%	0.4%	0.1%	−0.3%	−0.2%	0.2%	0.4%	0.6%	0.5%	0.8%	1.0%	1.2%	1.5%	1.4%
贸易摩擦	进出口同比增长	−6.3%	−7.8%	−9.9%	−8.1%	−13.4%	−6.7%	−5.9%	−2.0%	14.5%	10.7%	9.9%	10.9%	16.3%	15.5%	15.8%

图 9.1　中国金融风险热力图

资料来源：第一财经研究院。

具体来看，金融去杠杆政策成效显著，非金融信贷占 GDP 比重的增长趋势在 2017 年出现逆转，尽管进入 2018 年随着经济下行风险增加，经济对信贷的依赖又有所上升，但 2018 第三季度的指标仍处于安全区间。另外，地产调控政策也使得房地产价格增长得到了有效的控制，2018 年房价同比增速较 2016 年高位下降了近 50%。与此同时，金融周期指数同样较 2016 年显著下降，金融系统前期聚集的脆弱性得到有效缓解。

而微观机构方面，表面上看银行业资产质量有所下降，虽然与近年来经济下行的背景有一定关系，但不良资产率上升主要是严监管所致，目的是准确评估银行业资产质量，以期更好地防范银行业风险。同时，监管机构还鼓励银行加快不良资产处置、增大核销力度。从资本充足率指标看，银行业吸收风险的能力反而有所提高。我们也应注意到，随着外部冲击来临，SRISK 指标近期快速增长，这表明防范微观金融机构风险仍然任重道远。

债券市场的表现则相对平稳。债券收益率的波动性处在中等偏低的水平。同时，银行间市场融资流动性相对稳定。2018 年第三季度该指标更是趋于宽松，这也可以从侧面反映经济下行压力下货币政策立场的细微变化。另外，我们也应注意到，企业债信用利差有所扩大，意味着企业部门信用风险有所增加。

股票市场受资本市场信心影响，2018 年出现一定波动，多数风险指标有所恶化，但整体风险依然处在可控范围。首先，细分来看，股票市场下跌增加了股指收益率波动性，市场交易量同步开始萎缩，流动性风险增加。其次，市场剧烈波动使投资者风险偏好出现变化，股票风险溢价大幅下降，这也意味着股票市场风险可能存在一定低估。另外，随着股市下挫致使部分质押爆仓，前期积累的风险得到一定释放，2018 年底融资融券余额降至2015年以来低位。

2018年，外汇市场的风险有所聚集，主要与中美贸易摩擦影响市场信心有关。具体表现是：人民币兑美元汇率与一篮子货币指数的波动率均出现上涨，其中，第一财经名义有效汇率指数波动率更是落入了警戒区间。尽管如此，从短期资本流动的角度看，资本并未出现大幅外流，该指标仍落在安全区间。

2018年对中国经济最大的冲击来自中美贸易摩擦，但从贸易额增速看，贸易摩擦的实质性影响仍然有限，这并不意味着可以放松警惕，因为产业链改变的影响需要在中期范围才会逐步显现，中国更加需要未雨绸缪。与此同时，中国保持了更加开放的姿态应对挑战，市场开放化程度不断提高，2018年第二季度起，投资组合流入占GDP比重有所上涨，资本的快速流入值得监管部门注意。

二、中国金融稳定图

我们还依据IMF评估国家宏观经济与金融稳定的方法理论构建了中国金融稳定图，度量宏观与金融风险水平变化，希望在国内外因素同时作用的复杂背景下，为防范系统性金融风险提供参考依据。

（一）金融稳定图的构建

金融稳定图（以下简称CFSM）由代表不同风险的大类指标构成，每类指标由对应的不同子指标以相同权重加权构成（见图9.2）。CFSM各大类指标分为10个等级，其中等级5表示历史平均水平。在构建前要对照每一项指标的历史动态，确定各项指标相对于其历史平均水平的百分比等级，然后得到 CFSM，再据此判断各项指标的变动趋势，得出对风险状况和走势的判断。

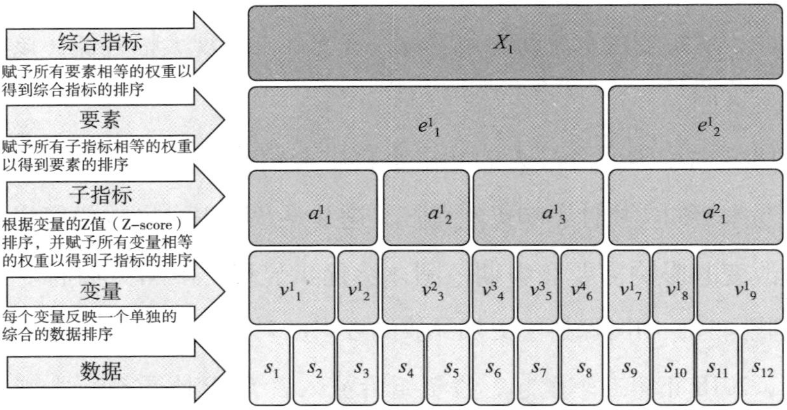

图 9.2　中国金融稳定图指标系统

资料来源：IMF。

系统性风险往往随着时间推移而累积，反映了金融部门和实体经济相互影响的加强。信贷扩张导致受经济景气影响较大的行业存在过度投资，过度投资引发资产泡沫、过剩产能和资金的不审慎使用，系统性风险在此期间不断积聚。在繁荣景象背后，存在实体经济资产价格上涨、部分行业产能过剩和金融体系不良贷款上升等多重隐患。

CFSM 首先通过大类指标变化捕捉未来 3 至 12 个月的风险。其次，子指标必须涵盖那些既可以分开衡量又相互关联的风险类别，这样既覆盖主要的金融和宏观经济风险的来源，又可避免导致重要信息相互抵消的可能。最后，每个大类指标应该包括足够多的子指标，既要保证每个大类指标有足够多的小类指标支撑，又需避免指标过多导致计算的复杂和重复。

根据上述原则，CFSM 评估了四大类风险和两大类条件。

第一个是宏观经济风险。经济总体情况与金融稳定密切相关，实体经济的兴衰会改变居民和企业的收入，进而影响其偿还债务的能力。通胀或通缩通过影响资产价格、债券市场和实际债务而影响金融稳定，财政政策和债务状况可持续性影响主权风险水平。另外，金融部门和实体经济之间的相互影响可能引致良性或恶性循环，信贷激增通常预示着金融风险，但宏观经济环境恶化所引致的去杠杆化可能进一步损害经济，加剧银行资产质量恶化；房地产价格上升可以促进居民财富、消费和经济增长，但房地产价格下降也会通过抵押品渠道恶化银行资产质量；市场对风险的总体判断与金融体系健康程度密切相关，决定了中国国债的发行难易程度和发行成本。总之，我们综合考虑宏观经济运行、前景展望和市场判断，利用产出、价格、就业率、财政空间、国际收支、房价、信贷等指标来评估宏观经济风险。

第二个是外部传染风险。外部传染风险源于中国与外部世界的关联。全球其他国家的风险会传染到中国，通过贸易流、资本流冲击和影响中国，并进一步影响中国货币的汇率、经常项目和资本流动。而中国外汇储备的规模反映了抵御外部冲击的实力。我们利用贸易联系、金融联系、国际冲击、储备充足率和汇率等指标来反映外部传染风险。

第三个是信贷风险。信贷风险通常来源于几个渠道。由于银行和国家之间的密切关系，银行资产负债表的风险可能导致国家注资，这意味着银行资产质量下滑会影响公司和居民的资产负债表，并最终形成主权风险。因此，我们利用银行信贷、利润率、资本充足率、资产质量、银行杠杆率、企业债务、企业财务状况、居民债务和财富、政府债务等指标来反映信贷风险。

第四个是市场和流动性风险。金融机构的市场和流动性风险可以反映二级资本市场的压力。这些市场上的证券发行通常是相互强化的：二级资本市场上的融资和流动性风险与银行的融资和流动性风险会互动。因此，我们利用国内外利差、银行信贷、流动性资产、银行外债等指标来反映市场和流动性风险。

第五个是货币和金融条件。货币条件与货币政策相关，金融条件与银行提供信贷的意愿和能力相关。货币政策会影响金融稳定，金融条件会影响经济增长。前者会通过短期实际利率和货币供应量的变化来实现，后者会通过银行和非银行金融机构的信贷增长反映出来。因此，我们利用利率、货币供应量、银行信贷和非银行金融机构信贷等指标反映货币和金融条件。

最后是风险偏好条件。投资者对中国的风险偏好可以通过其对风险的定价和投资决策反映出来。我们通过证券流入、FDI、股市和汇率波动以及主权信用违约互换（CDS）等指标来反映风险偏好。

（二）金融稳定图结果

以 2018 年为例，2018 年下半年以来，全球经济面临下行风险。首先，金融状况收紧使新兴市场国家增长势头放缓，这降低了全球经济增长预期。其次，新的风险正在积聚，贸易壁垒增加不仅影响全球贸易，还将使产业链重构，给世界经济增长蒙上阴影；同时，美元走强也使新兴市场国家面临资本外流压力，特别是那些外部头寸较弱的国家，如阿根廷等已开始出现资本外流。

与此同时，中国经济增长面临更大的下行风险。随着去杠杆的深化，私人部门信贷增速得到抑制，虽然有效地降低了金融业风险，但这也给民营企业和中小企业的融资带来压力，尽管 2018 年中国金融状况已趋于宽松，但外部环境恶化已成为中国面临的主要挑战，在这种环境下我们看到 2018 年第三季度信贷增速明显增加。2018 年 3 月起至 2018 年底，中美贸易摩擦不断升级，虽对中国贸易未产生剧烈影响，却已给中国金融市场带来了悲观预期，股票与外汇市场受此影响出现一些波动。

为反映 2018 年第三季度的政策变化及其市场影响，我们对比了 2017 年第四季度与 2018 年第三季度两个时期中国金融稳定情况的变化，同时将 2016 年第四季度的结果也加入，以方便比较历史变化趋势（见图 9.3）。具体而言，2018 年第三季度中国的宏观经济风险、市场和流动性风险有所下降，但信贷风险、外部传染风险上升，同时货币和金融条件趋于宽松，风险偏好上升（见图 9.4）。

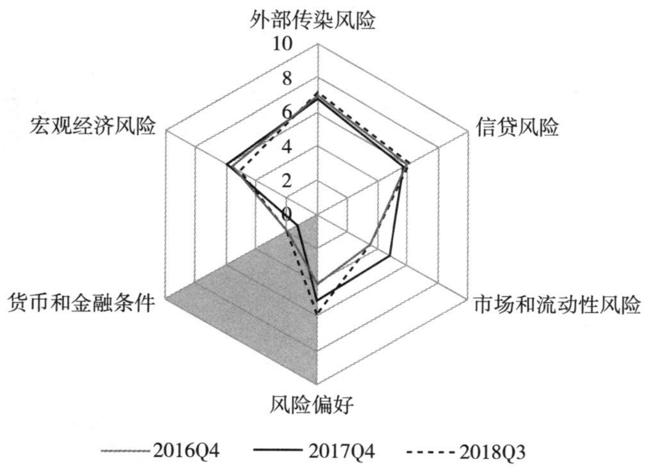

图 9.3　中国金融稳定图

资料来源：第一财经研究院。

从金融稳定图的综合指标来看，2018 年第三季度中国宏观经济风险与外部传染风险下降，信贷风险上升，市场与流动性风险下降，货币和金融条件有所放松，市场风险偏好有所下降。

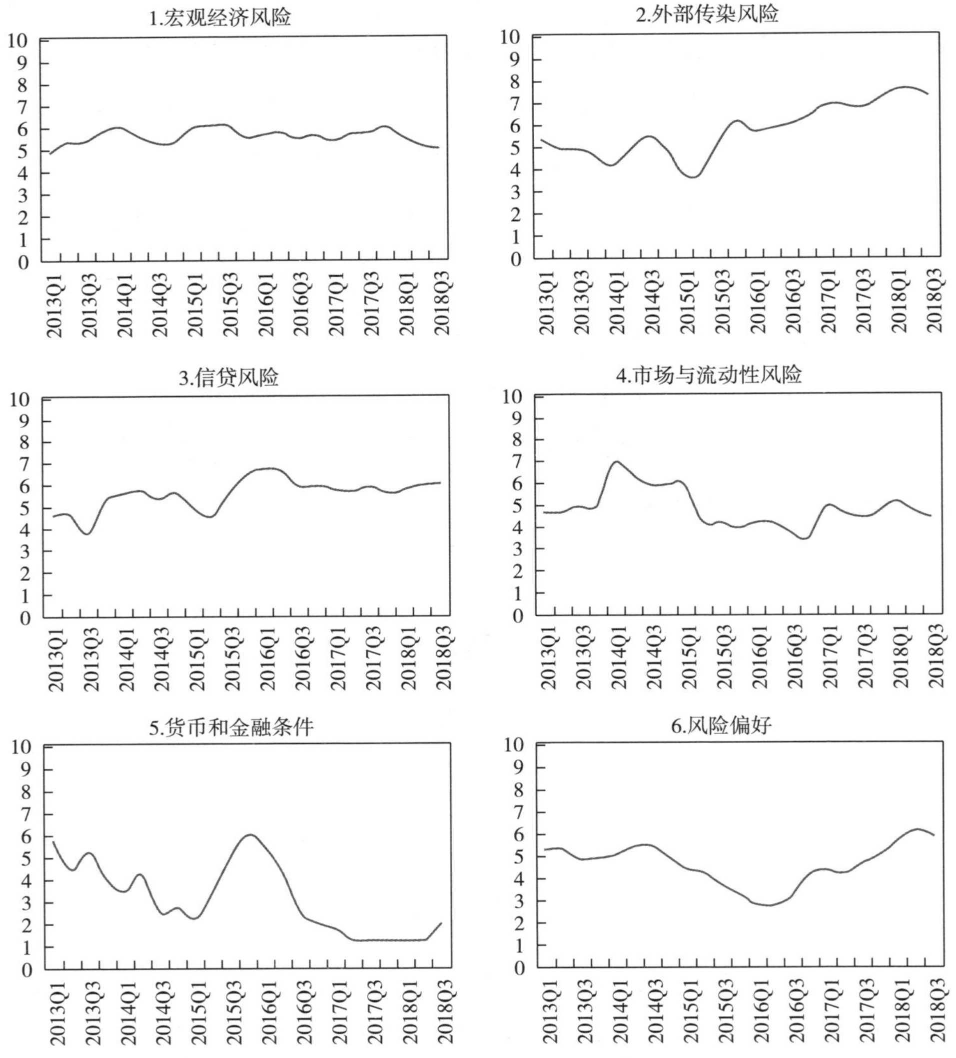

图 9.4　中国金融稳定图综合指标变化

资料来源：第一财经研究院。

从中国宏观主要指标来看，2018 年第三季度中国通胀、就业与投资增长保持稳定，工业生产平稳增长，经济增长对信贷的依赖有所下降，地产调控政策下房地产价格增长受到抑制，扩大进口的优惠政策使得进口水平提高，降低的国债收益率水平也使得主权债成本下降，这些因素共同导致宏观经济风险有所下降（见图9.5）。

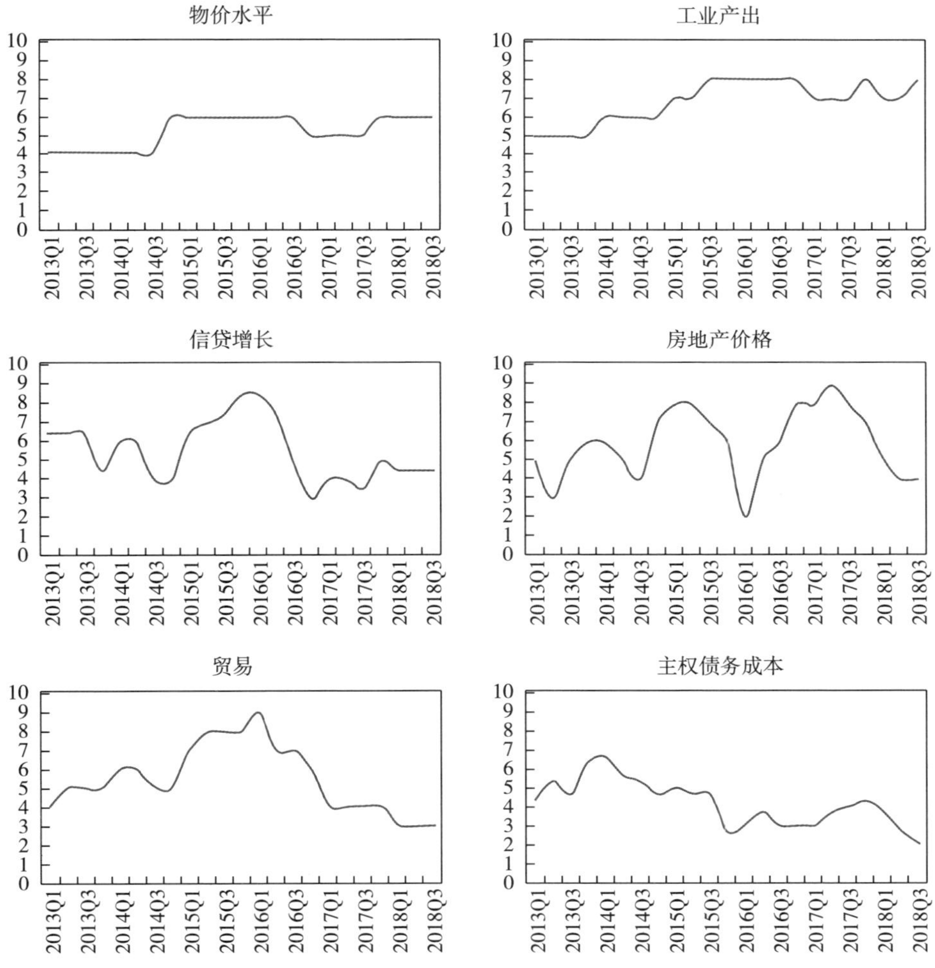

图9.5　中国主要宏观指标变化

资料来源：第一财经研究院。

然而，面对经济下行风险，货币和金融条件在 2018 年开始趋于宽松，金融条件宽松化降低了市场和流动性风险，同时低融资成本使银行信贷增长开始加速，全社会实际广义货币增速高于 2017 年末水平，这些因素使 2018 年第三季度信贷风险比 2017 年第四季度有所提高（见图 9.6）。

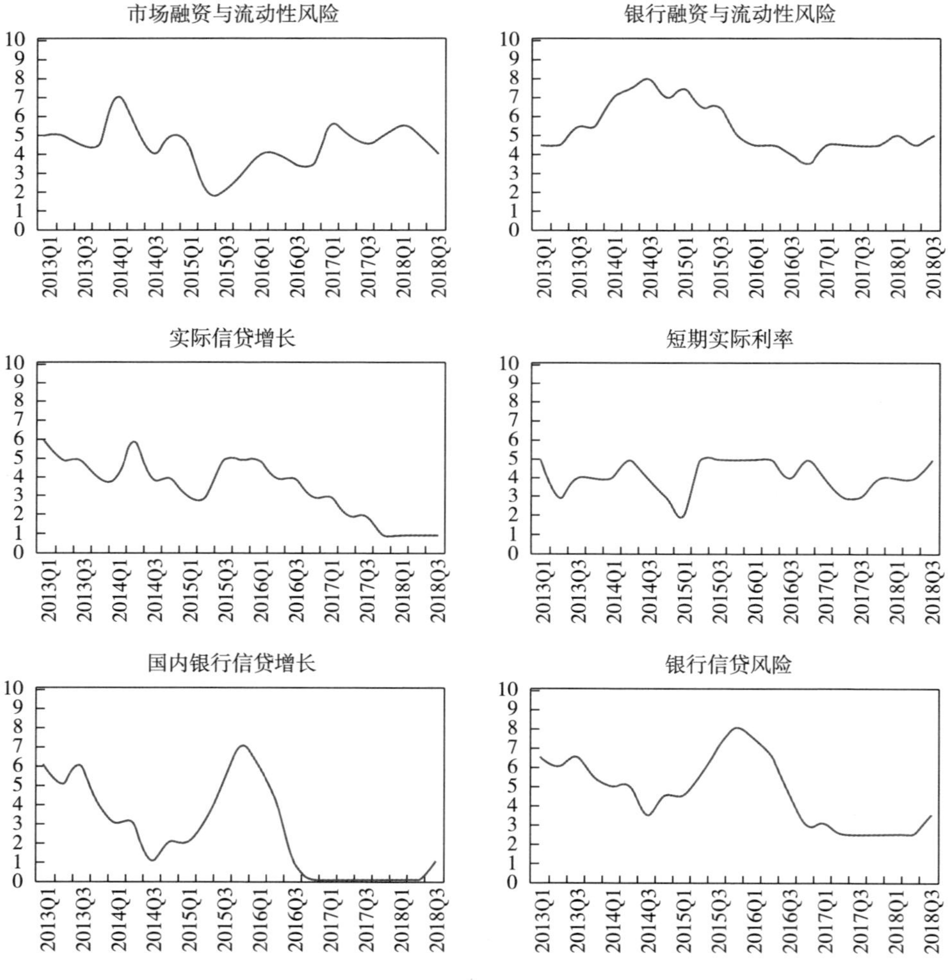

图 9.6　中国货币和金融条件与信贷风险指标变化

资料来源：第一财经研究院。

外部风险方面，尽管中美贸易愈演愈烈，截至 2018 年第三季度中国出口并未受到显著影响。然而，2018 年初起中国银行的外部资产开始增加，这增大了外部风险向国内的传染程度，结合主要金融市场银行间拆借利率隐含波动率的上升，外部传染风险有上升的趋势（见图 9.7）。

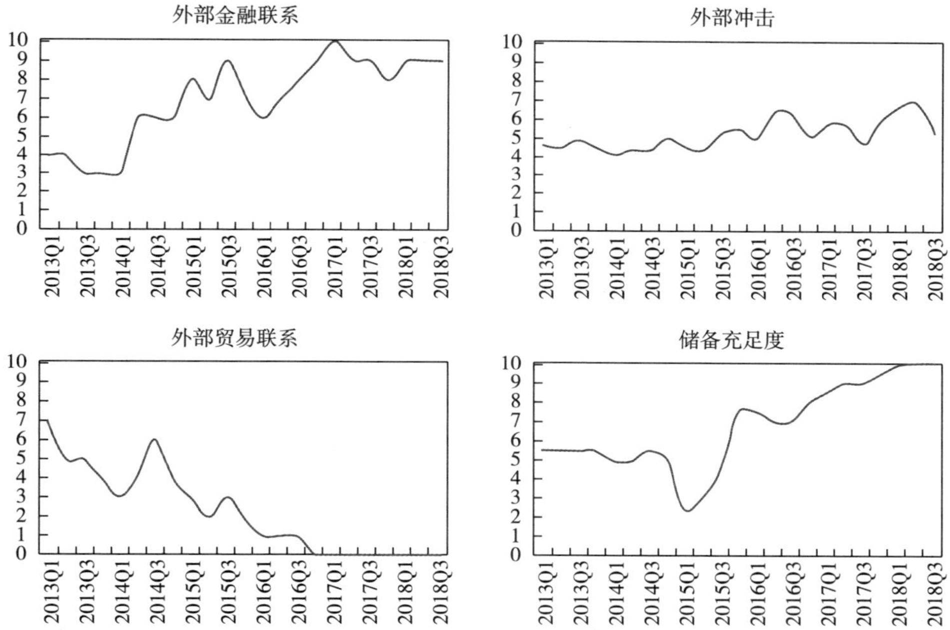

图 9.7　中国外部风险指标变化

资料来源：第一财经研究院。

2018 年第三季度风险偏好较 2017 年第四季度有所提高。具体表现在中国国债收益率走低，中美两国国债的利差也显著缩小；贸易摩擦影响市场信心，股票市场大跌增加了股票风险溢价。市场走势与信心变化相呼应，2018 年初起实际股票与汇率实际波动率显著上涨，这在一定程度上降低了市场风险偏好。综合来看，风险偏好整体有所上升（见图 9.8）。

总体来看，尽管在一系列防风险政策作用下宏观经济风险有所下降，但面对经济下行压力，2018 年金融条件较 2017 年更加宽松，银行信贷增长开始提速，结合上升市场风险偏好，暗示系统性风险再度聚集；与此同时，中美贸易摩擦阴云未散，外部传染风险上升，这一切均表明防范系统性风险仍然任重道远。

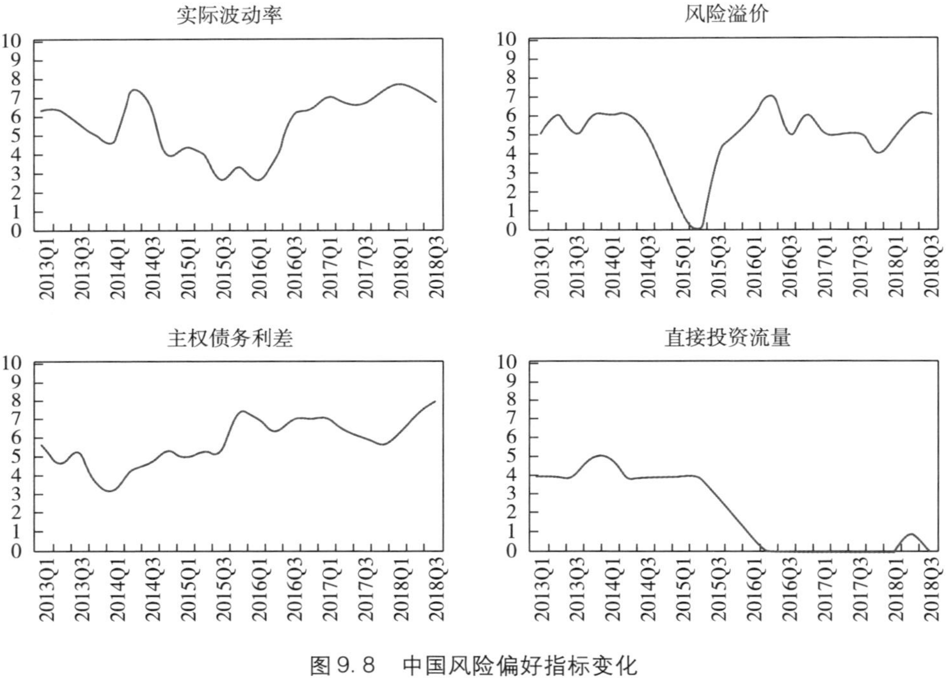

图 9.8　中国风险偏好指标变化

资料来源：第一财经研究院。

三、金融体系巨灾风险与系统性风险指标

我们还利用金融市场指标构建了金融体系巨灾风险与系统性风险指标，希望为识别、监测与化解局部高风险点以及防范系统性金融风险，提供更新的科学依据。

（一）金融体系巨灾风险指标体系构建

我们衡量系统性金融风险的指标包括宏微观两个层面，其中，宏观维度的系统性风险指标包括金融体系巨灾风险（CATFIN），而微观维度的系统性风险指标包括系统性预期损失值（SES）、条件在险价值（ΔCoVaR）以及系统性风险指标（SRISK）。

CATFIN 是由文献（Allen et al.，2012）提出的，该指标采用极值理论测度金融（房地产）行业内各机构的巨灾风险（极端尾部风险），进而描述对应经济体的系统性风险动态变化。该指标能够显著地预测未来 6 个月宏观经济的下行压力，且对银行信贷紧缩和银行利润的下滑具有较好的预测性，因此，该指标在学术界、实务界及监管机构均得到了广泛的应用。另外，文献（Chen et al.，2017）证明该指标在中国金融市场同样具有较好的应用性。

SES 是由文献（Acharya et al.，2017）提出的，其核心思想是测度单一金融机构在系统性危机条件下的预期资本损失值，指标值越大，表示金融机构对系统性危机的贡献值越高，即该机构的系统性金融风险越大。文献（Acharya et al.，2017）还证明了 SES 与边际预期损失和财务杠杆率呈线性相关性。

传统金融监管核心指标在险价值只能度量单一机构的尾部风险，未考虑金融外部性的特点，且具有较强的顺周期性，不符合微观审慎监管的基本原则。为了克服这些缺点，纽约联储的艾德里安和布伦纳迈尔于 2016 年对在险价值进行了改进，并提出 ΔCoVaR。该指标的核心思想是度量在单一金融机构出现尾部事件条件下金融系统的预期在险价值，即单一机构的尾部事件引起金融系统出现预期尾部损失值越大，则该机构的系统性风险越大。

SRISK 是由文献（Brownlees 和 Engle，2016）提出的。该指标的核心构造思想与 SES 是一致的，二者都是测度单一金融机构在系统性危机条件下的预期资本损失值，但在 SRISK 的框架下，系统性危机被定义为股票市场在 6 个月内出现 40% 的下滑。

（二）指标体系结果

从结果来看，宏观层面的 CATFIN 在短期内激升，但未突破长期风险警戒阈（见图9.9）。这表明在国内外因素的共同作用下，我国金融市场经历了阶段性的高风险时期，实体经济也承受着一定的下行压力。

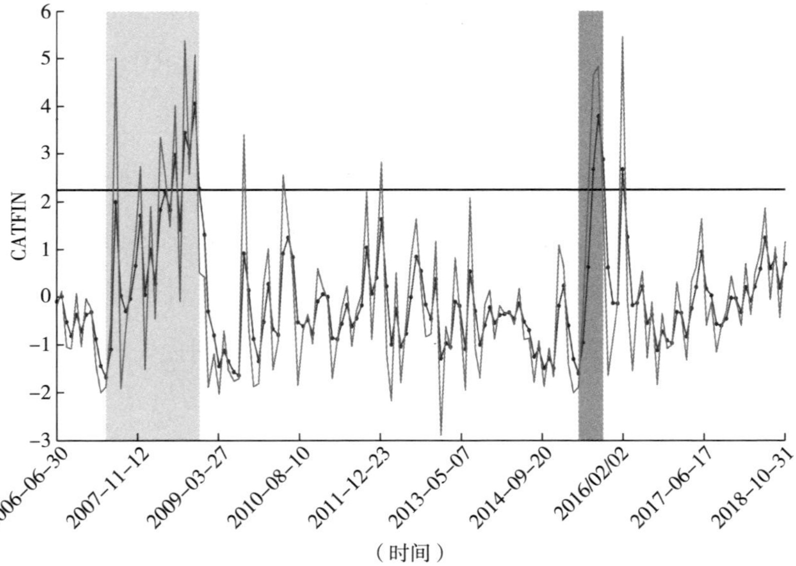

图 9.9　中国 CATFIN 动态变化（2006-06—2018-10）

注：风险警戒阈值等于 CATFIN 趋势值的历史均值加上两倍标准差。

资料来源：清华大学国家金融研究院。

微观层面的多个系统性金融风险指标在近期创历史新高，股份制商业银行为微观指标飙升贡献最多（见图 9.10）。而分行业微观指标走势结果与我国金融行业的基本特征相吻合（见图 9.11）。因为银行的间接融资仍然是我国经济主要的融资渠道，在内外冲击到来时，银行业受到的负面影响也最大，当前我国系统性金融风险的重点防范对象仍然应该是银行业。

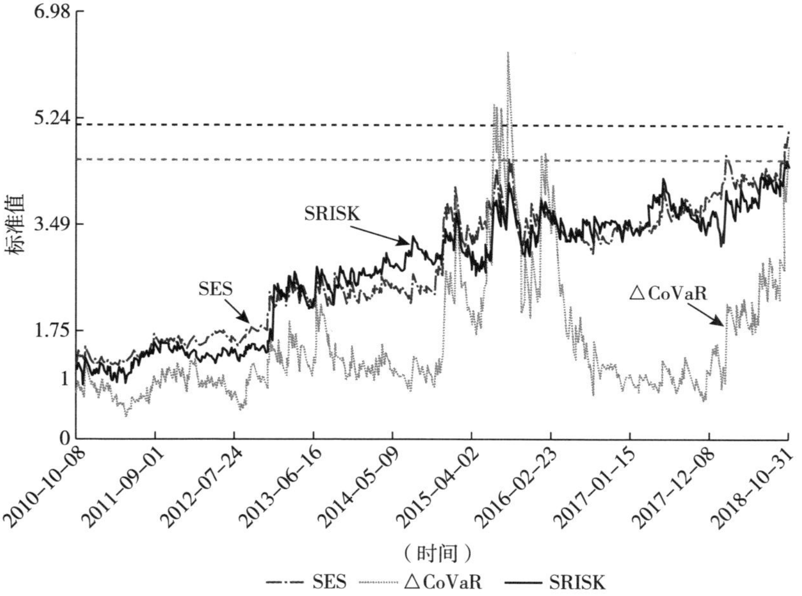

图 9. 10　股份制商业银行系统性金融风险边际贡献

资料来源：清华大学国家金融研究院。

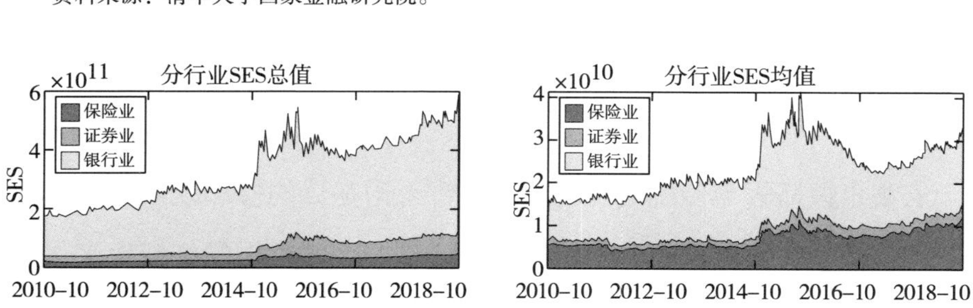

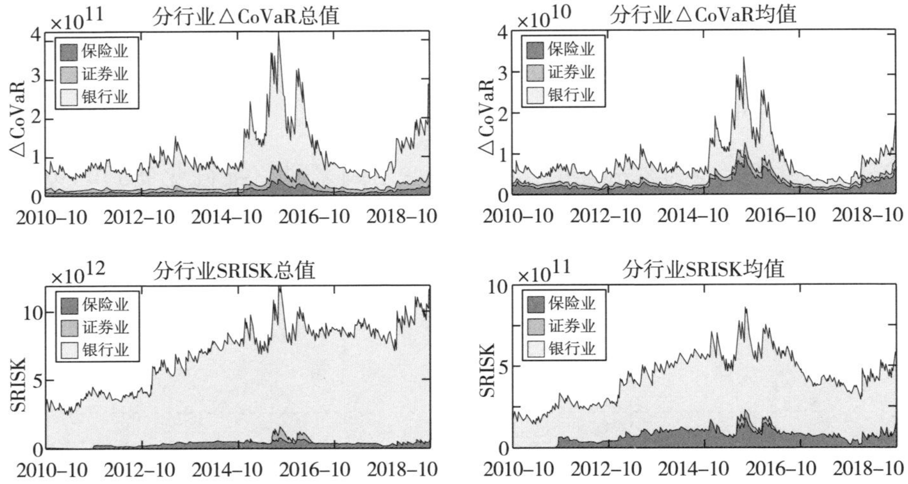

图 9.11　不同子行业系统性金融风险指标边际贡献对比

资料来源：清华大学国家金融研究院。

第二节　系统性金融风险的政策应对

全球金融危机留给世人的教训不仅仅有“大而不能倒”，还有金融系统内由于共享了太多风险敞口而产生的“太过联结而不能倒”。危机之后，各界对于系统性金融风险的思考开始深化，体现在对资产价格、资金流动以及金融机构之间风险共担等方方面面风险的考察上。巴塞尔银行监管委员会于 2010 年 12 月正式推出巴塞尔协议Ⅲ，强调进一步优化银行资本监管目标，扩大风险监控范围，同时引入宏观审慎监管维度，宏观审慎监管开始受到各国重视。

宏观审慎监管与传统的微观审慎监管无论在目的性和政策工具上都有所不同。微观审慎监管的目的是通过降低单个金融机构的杠杆率来保证单个金融机构的安全性，其典型的政策工具为资本充足率以及杠杆率。宏观审慎监管的目的是通过降低整个金融系统的信贷增速以及信贷的顺周期性来保证金融系统的稳定，消除系统性金融风险，其典型的政策工具为逆周期资本充足率操作。

研究宏观审慎工具对金融稳定影响的文献很多。此类文献大部分集中在通过多国宏观数据分析宏观审慎政策与信贷增速以及其他金融变量之间的联系。文献（Lim et al.，2011）是此类研究的先河。该文献研究了宏观审慎政策与信贷和杠杆变化之间的联系。他们发现，当使用包括贷款价值比（LTV）、债务收入比（DTI）、信贷增速限制、存款准备金以及动态拨备在内的宏观审慎工具时，信贷与杠杆的顺周期性有所下降。2013 年，IMF 同样使用多国数据来探究宏观审慎政策的变化对金融脆弱性和实体经济的影响。代表金融脆弱性的指标包括信贷增速、房价增速以及证券资金流入，代表实体经济的指标包括产出增速以及经济不同部门间的资源配置。2013 年，IMF 还观察了放松与收紧宏观审慎政策对金融脆弱性以及实体经济的影响是否对称。他们的研究结果显示，资本金充足率和存款准备金率与信贷增速呈显著负相关，贷款价值比和资本金充足率与房价增速放缓紧密联系，存款准备金率与实行浮动汇率的新兴市场国家的证券资金流入紧密相关。而在宏观审慎监管工具中，只有贷款价值比会对产出增速产生影响。

其他基于多国数据的分析则着重于宏观审慎政策与金融危机、银行融资以及跨境融资之间的关系。文献（Dell' Ariccia，2012）经研究发现，宏观审慎工具可以减少发生信贷繁荣的次数并由此降低由繁荣到破灭的可能性，并进一步减少实体经济从金融困境中所受到的影响。文献（Claessens et al.，2014）研究了 48 个国家的银行资产负债表在 2000 至 2010 年间对于宏观审慎政策变化的反应。他们发现，针对借款者的监管措施如贷款价值比、债务收入比、信贷增速限制和外币借贷限制能够有效减少银行杠杆和资产的增长。虽然逆周期缓冲资本能够有助于放缓银行杠杆和资本的增长，但在低迷时期，几乎没有什么政策能够阻止银行杠杆和资产的下滑。文献（Zhang & Zoli，2014）研究了13个亚洲经济体以及其他33个国家从2000年起主要宏观审慎政策和资本流动措施带来的影响。该研究显示，在抑制房价上涨、信贷增速、证券资金流动以及银行杠杆率方面，贷款价值比、房地产税以及汇率相关措施最有效果。文献（Bruno，Shim & Shin，2015）经研究发现，当货币政策收紧时，宏观审慎政策作为补充所产生的紧缩效果更为明显，而当货币政策与宏观审慎政策同时放松时所产生的效果则没有这么明显。

宏观审慎政策对于房地产行业的影响受到学者们的重点关注。文献（Crowe et al.，2011）以及文献（Cerutti et al.，2015）发现，对贷款价值比设定上限能够最大程度抑制房地产泡沫。IMF（2011）发现，当房地产价格遇到冲击时，贷款价值比是减少冲击最有效的工具，并且它还能抑制资产价格与信贷之间的正反馈。通过使用57个国家超过30年的数据，文献（Kuttner & Shim，2013）探究了包括宏观审慎监管工具在内的非利率政策是否能够稳定房价和住房贷款。结果显示，贷款价值比的上限、债务收入比的上限以及房地产相关税种能够显著影响住房信贷的增速。

也有一部分文献探讨宏观审慎政策对于微观数据的影响。文献（Jiménez et al.，2015）经研究发现动态拨备能够抚平信贷周期，但仅仅依靠动态拨备无法阻止信贷繁荣的发生。在经济衰退期间，动态拨备有助于平滑周期并维持企业对于信贷资源的可得性。文献（Igan & Kang，2011）发现，贷款价值比与债务收入比有助于平缓韩国的房地产贷款增速。文献（Calomiris & Wieladek，2014）则使用了英国在1998年至2007年间的银行层面数据，结果显示，对单独银行设定更高的资本金要求能够减弱英国银行的资金出借并形成总量效应。

王朝阳和王文汇（2018）总结宏观审慎监管工具可以分为两类：一是专为缓释系统性金融风险而设计的工具，例如逆周期资本缓冲、对非核心负债征税等；另一类工具的设计初衷虽然不是被用于宏观审慎监管，但是可以成为宏观审慎监管工具包的一部分，被称为校准补充工具，例如时变贷款价值比（LTV）、债务收入比（DTI）、贷款收入比（LTI）以及出于对系统性金融风险的考虑而强行关闭金融机构的权利等。这些宏观审慎工具在对风险的监测维度上又可分为时间维度和横截面维度，时间维度主要考察商业银行信贷的顺周期性，横截面维度主要考察系统性金融风险（见表9.1）。但在实践中，要有效运用这些政策工具并不容易，其挑战可能来自三个方面：一是金融部门的动态演变，将引发风险源、风险分布及风险水平的一系列变动，这对政策的灵活性与动态性提出了很高的要求；二是宏观审慎监管政策必须包含对尾部风险的监管，这就容易引发政策的高成本性与高度权力性；三是对区域间协调的需求，这在开放经济和全球化的环境中尤为不易。

表9.1　宏观审慎监管工具概览

宏观审慎监管工具	风险维度	
	时间维度	横截面维度
分类1：专为缓释系统性金融风险而设计的工具		
	• 逆周期资本缓冲 • 跨周期的保证金估值或回购协议折扣 • 对非核心负债征税 • 特定部门敞口风险的逆周期变化 • 时变系统流动性附加费	• 系统资本附加费 • 系统流动性附加费 • 对非核心负债征税 • 对未通过 CCP（中央对手方）清算资本进行高额收费

（续　表）

宏观审慎监管工具	风险维度	
	时间维度	横截面维度
分类 2：校准补充工具		
	• 时变贷款价值比、债务收入比和贷款收入比上限 • 对货币错配或敞口的时变限制 • 对货款存款比的时变限制 • 对信贷或信贷增长的时变上限或限制 • 动态准备金 • 压力在险价值，用以建立额外资本缓冲来应对资产价格膨胀时期的市场风险 • 通过将衰退情形纳入违约概率估算以重新分配风险权重	• 出于对系统性金融风险的考虑而强行关闭金融机构的权力 • 对衍生品支付的资本收费 • 对系统性风险敏感的存款收取风险保费 • 对可准许的活动进行限制（例如，禁止系统重要性银行自主交易）

资料来源：IMF（2011），王朝阳 & 王文汇（2018）。

同时，各国央行在金融危机后都越来越多地承担了金融监管的责任。各界学者普遍认为，与一般经济衰退相比，2008 年全球金融危机所带来的影响更为深远，它不仅会导致经济体陷入 GDP 负增长的困境，恶化国家财政状况，还会对社会及政治稳定产生威胁。而处理危机遗留问题的成本巨大，越是处于金融市场失衡的国家而言越是如此。自此，全球的决策者们开始意识到主动化解危机的必要性，维护金融稳定也被视作各国央行的第二职能，而货币政策及宏观审慎政策是最被广泛讨论的两个手段。

从货币政策角度来看，各界讨论的焦点在于是否应将金融稳定纳入货币政策的制定框架，即在通胀与产出稳定但信贷迅速膨胀、资产价格有泡沫化倾向的时期，中央银行通过提高利率来抑制金融过热同时提前防范可能发生的剧烈调整，即使通胀和产出并未显示出显著的过热迹象，这个逆周期操作的概念也被称为“逆风向干预政策”。

支持“逆风向干预政策”的学者们普遍是基于两点考量。一是与一般经济衰退后的复苏不同，在危机后经历的复苏格外漫长，在政策制定上，预防危机相较于仅仅是抚平经济波动所带来的益处是不同的（Reinhart & Rogoff，2009）。二是采用宏观审慎工具作为防范金融风险的前线并非像其看上去那么简单，在宏观审慎工具运用有限的情况下，货币政策相较于宏观审慎工具而言覆盖面更为广泛（Dudley，2015）。前美联储主席耶伦就曾评论道：“货币政策作为维护金融稳定的工具面临诸多限制，但通过调整货币政策来弥补宏观审慎框架中的缝隙可能是合适的。”

BIS 一直以来都是“逆风向干预政策”的有力支持者。BIS 认为，金融稳定对于审慎工具而言是个过于庞大的任务，即使短期通胀处于低位且较为稳定，也应采取逆周期操作货币政策来应对金融失衡的积聚。基于金融周期相较于商业周期持续时间更长的研究成果，BIS 认为，央行应将高利率维持更长一段时间，因为金融失衡可能是多年积聚的结果，央行也需要延长相应的政策时间窗口（Caruana，2011）。

IMF 对“逆风向干预政策”的看法则与 BIS 相反，认为调高利率导致短期失业率上升所产生的政策成本要远远高于由于危机概率下降所以长期失业率下降的政策收益。IMF（2015）认为，只有在金融风险过量且使用宏观审慎工具无法有效化解风险的情况下，中央银行才应考虑使用“逆风向干预政策”，通过收紧货币政策来平抑金融过热。当调整短期利率时，一系列的金融变量如家庭与企业杠杆率、银行的风险偏好、资产价格（尤其是房地产价格）以及信用利差都会受到影响。收紧货币政策对于这些金融变量在短期和中期的影响不尽相同。从短期来看，经济主体还未就加息而调整资产负债表，调高利率可能会削弱家庭与企业的财务状况，提高债务违约的可能性并削弱金融系统的稳定性。从中期来看，随着家庭、企业以及金融机构调整自己的资产负债表以及消费和投资行为，更高的利率会迫使家庭和企业降低杠杆水平，一些背负固定期限长期债务的金融机构（如保险公司和养老基金）会因利率提高而削弱“搜寻收益”的动机并减少风险承担行为，银行也会因收紧的货币政策而抬高贷款条件并降低风险偏好（Dell’Ariccia et al.，2014）。

中国人民银行行长易纲（2010）在反思2008年全球金融危机时认为，中国要避免金融危机需做到以下三点：一是建立稳健的宏观经济政策框架，实施有弹性的货币政策与财政政策；二是积极参与国际金融市场规则的制定，推动国际金融机构改革，加强金融监管；三是建立应对系统性金融风险的预警机制和处置机制。

中国人民银行在2017年第三季度的货币政策执行报告中正式建立了中国货币政策与宏观审慎政策双支柱调控框架。人民银行强调，货币政策与宏观审慎政策配合能够更好地将币值稳定和金融稳定结合起来。作为都具有逆周期调节的宏观政策，货币政策主要针对整体经济和总量问题，侧重于物价水平的稳定，以及经济和就业增长；而宏观审慎政策则直接和集中作用于金融体系本身，侧重于维护金融稳定和防范系统性金融风险，两者互补、强化，为中国的经济增长与金融稳定保驾护航。

第十章

从网络借贷市场看金融科技对金融稳定的影响

金融科技是先进技术应用到金融体系的期限转换、信用转换、收益转换以及风险转换之中，延展、升级并创新了金融服务理念、思维、流程及业务，并逐步呈现要素整合功能的金融新范式。在我国，金融科技的发展源于以第三方支付、互联网理财、网络借贷、股权众筹等为代表的互联网金融。

基于当前市场发展情况，排除如网络系统瘫痪等技术风险，现阶段金融科技对金融稳定的影响主要来自网络借贷市场和股票场外配资市场，下面主要分析网络借贷市场对金融稳定的影响。

一、市场规模下滑，整体风险敞口缩小，个体风险仍较高

从各指标来看，网络借贷市场规模都已显著下降。根据网贷之家的数据，截至 2018 年 11 月底，网络借贷市场待还款余额较 2017 年 11 月下降 32% 至 8 112 亿元（见图 10.1），正常运营平台家数较高点下降 66% 至

1 189家，新增平台数量连续4个月为0（见图10.2）。

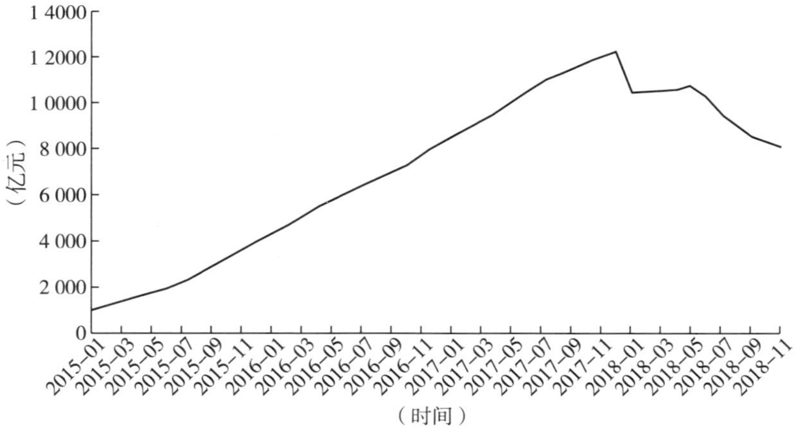

图 10.1　网络借贷平台待还款余额

资料来源：网贷之家，第一财经研究院。

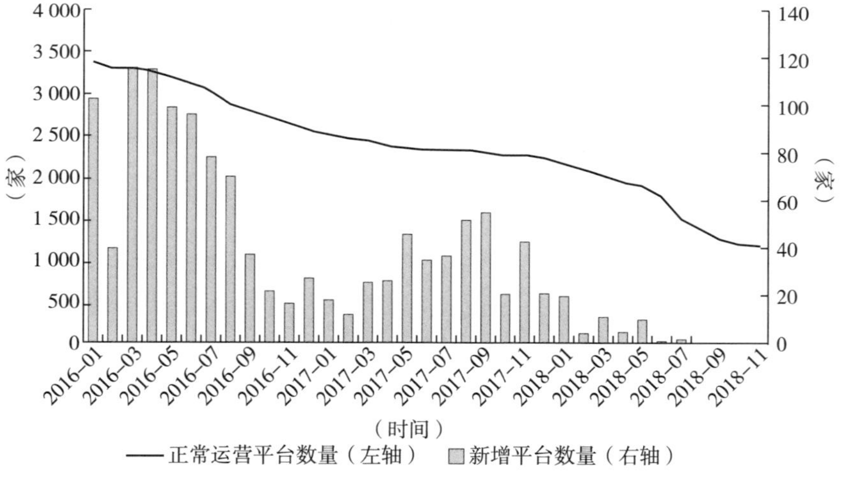

图 10.2　正常运营网络借贷平台数量与新增平台数量

资料来源：网贷之家，第一财经研究院。

截至2018年11月底，全国累计问题网络借贷平台数量为2 578家，加上累计2 664家转型及停业平台，总数是当时正常运行平台总数的2.58

倍（见图 10.3）。新增问题平台家数虽然已从 2018 年 7 月的高位回落，但其与正常运营平台数之比仍维持在高位。

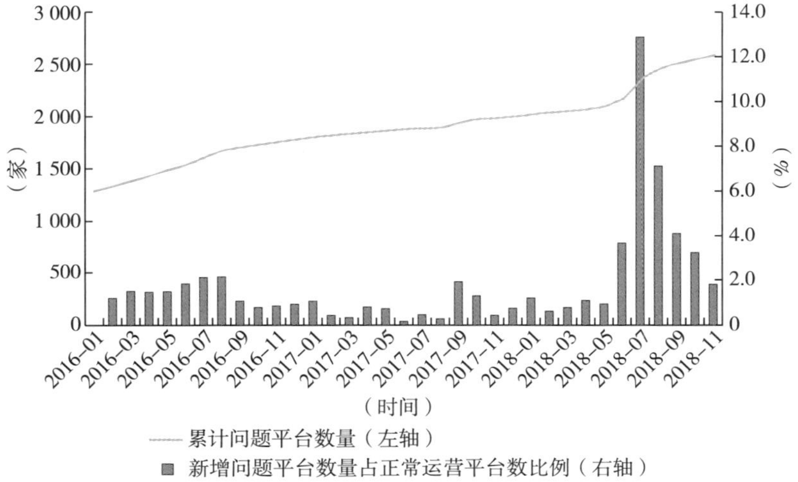

图 10.3　累计问题网络借贷平台数量与新增问题平台占比

资料来源：网贷之家，第一财经研究院。

网络借贷平台自身问题是造成这种局面最重要的原因，包括平台运营商技术和风险控制能力不足，以及部分平台存在非法集资如自融、类似庞氏骗局等犯罪行为。

虽然从 2016 年以来更严格的监管和市场准入加速了各平台问题的爆发，但从结果来看，这些监管措施有效降低了未来市场出现更严重风险的概率。

二、网络借贷市场对系统性金融风险影响较小

下面我们从整体市场规模、市场集中度、相关性和风险传播路径四方面评估网络借贷市场对金融系统稳定的影响。

从规模上看，截至2018年11月底，网络借贷市场待还余额仅略高于8 000亿元且仍处于下降趋势。相对而言，2015年第二季度A股融资融券总规模超过了2万亿元，还不包括规模更大的场外配资市场（见图10.4）。

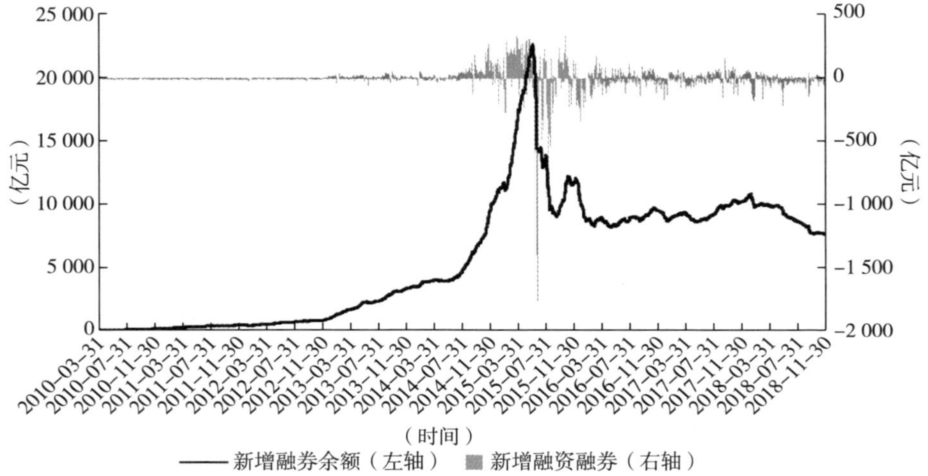

图10.4　A股融资融券余额及其变化

数据来源：Wind，第一财经研究院。

从市场集中度来看，2018年11月末，网络借贷市场前十大平台的市场占比为35%，其中陆金服占比为18%（见表10.1），市场集中度较高。越高的市场集中度意味着头部公司出现风险对市场的冲击越大，风险越高。

表10.1　前十大网络借贷平台待还余额及市场占比（2018年11月末）

平台	待还余额（万元）
陆金服	15 024 591.19
麻袋财富	1 868 249.99
恒易融	1 786 601.96
有利网	1 651 601.26

（续表）

平台	待还余额（万元）
小赢网金	1 532 239.23
你我贷	1 423 150.76
翼龙贷	1 308 287.28
团贷网	1 215 197.22
红岭创投	1 162 283.10
凤凰金融	1 041 069.50
全国	81 119 400.00
前十大平台占比	35%

资料来源：网贷之家，第一财经研究院。

相关性既体现在各平台同时出现风险的可能性，也体现在当一个或者多个平台出现风险时其他平台受影响的程度。在这方面，网络借贷市场与融资融券市场相似。经济下行和监管收紧可能让所有的平台都受到影响；单一风险事件也很可能引发投资者对整个行业产生担心并从所有平台撤出资金，就如股市融资盘强制平仓导致的抛售会进一步压低股价并引发连锁反应。相关性越高，整体市场风险爆发的可能性也越高。

风险传播路径指的是网络借贷市场出现的风险可以通过什么渠道蔓延至金融体系其他领域。如表 10.2 所示，截至 2018 年 11 月底，银行系网络平台为 3 家，待还余额仅为 11 亿元，意味着风险通过平台的银行股东传导至金融系统的可能性极小。民营系和风投系网络借贷平台待还余额为 3 822 亿元，风险出现会导致股东和客户权益遭受损失，但对整体金融市场稳定的影响并不大。值得关注的是，上市系借贷平台待还款余额超过 3 900 亿元，占整个市场比重接近一半，一旦这些平台资产端出现重大损失，其影响可能通过股票市场和信贷市场传导至金融系统其他领域。

表 10.2 不同类型网络借贷平台状况（截至 2018 年 11 月底）

类型	运营平台数量（家）	待还余额（亿元）	综合参考收益率（%）	平均借款期限（月）	当月投资人数（万人）	当月借款人数（万人）
民营系	899	1 513.72	10.38	9.62	70.2	79.63
银行系	3	11.52	5.31	7.15	0.25	0.29
上市系	77	3 909.49	9.37	14.09	93.44	105.99
国资系	131	369.11	9.77	16.39	18.14	20.58
风投系	72	2 308.11	10.05	19.21	60.12	68.19

资料来源：网贷之家，第一财经研究院。

综合以上分析，鉴于网络借贷市场较高的市场集中度和相关性，加上部分平台运营者能力欠缺，该市场出现风险的概率较高。不过，由于当前网络借贷市场整体规模仍有限，且股东中金融机构比重较小，对于整个金融市场稳定性的影响仍较小。未来，随着监管的加强、行业规模的扩大以及更多的机构进入该市场，情况可能出现改变。

三、网络借贷市场对特定地区社会稳定的影响较大

虽然网络借贷市场对整体金融系统稳定性的影响仍较小，但我们并不能忽视其对社会稳定的影响，特别是在特定的地区。

2018 年 11 月，广东、北京、上海和浙江四省市网络借贷平台还款余额和投资人数占全国比重均高于 90%（见图 10.5、图 10.6），虽然并没有针对投资者户籍所在地的统计，但可以大致判断来自四地的投资者人数占全国的比重也会较高。对于这些地区，一旦网络借贷平台问题大规模爆发，将会对社会稳定造成一定压力。

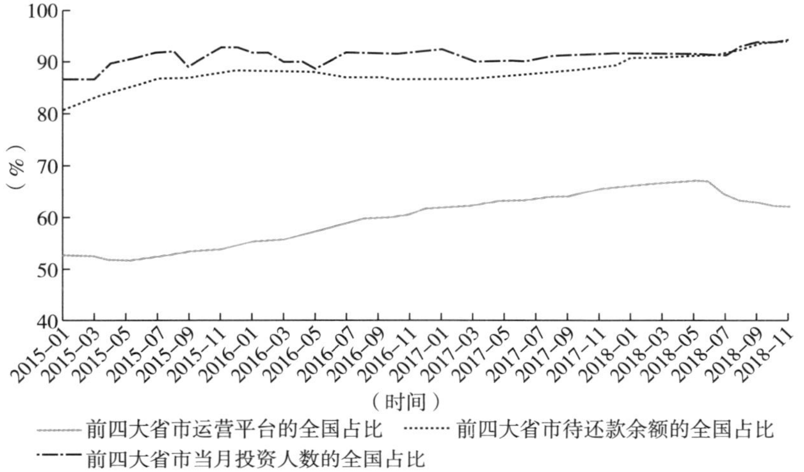

图 10.5　前四大省市（广东、北京、上海、浙江）网络借贷平台各项指标占比

资料来源：网贷之家，第一财经研究院。

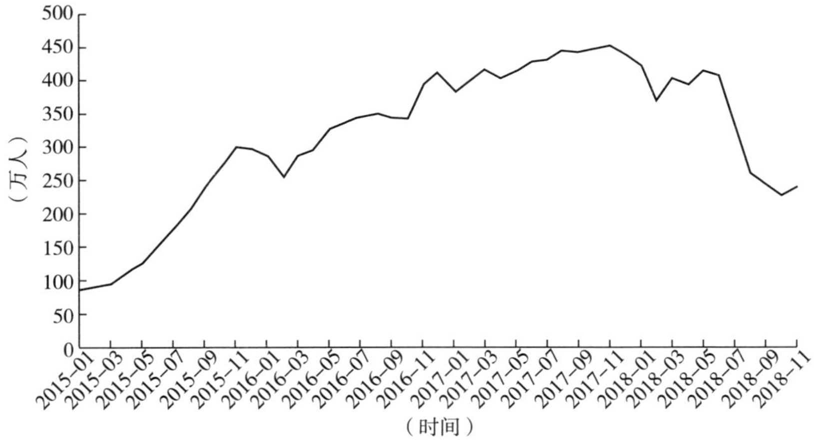

图 10.6　前四大省市网络借贷市场各月投资人数（2015. 01—2018. 11）

资料来源：网贷之家，第一财经研究院。

|专　栏|

互联网金融与系统性风险

关于互联网金融的几点看法[①]

2013年，互联网金融异军突起，成为人们关注的一个焦点，甚至有人断言2013年是中国互联网金融的元年，舆论界几乎是一边倒地为其叫好。我认为不少人似乎并没有对我国的所谓互联网金融的来龙去脉分析清楚，对我国的金融业尤其是银行业也缺乏真正的认识和了解，不少看法有失偏颇。我写这篇文章在一定程度上算是带了一个头，因为我知道不少人其实也有类似的看法，只是没有系统地梳理而已。当时我也是做好了被“拍砖”的思想准备的。但令人高兴的是，自那以后，关于互联网金融的舆论似乎更趋于理性，一些互联网企业对有关问题的认识也更全面了，监管部门的态度也更明朗、更清晰了。从这篇文章的发表到编撰本书，已时隔多年，这篇文章的基本观

① 该文章发表于2013年10月10日的《第一财经日报》，作者：杨凯生。

点似乎得到了更多的印证。

——杨凯生

2013年，互联网金融已成为一个热门话题。有人认为，这是对传统银行的根本性挑战，断言银行要被颠覆了；更有人认为，互联网金融进一步发展后，它将取代现有的间接融资和直接融资形式，银行、券商和交易所等金融中介机构都将不再起作用，甚至中央银行的货币发行功能也会被取代。于是不少人跃跃欲试，都想投身于互联网金融业务，认为这是难得的商机。有人干脆说，就是要当金融业的“搅局者”。笔者认为，之所以出现这种状况，首先，应该肯定互联网金融是随着信息技术的不断革新和移动互联网功能的迅速进步而形成的潮流，因而这些现象的产生有其历史必然性；其次，需要指出，当时不少人对互联网金融的认识不够全面，了解不够充分，市场上的一些说法和做法明显带有一定的盲目性，因而不少现象也许只是阶段性的。

实际上，究竟什么是互联网金融尚无统一的定义。按理说，凡是通过互联网来运作的金融业务都应列入“互联网金融”的范畴。但我国市场似乎更多的是将互联网金融特指为互联网企业介入金融行业所开展的那些业务。对这些概念的研究和廓清可能还需假以时日，本文只是试图分析在互联网金融发展的过程中，银行已经做了些什么，互联网企业正在做什么。尤其是想分析某些互联网金融运作模式存在的风险和隐患，从而得出对互联网金融应该进一步加强监管的必要性和紧迫性的理由。

一、银行落伍了吗

不少人认为，银行业尤其是我国的商业银行领域是传统色彩很浓的一个行业，银行对互联网的了解和应用、对大数据概念的理解和认识都是不够的。笔者认为这种看法有失偏颇。银行的业务处理流程固然还有不少需要改进的地方，银行的服务效率也有待进一步提高，但坦率地说，在我国互联网企业出现之前，银行已建立了自己的全国性的计算机网络。之后，随着信息技术的不断革新和互联网技术的不断发展，银行更是通过公共互联网与自己的全国网络的对接，实现了业务运作和经营管理的信息化、数据化，并将覆盖面从国内延伸到了全球。就拿工商银行来说，虽然 2013 年有 17 000 余家营业机构，但通过网上银行、电话银行、手机银行、自助银行等渠道处理的业务量已占到全部业务量的 78%，相当于替代了 30 000 多个物理网点，工行自主研发的核心应用系统支撑了海内外庞大经营网络的平稳运行，日均业务量为 2 亿笔，每秒处理业务的峰值达到 6 500 笔。2012 年全年工商银行的电子支付结算金额达到 332 万亿元人民币，结算笔数超过了 130 亿笔。而对海量的各类数据，工商银行通过多年的努力，已经搭建起了以数据仓库为核心的经营管理数据体系，实现了客户信息、账户信息、产品信息、交易信息、管理信息等的集中管理，形成了数据标准、数据质量、数据架构、元数据、数据生命周期、数据安全以及数据应用等全流程的数据信息管理机制。积累的数据规模将近 300TB（太字节），利用这些数据，建立了 4.1 亿个个人客户和 460 万个法人客户的信息视图和星级评价体系，开发了 34 个法人客户评级模型、75 个零售信用评分模型、16 项市场风险内部计量模型和 17 类操作风险资本计量模型。客户违约率和违约损失率数据的积累长度均在10年以上，已达到《巴塞尔资本协议Ⅲ》的要求。工商银行还建立了独立的模型验证团队，对数据应用的有效性、准确性进行了持续验证和监控，并且由内部审计部门对验证情况进行了审计。工商银行早在20世纪90年代就开始将客户评级结果用于信贷准入和贷后监测，2005年开始按照新资本协议的最新要求对信用评级方法、系统与流程进行了全面优化，2008年开始将风险计量结果用于风险管理全流程，2010年起进一步将有关结果正式用于贷款质量分类、拨备计提和经济资本分配，并在此基础上开始实施法人业务和零售业务的RAROC（风险调整后的资本收益率）管理，实现了按风险与收益均衡的原则进行授信审批和定价。就拿媒体热炒的网络信贷而言，截至2013年8月末，工商银行以小微企业为主要服务对象的“网贷通”的贷款余额已超过2 150亿元，累放额已近11 000亿元。以上所说的还仅仅是工商银行，事实上，这些年来，我国其他的银行特别是大型银行也都在数据信息技术的开发和建设方面投入了大量的人力和物力，取得了长足的进展。

我之所以要罗列上述这些情况，意在说明中国的银行业并非如有些人所想象的那样，不会运用互联网技术，缺乏对各类数据的分析整合能力。中国的银行完全应该也有条件在互联网金融崛起的过程中，进一步加快自身的发展。实际上，中国的银行在运用信息网络技术提供金融服务、实施内部管理方面没有落伍，而且正在继续前行。此外，应该指出的是，互联网企业介入金融业务实际上很少能脱离银行的基础服务而自行处理，例如，第三方支付企业的客户身份认证还是需要通过银行的客户信息进行，资金划拨和清算则一定是要通过银行系统来完成，等等。总之，对这些问题都应有一个全面的认识和了解。

当然，银行也确实需要继续更新观念，继续跟踪新技术，继续学习并掌握新方法。银行在互联网应用和IT（信息技术）系统建设方面主要存在以下几个方面的问题：一是在数据的采集方面，结构化数据采集能力较强，客户与银行之间的交易活动数据积累较多，例如，账号、金额变动情况、存款情况、贷款情况、违约情况、姓名、身份信息等；而对非结构化数据采集不够，处理能力有限，例如，各类形式的文档、文本、图像、音频、视频等。银行必须意识到非结构化数据将越来越广泛地应用于互联网、物流网、社交网、电子商务活动中，不能因为这类非结构化数据不便于用数据库二维关系来表现，就忽略了对它们的采集和管理。要注意学习借鉴电商企业重视掌握客户之间的交易记录、点击流、客户互动评价、行为习惯、物流信息的思路。二是在数据的应用方面，银行习惯于将数据的分析结果用于风险评估和管控，虽已在一定程度上具备了客户识别和分层能力，但在运用其有关成果开拓市场、营销客户方面做得还不够，而电商企业在这方面的主动性很强，积极性很高。银行需要努力学习和借鉴电商企业在业务处理上十分强调便捷和注重客户体验的理念。三是银行在业务流程的设置方面，要进一步扬弃单项业务往往单一化运营的模式，要充分利用互联网的创新功能，加强组合性的信息应用和业务处理，例如，线上线下联动，支付融资联动，资金流和信息流、物流的融合等。四是银行在数据分析师队伍的建设方面，人员虽不少但集中度不够，分散在各专业条线，发挥整体合力不够。据了解，有的网络金融公司，虽然只有不到1 000人，但专门集中从事数据分析的人员占比超过了三分之一。这些都需要银行进一步深入研究和认真改进。所以，笔者的观点是，断言银行已经过气的结论是站不住脚的。但是，银行必须与时俱进，顺势而为，方可继续在社会经济生活中发挥更大更好的作用。

二、我国互联网企业是如何介入金融业务的

我国的互联网企业从事的金融业务基本可以划分为支付结算、融资、投资理财保险等几大类，而在每一类中又可根据具体业务模式进行一些细分。至于虚拟货币，它在我国尚未成气候，在此暂不做更多涉及。

在支付结算业务中，首先，那些依托自有网上购物网站发展起来的是综合性支付平台。这类平台具备在线支付、转账汇款、担保交易、生活缴费、移动支付等功能，代表平台有“支付宝”“财付通”等。除支持自有购物网站的支付需求外，一些综合性支付平台已经与各类购物网站、电商平台签约，为它们提供支付结算服务。其次，是独立的第三方支付平台，代表平台有“快钱”“环迅支付”“首信易支付”“拉卡拉”等。这类支付平台通常并无自有购物网站，主要通过各式各样的支付业务为其合作商户服务。例如，“快钱”的生活类支付业务；“环迅支付”的网游支付业务；“首信易支付”还从事支付返现的活动；“拉卡拉”推出了电子账单处理平台及银联智能 POS（销售点）终端，可以提供用户线下支付和远程收单服务。

在融资业务中，类型很多，结构各异。其中比较有代表性的一种模式是 P2P（个人对个人）网络借贷。一般地，P2P 具有单笔交易金额较小，供需双方以个人、小企业为主的特征。如果再做进一步细分的话，P2P 在国内又可分为以下几种模式：

一是无担保线上模式，代表企业为“拍拍贷”。该模式下，网络平台

不承担担保职责，只作为单纯的信息中介，帮助资金借贷双方进行资金匹配，是最“正宗”的P2P模式。这种模式本质上类似于直接融资。据了解，这是不少国外监管机构唯一允许存在的P2P模式。

二是有担保线上模式，代表企业有“红岭创投”等，这是国内P2P的主流模式。这种模式下的网络平台扮演着“网络中介+担保人+联合追款人”的综合角色，提供本金甚至利息担保，实质上是承担间接融资职能的金融机构。

三是债权转让模式，代表企业为“宜信”。该模式下，借贷双方通常不直接签订债权债务合同，而采用第三方个人先行借款给资金需求者，再由资金借出方将债权转让给其他投资者的模式。通过不断引入债权并进行拆分转让，网络公司作为资金枢纽平台，对出资人和借款人进行撮合。

除此之外，还有一些网贷公司是由传统的民间借贷发展而来的，它们通过网络主要是进行宣传营销，吸引资金出借人和借款人到公司洽谈借贷事宜。其特点是往往对借款人有抵押要求，对出借人有提供担保要求，这一模式可以看作是一种比较典型的民间集资借贷行为。

媒体报道最多、网络最为热议的就是以“阿里小贷”为典型代表，基于信息的搜集和处理能力而形成的融资模式。它与传统金融依靠抵押或担保的模式不同，主要基于对电商平台的交易数据、社交网络的用户信息和行为习惯的分析处理，形成网络信用评级体系和风险计算模型，并据此向网络商户发放订单贷款或信用贷款。

另一种融资模式可称为供应链金融模式，代表平台为“京东商城”。在该模式下，电商企业不直接进行贷款发放，而是与其他金融机构合作，通过提供融资信息和技术服务，让自己的业务模式与金融机构连接起来，双方以合作的方式共同服务于电商平台的客户。在该模式中，电商平台只是信息中介，不承担融资风险。

除以上几种主要的网络融资模式之外，我国也出现了类似于美国的Kickstarter①，通过网络平台直接“向大众筹资”“让有创造力的人获得资金”的做法，例如“点名时间”“有利网”等互联网平台，但规模都还不大。

在投资、理财、保险类业务方面，一种模式是为金融机构发布贷款、基金产品或保险产品信息，承担信息中介或从事基金和保险代销业务。代表平台有“融360”“好贷网”信息服务网站，以及“数米网”“铜板街”“天天基金”等基金代销网站。另一种是将既有的金融产品与互联网特点相结合而形成的投资理财产品或保险产品，以“余额宝”和“众安在线”的运费险、快捷支付盗刷险等为代表。

以“余额宝”为例，客户将支付宝余额转入余额宝，则自动购买货币基金，同时客户可随时使用余额宝内的资金进行消费支付或转账，相当于基金可“T+0”实时赎回。

“众安在线”则主要通过互联网进行保险销售和理赔，专攻责任险和保证险，并且已研发包括虚拟货币盗失险、网络支付安全保障责任险、运费险、阿里巴巴小额贷款保证保险等保险产品。

---

① Kickstarter是2009年4月在美国纽约成立的一个专为具有创意方案的企业筹资的众筹网站平台。

三、互联网金融运作方式有风险吗

应该肯定，随着云计算、大数据、物联网、定位功能等科技手段的不断进步，凭借社交网络、电商平台等积累的用户群体及其交易数据，互联网企业可以较高效地了解用户在金融服务方面的需求和偏好，这在创新、整合和定制化服务方面给银行等金融机构的传统服务模式既带来了不小的挑战，也带来了不少的启发。银行应该从管理理念、业务流程等方面对互联网金融进行深入的研究和认真的学习，取其所长，弃其所短，不断研发和推出更贴合用户需求、操作界面更友好、处理流程更高效的金融产品和服务模式。同时，银行要主动加强与电商企业、电信运营商以及各类互联网企业的业务合作，只有这样才能进一步保持和巩固银行业多年积淀下来的客户基础优势、资金实力优势、品牌信誉优势以及稳健经营的文化优势。

需要注意的是，在我们大家充分肯定互联网金融便捷性的同时，是否在一定程度上忽略了其安全性——这一任何金融交易行为须臾不可或缺的基本原则。对应上述我国已出现的一些互联网金融模式，进一步分析和认识其所存在的风险隐患似有必要。

例如，在支付类业务方面，某些第三方支付机构在用户注册时只需用户在支付机构的页面输入证件信息、银行卡号和在支付机构的账户密码，这种做法难以核实客户的真实身份，是一种"弱实名制"，其安全性比银行降低了几个层级，尤其是支付过程中必须遵循的反洗钱法规难以有效落实。有的第三方支付平台在进行大额资金汇划时，也不需使用U盾等安全校验工具（这恰恰是银行总结多年经验、吸取不少教训而坚持采用的安全措施)，而只需客户录入绑定手机收到的动态校验码，甚至是在第三方支付机构的账户密码即可完成大额资金的划转。近年来，在第三方支付业务中就曾多次发生过未经客户授权就从客户账户上划走巨额资金的案例。央行等有关部门规定对客户保证金等资金应实施托管，由于种种原因也一直难以真正落实。

又如，在融资类业务方面，就拿P2P而言，除了有些P2P平台还坚持不提供担保、不承担信用风险之外，越来越多的P2P机构都一肩挑着筹资功能，另一肩挑着资金中介和担保职能，但由于缺乏对其资金来源的监控，又没有对P2P机构放贷行为的资本约束，风险是不言而喻的。2013年前后已发生不少网贷公司跑路事件，涉案网贷公司通过对出资人、注册资本、借款人等重要信息的造假引诱客户上当。而且不少P2P公司都宣称其融资的违约率极低，但实际上背后依靠的是资金池的搭建，信用风险正在不断积累。原先在网贷行业口碑还不错的一些公司因资金链出现问题而一度停业的案例，具有重要的警示作用。

还有的在网络信贷业务方面具有较大市场影响力的平台，其风险控制的核心在于数据整合、模型构建和定量分析，它通过将自身网络内的客户交易数据（例如客户的评价数据、货运数据、口碑评价等）和一些外部数据（例如海关、税务、电力方面的数据）进行整合处理，利用信用评价模型计算出借款人潜在的违约概率，进而以此作为如何放贷的标准。应该说，这一思路是符合互联网金融发展规律的，但实际操作中也存在着一些风险隐患。这种平台依靠的数据主要由与其电商业务相关的交易数据构成，数据维度较为单一，有效性还不足，关于B2B（企业对企业）的数据更是缺乏。而且由于众所周知的网上“刷信用”“改评价”等行为的存在，要真正保证交易记录和口碑评价等数据的真实性也是困难的。而数据质量直接决定模型计算结果的可靠性，进而影响平台信贷质量。有互联网企业声称“我们赔得起，大不了一年×个亿”，这实在有点令人担心。此外，任何量化交易模型的有效性都是其交易环境和交易规则的函数，因而模型需要不断校正，不断对其进行不同环境下的压力测试才能保证其可靠性。较之银行业已积累了10多年的数据，这些互联网企业缺少长期的特别是跨经济周期的数据支持，网贷公司风险计量模型的可靠性还有待考验。

投资理财类中最典型、最具影响力的当数2013年我国互联网金融中所出现的一种新的业务模式，在这一模式中，第三方支付机构将原有的客户保证金转换成了货币基金等投资理财产品。由于其解决了客户保证金不能计息的问题，因而得到了客户的欢迎，同时它又实现了第三方支付机构吸收客户资金的目的，可谓各得其所。但人们对其可能存在的风险尚认识不足，且不说其公开宣传年化收益率高于银行存款利率而对风险却揭示不够的做法是否合规，是否会误导投资者，就从其投资的货币基金来说，达不到预期收益率甚至发生亏损的可能性是存在的。事实上，从全球范围来看，这一类产品并非我国首创，全球知名的网络支付公司PayPal早在1999年就推出了利用账户余额成立的货币市场基金。该基金由PayPal自己的资产管理公司通过联结基金的方式交给巴克莱旗下公司管理，用户只需简单地进行设置，存放在PayPal支付账户中原本不计利息的余额就将自动转入货币市场基金，0.01美元起申购。这可以视为我国这一业务模式的原型。2007年，该基金的规模一度达到10亿美元的巅峰，当时也曾赢得了不错的市场口碑。但自2008年金融危机后，美国货币市场基金收益水平降至

0.04%，仅为2007年高峰5%的零头。在此情形下，PayPal货币基金的收益优势逐步丧失，规模不断缩水，最终在2011年7月，PayPal不得不将该货币基金清盘。当然，不是说我国这类产品也一定会面临着这种可能，但任何一类投资产品如果只宣传收益，而不把风险讲明，这本身就是一种风险。2013年前后已发生了此种平台的用户资金被转划至其他账户的案例，用户要求索赔，而网络企业则要求用户必须举证该资金流失“不能归责于客户自身原因”方可补偿。这类纠纷的出现也说明，任何从事金融业务的机构确实不可轻言“万无一失”。

四、互联网金融是否需要加强监管

互联网金融包括P2P机构等在融资领域正在快速扩张，在提高社会资金运用效率的同时也积累着信用风险，借款方违约难以追讨、P2P机构跑路事件都是典型的例子，并不少见。在支付领域，支付机构的交易信息、交易流程缺少认证，沉淀资金缺少监管，使得消费者在享受支付结算快捷便利的同时，也面临着交易欺诈、资金被盗、信息隐私暴露等风险。此外，客户备付金及其孳息的所有权一直归属不明，金融消费者的合法权益始终难以落实。

为了促进互联网金融健康长远发展，为了保证金融系统安全稳定，需要从开始就重视互联网金融的外部监管和行业自律，不能听任其不受约束地“野蛮生长”。要防止和纠正那种误以为加强对互联网金融的监管，就是不支持创新，就会有碍于解决小微企业融资难问题的片面认识。

例如，在支付结算业务方面，根据《非金融机构支付服务管理办法》

的规定，我国“支付机构之间的货币资金转移应当委托银行业金融机构办理，不得通过支付机构相互存放货币资金或委托其他支付机构等形式办理”。但实际上不少第三方支付机构的做法并不符合这一规定，也并未获得有关部门的特别许可。只要有关管理办法还未修改，这类现象存在的合规性就值得质疑。此外，按照监管部门的有关规定，为了防控风险，用户通过第三方支付机构进行快捷支付操作，需通过银行进行实名身份认证。但第三方支付机构始终以方便客户为名不愿遵守监管部门的这一规定，甚至连退一步的变通做法，即首次支付银行认证、后续支付不再认证的做法也不接受，其中显然存在着不少的风险隐患。面对这一系列挑战，监管机构需要做出抉择，或是“迁就”第三方支付机构的想法，修改相关规定，或是严格执行监管政策，总要有个说法才行，听任它自行其是总不是办法。当然要做好这一点，前提是要准确判断这种支付做法究竟是否安全。对于此问题显然不宜乐观地做出肯定性回答。此外，随着第三方支付平台在途沉淀资金规模的不断增长，流动性风险和操作风险在明显加大，对这切切不可掉以轻心。

又如，在融资类业务方面，且不提有的变相吸收存款的行为未受到监管，一些贷款业务也存在着无准入门槛、无行业标准、无监管机构的“三无”状态。实施严格的资本充足率监管是国际通行的对金融机构贷款等资产业务的约束措施，但一些 P2P 机构虽承担信用风险，却不受类似的制约，也没有计提拨备的要求。P2P 业务中一些知名机构的资本金仅有 1 亿—2 亿元，普遍缺乏风险吸收能力。一旦发生问题，势必引发严重后果。对有的 P2P 机构通过弄虚作假人为放大业务规模，形成信用误导的问题也必须坚决制止。

再如，在投资理财类业务中，缺乏对有关产品严禁变相吸收存款的规定；缺乏对其资金来源及应用的严格要求及监督办法；对其在宣传中必须充分揭示风险的监管规定也不明确，也没有针对其流动性风险的监管手段。

应该看到，相对于传统金融消费者，互联网覆盖面更广，互联网金融消费者的组成结构更复杂、数量更庞大，一旦发生风险，对经济社会稳定的冲击力更强，完善对互联网金融的监管法规和监管机制，防止监管套利，以切实加强对各类互联网金融业务的风险防控确实是当务之急。

综上所述，笔者的基本观点就是，互联网金融的概念需进一步厘清，互联网金融的模式需进一步规范，互联网金融的运作需进一步监管。唯此，互联网金融才能保持好方兴未艾的发展势头，才能健康、安全、有序地可持续发展。在这历史性的进程之中，监管部门、银行和互联网企业都有自己的责任和义务。

数字化发展给政治经济学带来的一点新思考①

《中共中央关于制定国民经济和社会发展第十四个五年规划和二〇三五年远景目标的建议》（以下简称《建议》）提出，要“加快数字化发展。发展数字经济，推进数字产业化，推动数字经济和实体经济深度融合”。《建议》还明确提出，要“建立数据资源产权、交易流通、跨境传输和安全保护等基础制度和标准规范”。这一系列指导思想和工作要求，在下一

① 此文刊载于2020年第12期的《经济导刊》，作者：杨凯生。

阶段的经济和社会发展中必将在各方面得到进一步体现。可以想象，在未来的日子里，数字化工业、数字化农业、数字化服务业包括数字化金融、数字化医疗、数字化教育，乃至数字化城市、数字化政府，等等，都将以不同的速度从概念一步步变为现实。

为了促进数字化社会的健康发展，现在我们需要结合实践和理论把一系列问题厘得更清楚，想得更明白。这方面的问题其实不少。在这里我仅从一个角度谈谈个人的一点思考，就是数字化发展给政治经济学带来的一个需要回答的问题。在互联网、大数据、云计算、人工智能等新技术快速发展的当下，数字化发展是否给我们一直坚持的政治经济学的基本原理和方法论提出了新的问题和挑战呢？我们应该如何与时俱进地研究和解决这些问题呢？

数字化发展带来生产力进步是否会影响生产关系变化

我们总以为新的科技进步，包括数字化的发展给社会带来的影响主要就是生产力水平的提高，这固然是对的。因为数字化有助于提升人们利用各种资源进行生产活动和创造物质财富的能力。数字化发展对生产力提升的推动作用已经为近几年经济社会发展的实践所证明。例如，许多事情的办理都比过去方便和便捷了，一些事情超越时空距离来处理也已经成为可能。这是我们都看到了的。

但仅仅看到这一点似乎还不够，按照历史唯物主义的观点，生产力是要影响和决定生产关系的。而生产关系主要指的就是生产资料归谁所有，劳动成果如何分配，以及在这个过程中形成的人们相互关系。那么数字化发展推动了生产力进步，会不会进一步带来生产关系的变化呢？这中间有没有需要深入研究和解决的问题呢？

当前科学技术的进步，使得大数据在各行各业的产生、运用已经越来越广泛、越来越深入，大数据已经发展成为一种产业，各类数据平台企业越来越多。如果从生产力、生产关系的角度来看待，这里涉及一个重要的问题，就是这些大数据作为一种生产要素、生产资料，作为一种资产，它到底是属于谁的，所有权应该归谁。因为政治经济学中关于生产关系的主要定义就是生产资料归谁所有，劳动成果如何分配。这些数据的所有权应该属于原始数据来源方？属于社交行为者、生产行为者、交易行为者？还是属于数据平台方、数据归集者、算法提供者、信息整理者、发布者？或是其他什么方面？前些年人们并不十分关注这个问题，近年来随着大数据的快速发展和广泛运用，该问题逐渐引起了大家的重视。但似乎主要还是从信息保护和个人隐私的角度考虑的，并没有从数字化的发展、生产力水平的提高可能带来生产关系的变化这个角度去观察和思考。

数据的归属和使用者的权力

不同性质的数据是否应该归不同所有者；不同的数据使用者是否应该有不同的责任、权利和义务；因营利目的而交易、使用这些数据获得的收益，是否应该向数据所有者支付必要的对价，等等，都是亟须深入研究和解决的问题。

在《建议》中，中央之所以强调要在今后一段时间内，建立数据资源产权、交易流通、跨境传输和安全保护等基础制度和标准规范，我认为这是站在一个更高的层面，从推进社会治理机制和社会治理能力现代化的历史视野，顺应技术革命和数字化发展的历史潮流，来促进经济的发展和社会的进步，以及在新形势下切实维护国家的安全。

加强对基础制度和标准规范的制定

现在的关键是这些“基础制度”和“标准规范”如何制定，其相关内容和规定如何做到既与近几年的发展实践相衔接，又符合与时俱进的要求，并且是符合政治经济学基本原理的。政治经济学不仅诠释了生产力和生产关系之间的关联，还阐释了关于一切生产关系的总和构成经济基础，而经济基础又影响和决定上层建筑的经典观点。这是我们面对数字化进程不断加快的新形势，应该关注和研究的一个重要问题。

以上我主要讲的是，数字化进程不断加快的新形势对政治经济学带来的重新思考。其实就西方经济学来说，它也需要回答类似的问题。例如，西方经济学中的微观经济学，讲的是资源有效配置问题，那么大数据作为一种资源，它应该由什么市场主体来配置？如何来实现配置？西方经济学中的宏观经济学是讲资源充分利用的，如果数字化社会再进一步发展下去，各类数据资源仅靠一些数据平台公司，能不能实现资源的充分利用？等等。总之，这是我们需要系统关注和重视的问题。

互联网金融需要良好的文化支撑[①]

有不少人很喜欢谈论互联网思维，在技术飞速进步的今天（更准确地说是在社会不断进步的今天），我们当然需要互联网思维。但我认为，互联网思维应该是思想的开放、眼界的开阔，尤其是思辨分析能力的提高，而不能只是简单地藐视传统、挑战法规，动辄摆出一副只有自己才是新生事物代表的模样，进而还自诩为“我是屌丝”，摆出“我怕谁”的架势。

如果研究和讨论问题只图一时口舌之快，而不进行更多理性的分析，那就与发展互联网金融旨在提升金融服务的民主性、普惠性的初衷相去甚远了。

——杨凯生

2013—2014 年，尤其是 2013 年，一场互联网金融的热潮席卷了中国。由此产生的各种信息不断地出现在媒体上，出现在大家的视野里。例如，“余额宝”吸纳资金已超过 1 850 亿元，接近 2 000 亿元了；微信与“财付通”打通，推出了基于移动支付的“微信支付”；一些电子商务的供应链金融和 P2P 以及物流体系的构架出现了新的模式；互联网保险公司已经正式拿到牌照；不少基金公司的淘宝直营店陆续开业；一些商业银行、金融机构也

① 此文节选自 2014 年 1 月 11 日杨凯生在中国人民大学第 18 届中国资本市场论坛上的演讲稿，该演讲稿后来有一部分在《中国金融》2014 年第 4 期上发表。

都纷纷表示要加快业务运营方式的转型，不少银行已经着手直接搭建设立电商平台，等等。当然，与此同时，互联网金融也出现了一些问题，例如，不少互联网公司在销售基金产品时，公开承诺高得出奇的收益率而避而不谈有没有风险；一些 P2P 公司相继垮台、跑路；有的网上第三方支付产生了纠纷；比特币不仅价格短时间内经历了大起大落，而且已出现了诈骗案件，等等。这些现象引起了人们很多的思考和讨论。面对这些场景，有人将 2013 年称为中国互联网金融的“发展元年”。我们不必讨论这种说法准确程度如何，但可以肯定的是，互联网金融确实是我国业界一个热门话题。

不少互联网公司相信，通过涉足互联网金融能够获得更大成功；社会公众希望通过互联网能够获取更便捷的金融服务和更高额的资金回报；一些银行和金融机构唯恐抓不住客户和新的合作伙伴，失去市场份额，除了加快自身的信息化、数据化建设之外，对互联网公司一些不尽合理的业务要求采取了迁就忍让的态度；有关部门考虑到要支持金融创新，则对互联网金融的各种问题采取了比较宽容的观望态度。凡此种种，构成了与世界各国相比我国互联网金融特有的一种火爆场景。

应该肯定，随着云计算、大数据、物联网、搜索引擎、定位功能等科技手段的不断进步，凭借社交网络、电商平台等积累的用户基础及其交易数据，互联网企业可以较高效地了解用户在金融服务方面的需求和偏好，从而有可能满足消费者和客户获得更加便利的金融服务的愿望。因此，互联网金融如果能健康发展，相信它可以带给客户更加丰富的产品和更好的客户体验，这一点应该是肯定的。但这是不是意味着互联网金融就真的将彻底颠覆现有的金融体系了呢？如果看一看当今世界金融业最强大，信息技术、互联网技术最发达的美国互联网金融发展的历史和现状，大家也许对这些问题的看法会更理性、更全面。

在美国，全球第一家纯网络银行——安全第一网络银行（Security First Network Bank，SFNB），曾创造过没有实体网点、无柜台、全天候交易的历史。但它早在2008年金融危机之前，就因巨额亏损被加拿大皇家银行金融集团收购了。美国以网络经营为主的券商E-trade，业务规模一直在收缩，虽然已经经营20多年，但市场份额始终难以与老牌券商匹敌。美国颇有影响力的第三方支付先行者PayPal，可以说早在1999年就已通过网络平台销售货币基金。它的业务模式与我国互联网金融领域许多“宝”十分类似。在经营了12年后，PayPal最终决定将这个基金清盘。大量类似的货币基金也逐渐在美国市场上消失。美国有一家互联网保险公司叫INSWEB，成立初期，曾经历较快发展，但也一直未能形成规模优势，2011年也被收购了。

从上述情况大致可以看出美国互联网金融的发展过程。值得研究的是，为什么在美国互联网金融仍没有能够真正成为美国金融市场上交易的主要渠道。那么，美国的互联网企业还是否涉及金融业呢？如果涉及又是在做什么呢？在美国，一些有兴趣涉足金融业的互联网企业既没有消失，也没有“野蛮生长”。美国一些互联网企业通过与传统金融机构合作，帮助、润滑金融机构为消费者更好地提供服务，它们希望在合作中求得共赢，求得自身的发展。例如，互联网企业通过与银行、保险公司、汽车金融公司、信用卡公司等金融机构合作，了解和掌握各类金融产品的信息。同时，利用互联网渠道和智能化的数据分析能力，当客户在有关网站导入自己的银行账户和信用卡等信息后，互联网企业就会根据客户的综合信息，向他们提供适合的金融产品信息，以此从金融机构获得提成或从交叉营销中获得收入。之所以出现这种格局，是因为美国的金融业竞争已比较充分，金融已经成熟地渗透到各个细分的市场领域，并没有留下太多的金融产品研发机会给新的非金融机构。加之互联网金融的弱点是在提供高附加值和大金额金融服务方面实践性较差。此外，成熟的市场、充分的竞争、清晰的规则，在发育比较充分的金融市场上要想短时间实现暴富获取暴利已经十分困难，在没有探索到好的盈利模式的条件下，非金融机构一般并不会贸然从事。

而在我国，互联网金融不仅十分火爆，而且不少人似乎更愿意把互联网金融与传统金融对立起来，以为现有的银行和其他金融机构就是落后的、保守的，而互联网企业则是金融创新的代表，有人甚至希望它能颠覆现有的金融体系。

我赞成杨元庆的一个说法，“在现在这个时代，没有互联网思维肯定是不行的，但是认为互联网就是一切，可以取代一切，这种思维也肯定是不对的”。我国的互联网金融要实现健康发展还需要解决不少问题，有些观点我在一些文章中谈过，就不再重复了。在这里我只想谈其中一个问题，就是互联网金融要想实现可持续发展，很重要的一点是需要良好的文化支撑。勇于创新、支持创新、鼓励创新实际上是一种文化精神，它与市场经济是法制经济，市场经济必须讲究规则、遵守契约不应该有矛盾。

我们认为，通过互联网处理金融业务确实是一种创新，因为它反映了时代的发展和进步。互联网已经不再是“固定互联网”，用户已不必坐在电脑前才可以上网了，“移动互联网”发展迅速，人们通过手机可以上网，通过其他的穿戴式终端就可传输数据。与此前网络主要提供单一的网页相比，如今的互联网通过微信、微博等方式已发展成为社交平台，各类用户每天在上面浏览的时间普遍比过去更长了，这不仅使客户的黏性更高，客户基础更稳固，更重要的是，它可以从中积累更多的客户信息，从而使自身的服务更加个性化、差异化，更有针对性、有效性。从这些方面可以看出，互联网的平台优势确实是十分巨大的。这些都是银行和金融机构需要认真研究的。如跟不上时代的步伐，必然会落伍，这一点毫无疑问。但需要注意的是，互联网金融的本质仍然是金融，而金融业的核心则是风险管理，有效的监管是互联网金融健康发展的重要基础。应该承认，我国互联网金融初始阶段的飞速发展，在很大程度上得益于监管方面的“法外治权”，这可能是效率的一种体现，但更是风险的隐患。创新不意味着可以不守法规、不守契约，支持创新不等于可以放任纵容违规行为。我认为，互联网金融如要实现可持续发展，就必须有良好的监管文化和创新文化，形成一个真正恪守“法规至上”原则的市场环境。应该引入负面清单原则，将不能从事的活动明确列示。这样既有利于形成“法无禁止便可为”的创新环境，也能明确哪里是不能触碰的禁区。一旦有了法规，任何人、任何机构都必须严格执行。法规不合理的，过时了的，应该通过法定程序和规则进行修改或宣布废止。但对任何有效法规，任何人、任何机构都不应该违反。要形成这样一种合规文化。

21 世纪头十年的改革与 20 世纪八九十年代的改革有一个很大的不同之处，就是与那时候相比，各项法规尤其是金融领域的法规已相对健全。因此在推进改革、发展创新的过程中，都应考虑与既有法规的关系，应该严格遵循既有的法律法规，无论是监管还是创新，都应依法进行。对一些准备推行或允许试行但又与法规有冲突的，应经法规制定部门宣布废止，或是宣布允许某一领域甚至宣布允许某一企业暂停执行有关规定，但不能允许自行其是。例如，上海自贸区的设立，全国人大就履行了相关程序。

一些所谓的互联网金融的做法明明不符合法规要求，但却没有得到制止，更没有受到处罚。长此以往，不守规矩的做法将大行其道，难免会产生“破窗效应”，诱使乃至倒逼合法合规者仿效，进而破坏整个法制环境，最终妨碍市场在资源配置中发挥决定性作用。

例如，在融资类业务方面，能不能允许互联网企业承担信用风险？如果允许，应不应该有资本充足率的要求和提取拨备的规定？又如，在投资理财类业务中，对有关变相吸收存款的做法能不能允许？对其资金来源及应用该不该提出要求，要不要对相关资金严格实施托管监督？对其在产品宣传中是否应该要求必须充分揭示风险？对其流动性风险要不要设立监管指标？等等。

总之，互联网不应该是一个无底线、无限制的空间。

2013 年发生的一个事件让人震惊。该年 12 月 5 日，中国人民银行等五部委联合发布了《关于防范比特币风险的通知》，明确表示比特币不是由货币当局发行的，不具有法偿性与强制性等货币属性，并不是真正意义的货币。随后，人民银行又约谈了一些第三方支付公司的相关负责人，要求不得给比特币等交易网站提供支付和清算服务，随即比特币的价格迅速下跌了 50% 以上。结果就在约谈的第二天，中国人民银行的网站和另一家著名网站的微博竟然同时被黑，一度无法打开，有的微博评论中还涌入了大量的比特币水军。当然这是少数人所为，但这种藐视监管、漠视法规的做法已经公然突破了底线。

这个事件虽然只是个别的极端事件，但它在一定程度上反映出在互联网金融领域亟须建设一种健康的文化氛围。互联网金融为迎接今后监管的加强，不仅要做好技术准备，也要做好文化准备。有人说新事物就是要

“野蛮生长”，这是一个规律，我想秉持这种认识去吸纳和使用存款人的资金是危险的；有人说要颠覆现有的银行格局、终结现有的金融体系，我认为这种简单的想法并不能取代关于加快金融改革的理性思考；有人很有气魄地说，为了在互联网金融领域跑马圈地，我们就是准备在这上面砸多少钱。我想一味地靠低价格，靠高回报，靠所谓包赔损失来吸引客户，已经与金融业必须注重可持续发展的基本理念相去甚远。需要注意，这不仅仅是一个语言文字表述是否严谨、是否恰当的问题，它似乎已经成为我国互联网金融特有的一种文化现象，这应该引起大家的重视。作为这一代已经具有相当话语权和影响力的互联网人，要为下一代互联网人的健康成长负责，不能让这些问题成为互联网金融的基因。

业态常青，文化为先。为了发展更为健康、更可持续的中国互联网金融，我们应该努力创建一种既讲快速发展也讲可持续经营，既讲创新也讲规则的健康文化环境。我们当然要注重营销宣传，但不要形成忽悠的氛围；我们当然要勇于开拓和竞争，但不要做以邻为壑的事情；我们当然要争当时代的弄潮儿，但不要成为历史传承的虚无主义者。唯此，中国的互联网金融才能持续焕发生机和活力。

融合、传承加创新是互联网金融的出路①

本文中的一些观点是我一贯主张的，但本文选了一个新的切入点，是从《红楼梦》的有关评论谈起的。在互联网、大数据几乎成为

① 此文出自2014年7月5日杨凯生在优米网举办的一次互联网金融高峰论坛上的讲话。

人们口头禅的时候，我们是否要冷静地思考一下，究竟是不是世界上的一切，都是应该数据化和可以数据化的。就拿银行业的风险管理而言，大数据无疑给我们提供了一个先进的工具、一种高效的方法，但如果有意无意地陷入数据技术至上的误区，那可以预言的是，其可能导致的风险不会比现在小。

——杨凯生

有关互联网金融的话题，已经有过很多的讨论。2013 年以来我也曾就互联网金融的有关问题写过几篇文章，谈过自己的一些观点。重复的话就不再多说了。接下来的讲话可以从这次论坛的发起人、主持人王利芬女士的学术背景说起。她是北大毕业的文学评论专业的博士，但现在对互联网、对互联网金融十分关注和投入。很巧的是，我曾看到一篇文章，也是既和文学、文学评论相关，又与大数据相关的。这篇文章谈的是《红楼梦》研究。过去有句老话说，开谈不讲《红楼梦》，读尽诗书也枉然。那么我也附庸风雅从《红楼梦》谈起吧。那篇文章里说，中科院有一个数学家，他用数理统计的方法，也可以说是用大数据的手段和思维研究《红楼梦》，并推导出了一个重要结论，就是《红楼梦》实际上是在骂雍正。这位数学家的一个好朋友为此还专门写了一首诗，谈了通过数据的掌握和信息的分析是可以从许多扑朔迷离的现象中发现规律的。这首诗说：随机非随意，概率破玄机。无序隐有序，统计解迷离。

我们知道，研究《红楼梦》是一门大学问，人们已将其称为红学了。我们在这里当然不会去评价这位数学家对《红楼梦》的研究方法、研究成果如何，但有一点是可以肯定的，就是随着现代科学技术的迅猛发展，无论是 IT 也好，还是数据处理技术（DT）也好，确实已经融入我们生活的方方面面。回过头去看，历史上的那些红学大家，无论是蔡元培、胡适、王国维，还是俞平伯、周汝昌、冯其庸，或是其中较年轻的李希凡等，无论他们是代表红学研究中的索隐派、考证派，还是代表探佚派、评点派，他们任何一个人大概都没有想到后来会有人用数据分析、数学推理的方法来研究《红楼梦》。

社会在发展，时代在变迁，许多超出我们想象的事情正在不断涌现。大数据的采集、共享、利用就是其中最具冲击力的事件。但我这里还要说一个与此不无关系的现象，2013 年有一家在知识界颇有影响力的出版社，利用网络开展了一个“死活读不下去的书”的调查，《红楼梦》在读不下去的 10 本书中居然名列第一。对中国的这样一部伟大文学作品，一方面有人在利用新的数据处理技术方法对《红楼梦》进行考证、索隐、研究，另一方面调查的结果居然是网民对这部文学名著的不屑与轻蔑。这种现象应该促使我们深思，是不是人类的理智、情感、善恶、伦理、道德等一切的一切，都是可以数据化的呢？坦率地说，我对此是有所怀疑并且也是有所担心的。

我们谈互联网金融，谈大数据对银行业的服务经营、风险管理应该带来什么影响、究竟会带来什么影响的时候，对有些问题的理解和认识需要力戒浅表化、绝对化。我坚持以前说过的一个观点，即：在当今，没有互联网概念，缺乏大数据技术是不行的，但认为互联网、大数据可以解决一切问题也是不对的。例如，我们总是寄希望于大数据的充分、透明、共享，从而可以大幅度降低信息不对称，进而有效提高金融业的服务效率、风险管控水平，这固然有一定道理。但如果有的法理问题、技术问题包括文化问题解决不好，许多东西似乎也只能是理想化的一张蓝图而已。例如，我们希望在运用大数据的情况下，能够通过对一系列非结构性的行为数据的关联性分析来得到我们所需要的结论。比如，我们相信在金融业务中，我们可以利用大数据和搜索引擎，基于一个人、一个企业在历史上的表现，通过一系列数据推导出其违约概率。也就是说，我们希望并且相信数据的相关性分析可以完全替代因果性分析。这里有一个笑话，巴勒斯坦人爱德华·萨义德，作为一个著名的文学理论家、批评家，他有一部代表作《东方主义》，是批评西方世界对亚洲、对中东的错误认识的。另有一个人出国之后，就各国人们的生活习惯差异写了一篇文章，题目叫《萨义德先生，您穿秋裤吗?》，写的是不同国家人们穿秋裤的不同习俗，其实在中国南北方大概在这一点上也是有差异的。至于他为什么给这篇文章起这么个名字就不得而知了，也许作者认为那个写《东方主义》的萨义德是研究东西方文化差异的，调侃一下吧。但不管怎么说，议论一下哪国人愿意穿秋裤，哪国人从来不穿秋裤，和文学理论家、批评家萨义德是并不真正搭界的事情。但有意思的是，这篇通过数据分析技术谈穿不穿秋裤的文章，被赫然列为萨义德的社会学名著《东方主义》的书评。这也算是数据技术与人们开的一个玩笑吧。无论怎样，我认为所谓大数据的真实性、可靠性是至关紧要的，而行为数据的真实性、可靠性在相当程度上取决于行为人的主观意愿。且不说凡数据造假就可能获得利益的话，数据的可信度必然大幅下降（网购电商交易中的刷星级、“豢养”水军，信用卡非交易的刷销售终端机等，就是典型的例子）。随着人们对自己信息安全性重视程度的不断提高，对自己隐私保护的意识越来越强，不少人也会越来越倾向于采取“不暴露”原则，他们或是不愿进入特定的平台，或是要求隐匿、删除自己的行为记录。欧盟法院就曾受理并判决了一起关于 Google（谷歌）和用户之间的案件。判决中提到，普通人应该享有自己某些信息不被搜索引擎检索到的权利，以保护用户“被遗忘的权利”。据说 Google 已为欧盟区域内的客户特别建立了申请页面，只要用户申请就可删除自己不想保留、不想被人检索到的隐私信息。如果这种法理概念不仅仅是在欧盟，而是在全世界范围内都被广泛接受，互联网金融赖以生存的大数据将会出现一种什么情况呢？对这个问题我们也需要有足够的想象力和前瞻性思考。

最后，我赞成这次会议的名称，“融合与创新”。我认为，敢于藐视一切、渴望颠覆一切的魄力必须和敬畏传统、注重文化传承的理智相结合，这样互联网金融才会有真正的明天。

金融创新除了技术还需要什么①

在 2015 年末谈互联网金融的话题，比 2013 年、2014 年要方便一些了。人们毕竟已经看到了不少的风险事件，市场比前两年要冷静许多。在本文中我坚持自己的观点，“面对互联网金融大潮，在兴奋激动之余，我们还需要一种相对冷静平和的心态”，“前面的路还很长”。我认为，“只要一些数据生成者知晓自己的行为数据可以影响自己的利益（例如，可以获得信誉、信用积分，可以获得授信融资等），那么对这部分数据的可靠性就有质疑的理由。”事实已经证明，那种以

① 此文出自杨凯生在 2015 年财新峰会上的发言，后于 2015 年 11 月 6 日在《第一财经日报》上发表。

为互联网金融可以完全解决信息不对称问题的看法过于简单了。

——杨凯生

当今，互联网化正带动着许多行业、产业的组织变革和商业变革。在这一历史性的进程中，互联网技术的迅速发展也给金融领域的创新带来了巨大活力，显著提升了金融服务的水平。首先，从银行来说，银行已普遍通过互联网渠道开展各类业务，银行服务的成本有所下降（电子银行每笔交易成本大约只有银行柜台每笔交易成本的五分之一到六分之一）；银行传统信贷的模式有了改变（例如，工商银行无人工参与的全流程在线网络贷款已超过其网络融资的20%）；银行业务处理能力尤其是支付结算的能力和效率都有了提高（例如，工商银行2015年底每秒钟业务交易量峰值已超过8 700笔，在2014年一年的电子银行交易已占全部交易的88%，电子银行交易金额达到了456万亿元，所有的异地支付早已实现实时完成）；各家银行的服务模式都已越来越多、越来越自然地融入商业场景之中，一个覆盖和贯通金融服务、电子商务、社交生活的互联网银行架构正在不断形成和完善。其次，近些年来，各类互联网企业从事金融业务的也越来越多，互联网金融已从最初的电子商务、第三方支付等更多进入了资金募集、理财和借贷领域。如果说Paypal、Apple Pay（苹果支付）和支付宝等，是让小额支付更便捷，那么P2P、众筹包括余额宝等则是对金融资源配置方式的一种有意义的探索，它给不少人提供了一种新的投资渠道，也满足了一些人筹集资金的需求。另外，又有一些人开始把更多注意力放到了区块链技术上，不少人正在争先恐后地进行基于区块链的支付和记录技术等方面的研究和开发。

这一切都是那么的令人振奋，令人欣喜。但我认为，在看到互联网金融快速发展所带来的种种积极变化的时候，在继续推进金融创新的过程中，似乎也应该注意两个问题：第一，金融创新的全部内容是否就是金融的互联网化；第二，是否应该避免陷入技术至上、唯数据论的误区。第一点比较容易理解，答案也应该是明确的。关于第二点想必大家的看法不会完全一致。我想就此谈谈一己浅见。这可以从北京大学国家发展研究院沈艳教授的一篇文章说起。

沈艳教授的文章题目是《大数据分析的光荣与陷阱——从谷歌流感趋势谈起》。她在文章中讲了一个故事，那就是谷歌公司在 2008 年 11 月启动了一个名为“谷歌流感趋势”（GFT）的项目，这个项目曾被许多人认为是大数据分析优势的一个证明。这个项目的团队曾宣布他们通过数十亿搜索中 45 个可能涉及流感关键词的分析，就能够比美国疾控中心提前预报流感的发病率，从而使人们可以有充足的时间提前采取预防措施以避免得流感。倘若真能如此，这个成果无疑具有重要的社会意义和经济价值。可惜的是，2014 年，美国《科学》杂志的有关文献报道了 GFT 在 2009 年没有能预测到有关流感的爆发，在 2011 年 8 月到 2013 年 8 月间的 108 周里，有 100 周预告不准确（预测率是实际报告值的 1.5 倍多）。沈艳教授诘问道，为什么传说中充满荣光的大数据分析会出现如此大的系统性误差呢？她认为，如果在数据分析中只关心相关关系而不注意因果关系是不行的，必须避免模型对数据值做出“过度拟合”。她还指出，尤需注意不能以为大数据可以完全替代小数据，她呼吁要防止堕入“大数据陷阱”，力戒“大数据自大”。我十分赞同沈艳教授的观点。沈教授所指出的问题正是若干年来我们在推进互联网金融发展中一直十分注意和努力想解决的问题。

暂且撇开银行在产品研发、客户营销、员工及机构管理等方面的数据应用问题不谈，就说银行最常见也最重视的风险管理，多年来许多银行尤其是一些大中型银行都在如何利用数据技术提升风险管控能力方面进行了很多的探索，做出了不懈的努力。例如，工商银行在估算客户的违约概率（PD）、违约损失率（LGD）的时候，十分注意把数据样本数量作为风险参数量化过程中的一个重要因素，坚持要求数据观察期起码必须覆盖一个完整的经济周期，以努力避免简单地以昨天的数据来说明今天和预测明天。截至2015年底，工商银行非零售业务和零售业务的客户违约率、损失率数据积累长度均已超过12年。与此同时，包括工商银行在内的不少银行还建立起了全行数据质量的管理标准和平台，不断进行内部评级的复核验证，以尽可能减少失真数据的干扰和影响。为了能够对各种风险进行量化，在信用风险管理方面仅工行就开发了34个法人客户评级模型，实现了对所有法人客户违约概率的计量，开发了175个信贷产品的3类债项评级模型，实现了对违约损失率的计量。在零售业务方面，工行还开发了75个信用评分模型，覆盖了个人客户准入、账户信贷审批和业务管理的完整业务生命周期。在面对市场风险（因市场价格例如利率、汇率、债券价格、股票价格、商品价格的不利变动，而使商业银行表内和表外业务发生损失的风险）的防控方面，我们制定了16个办法，开发了17个定价估值模型来进行风险价值（VaR）和压力风险价值（SVaR）的计量，并且在实践过程中每日实施返回检验，把模型计算所得的风险价值与实际发生的真实损益进行比较，以检验模型、方法的准确性和可靠性。在防控操作风险（主要是指由不完善或有问题的内部程序、员工行为和信息科技系统，以及外部事件所造成的风险）方面，工行开发了操作风险损失事件管理系统，分别用于对操作风险高频低损和低频高损部分的计量。

为了达到上述的数据采集、挖掘和应用水平，仅为积累有关数据、开发这些风险管控模型，工商银行就先后花了将近15年时间，投入了巨大的人力和财力。尽管这一套风险识别和计量的方法、模型已经按照国际金融稳定理事会的有关标准，经过监管部门组织的多轮评估获得通过，被认定为合格，但坦率地说，我们从来也没有认为这一切已经是完美无缺的了。面对不断变化的社会经济环境，随着银行业务日新月异的发展，在数据的管理利用方面确实还有许多问题需要解决，前面的路还很长。这也正是工商银行后来又推出eICBC新发展战略的一个重要原因。我之所以不惜篇幅地介绍这些情况，主要想说的就是许多事确实不像想象的那么简单。面对互联网金融大潮，在兴奋激动之余，我们还需要一种相对冷静平和的心态。如果我们真的要搞金融大数据开发，真的要靠有关数据来发展互联网金融，那确实就要认真思考一下自己拥有的所谓“大数据”，真的足够大了吗？足够长了吗？自己所拥有的数据中的信噪比问题有效解决了吗？自己所拥有的数据分析模型如果对样本内的数据分析还算准确的话，那它对样本外的预测结果也能一样有效吗？自己所拥有的数据处理模型是否完全建立在一种假定——认为人们的社交行为数据、那些非结构化数据都是真实的——之上？坦率地说，我始终认为只要一些数据生成者知晓自己的行为数据可以影响自己的利益（例如，可以获得信誉、信用积分，可以获得授信融资，等等），那对这部分数据的可靠性就有质疑的理由。这也许就是人文科学领域的“测不准原理”。现在花样百出的水军现象已经一再提示我们，就是“不能天真地认为数据使用者和数据生成机构都是无意识生产大数据的”（沈艳，2015）。

上述内容还没有涉及诸如HOMS系统、高频交易等技术在2015年股市风波中的作用究竟应该如何认定的问题。尽管对此还可能有这样那样的不同看法，但可以确定的是，在某些条件下，所谓的技术中性在面对市场时是完全可能发生变异的。

总之，我认为，金融的创新，互联网金融的发展，除了技术，还需要一系列的条件支撑，包括营造一种良好的文化氛围。在眼花缭乱之中，要力戒浮躁，脚踏实地。互联网技术是时代进步的标志，是现代文明的产物，它与那些江湖气其实是不搭的。诸如“流量为王，就是要靠烧钱来吸引客户”，“互联网就是财富重分的过程，就是赢者通吃的游戏”，“羊毛出在猪身上，猴数钱，牛买单”等等说法，如果只是开开玩笑，说说段子，那未尝不可，但作为一个要对投资者负责、对债权人负责、对债务人负责、对市场稳定负责的金融从业者来说，如果把这真的当成了自己的经营理念，那是万万不可以的。

大数据在风险管理中的应用①

大数据在银行可以应用到很多方面，例如，产品的研发，市场的营销，客户关系的维护，内部的管理，还有营业网点、各分支机构，乃至员工的绩效考评等，这些领域都会用到数据技术，但是最重要的还是要用在风险防控方面。

---

① 此文根据杨凯生于2015年12月4日在北京大学国发院讲课录音整理。

一、大数据在风险管理中的应用概况

（一）大数据应用必须具备的条件

大数据在风险管理中的应用必须具备一些必要的条件。首先，要有海量的基础数据，工商银行有近5亿个个人客户，有500万个法人客户，有长达10多年将近20年的业务数据的积累，这是海量的。

其次，要有统一的管理模式，从上到下必须有统一的意识和机制。如果管理不统一，不是统一的客户评级，不是对客户统一的授信，不是统一的授权，不实现集中的监控，大数据也搞不起来。

再次，必须有刚性的系统控制，前面说要有统一的管理模式，这一点必须体现在系统的刚性控制上，任何人想随便改是改不了的。评级控制、授权控制、审批控制、限额控制、风险调整后的资本收益率（RAROC）控制等，都要由系统来实现。简单举个例子，工商银行总行如果发现某个客户有风险，有问题了，决定对他停止贷款，停止授信，我们从系统把他账户锁死了以后，工商银行全行17 000个网点就没有一个网点还能给他继续贷款。过去我们怎么办的？要靠发通知，打电话，这里面就会有及时性、有效性方面的不足，而今已实现刚性控制，谁都不可能擅作主张。

最后，就是要有严格的数据清洗的流程。数据的标准要统一，数据的更新要有规则，数据要能够验证，要有数据质量控制平台，等等，这些大数据在风险管理中才能够得到真正广泛和深入的应用。

（二）大数据分析必须成为银行的基本功

大数据分析必须成为银行的基本功。工行花了10多年的时间，建立起来一个符合巴塞尔协议要求的，切合自身实际的风险识别和计量体系。风险不仅要能够识别，而且还要能够计量，不计量就没有办法管理。这家银行风险大不大？信用风险有多大？市场风险有多大？操作风险有多大？每一种风险都要能够识别，更重要的是要能计量。信用风险计量相对简单一些，操作风险怎么计量？市场风险怎么计量？例如，你现在手里拥有多少债券？或者你现在手里拥有许多投资工具，面临多大的市场风险，昨天的风险有多大，今天的风险又有多大？这些都要能够识别，都要能够计量。

我们是一步一步走过来的，从 20 世纪 90 年代走到现在。巴塞尔委员会明确要求，银行要能够基于自己的数据，运用自己的模型，对各项业务的风险参数进行逐笔测算，用以计量各种业务的资本占用，并将其应用于风险管理的各个领域。这就是巴塞尔委员会提出的内部评级法的概念。银行基于自己掌握的数据，基于自己的模型，对各项业务的风险参数进行逐笔测算。测算的结果，一个是用于计算这项业务应该占用多少资本，这是为了满足资本管理的要求；再一个就是应用于风险管理的各个领域。

巴塞尔委员会的要求应该说是挺苛刻的。巴塞尔委员会最初是由 10 个国家发起的一个委员会，它通过的决定、颁布的协议，实际上可应用于全世界各地的银行，虽说这些决定或协议不具备法律约束力，但全球的主要银行已经都接受它了。你可以不理它，但是你不理它，你进入国际金融市场就会受到限制。你要到某一个国家去开分支机构，人家会问你，你们国家现在执行没执行巴塞尔协议，如果没有执行，那么就没有统一的对话基础了，比如说资本充足率，核心一级资本充足率是多少，大家讨论的概念必须是统一的，具有可比性的，否则就没法讨论。人家就会说，我们监管机构实施的是巴塞尔协议的相关标准，你们如果没有，对不起，我们暂时不能允许你在我们这里开设分支机构。

做市场交易也是一样，如果你不是执行巴塞尔协议的金融机构，你的评级会受到影响，你的融资成本与交易成本也会受到影响，所以必须达到这一系列要求。因此一家银行，尤其是大银行要能够对各种行内行外的数据进行积累，进行清洗、筛选和加工，并且要能够建立起具有针对性的各种模型，用以分析并且预测风险，那是一个合乎国际监管标准的银行所必须具备的基本功，或者说必须达到的基本条件。比如说，巴塞尔委员会对数据的积累时间长度有要求，客户评级的基础数据必须超过 5 年，对一家公司客户进行评级，为什么评它 AA，为什么评它 BBB，是有所积累的数据作支撑的；债项评级的违约损失率基础数据必须超过 7 年。如果银行有关数据的积累时间长度没达到要求，那就不合格了，巴塞尔委员会首先就会说该银行合乎标准的数据积累时间长度不够。

工商银行从 2003 年开始启动内部评级法工程，这在国内是比较早的。经过 10 多年的时间，在这过程中经受了中国的监管机构——银监会历时 4 年的 4 轮评估，也就是对工商银行风险管理的这套模型，包括数据积累情况、数据质量的管理、制度流程、验证审计、IT 系统以及计量应用，进行了 4 轮的评估，工商银行还接受了巴塞尔委员会组织的国际同行的评估。2014 年 4 月，工商银行正式成为实施资本高级管理方法的银行。资本管理有很多办法，高级法、初级法等，信用风险、市场风险和操作风险 3 种风险都有不同的计量方法。工商银行正式成为实施资本管理高级法的一个银行，可以说是工行数据建设在风险管理方面应用水平的一个重要标志。

在信用风险方面，必须有客户的数据、债项的数据、交易的数据、外部的数据等，要有包括客户评级、债项评级、地方政府评级、国别评级、零售业务评级、组合管理、贷款自动化审批、抵押品的自动化估值、风险的监测预警、压力测试等在内的一套模型和方法。

在市场风险方面，要有市场数据，不仅要有交易量数据，还要有价格数据，不仅要有成交价数据，还要有估值数据。当然，更要有头寸数据。要有各种参数的数据，用于市场风险的计量模型，决定市场交易的限额，对市场风险进行压力测试，然后对每个产品进行控制。

操作风险也是，必须有行内行外的损失数据、行为数据，用于反欺诈、反洗钱，用于运营风险内部监控等（见图专栏.1）。

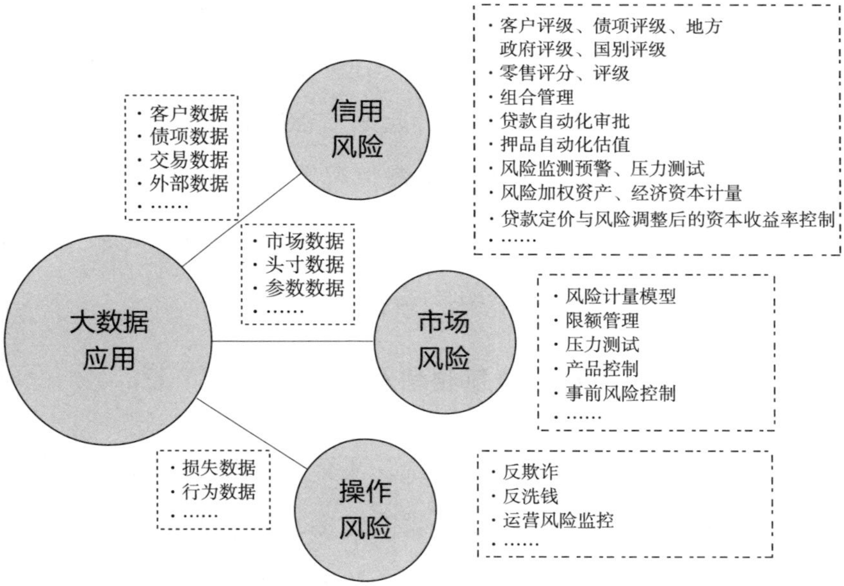

图专栏.1　大数据在三大风险中的应用概况

（三）数据应用要注重4个结合

风险的数据管理的一个重要应用特点就是必须是多维度的。怎么叫多维度呢？

首先，静态和动态的数据要相结合。不能光看客户的资产负债表情况，还要注意它实际的、不同时点的变化情况，要关注动态数据。

其次，微观和宏观、中观数据要结合。不能光看一个企业的情况，要注意它的行业情况，还要注意整个经济的发展情况，例如，房价指数乃至整个国民经济的发展情况等。

再次，结构化的和非结构化的数据要结合。银行有大量的结构化数据，存款、贷款以及交易结算，这些数据指标是结构化的；企业、客户产品的一些市场信息，企业的管理层情况，抵押品变化情况，抵押地点，等等，这些都是非结构化的数据，结构化数据要和非结构化数据结合起来使用。

最后，行内行外的数据也要结合起来。行内数据包括业务数据，例如，存款、贷款、结算、代发客户工资情况等。行外数据包括公积金数据、征信数据，海关、公检法的一些数据，工商税务的数据等，还包括水电数据。这些数据在使用时都要结合起来。

（四）大数据与小数据必须相辅相成

更重要的，除了前面说的 4 个结合，还有一个大数据和小数据相辅相成、相互结合的问题。因为大数据说得比较多，不少朋友有点儿看不起小数据了，动不动就说大数据。实际上，大数据有大数据的长处，大数据有大数据的不足，小数据有小数据的不足，但是小数据也有小数据不可忽略的优势和必须用它的理由。

比如说，传统的小数据是有经典的数理模型的，有比较成熟的数据分析统计理论与方法，方法论是已经解决了的，技术上已经没有什么问题，数据挖掘的方法早就成形了。但是，大数据的管理理论、分析方法都还处在迭代发展的阶段，并没有十分成形。再一个就是大数据数量越大，噪音相应也就越大。甚至往往当数据量大幅增加的时候，其噪音的增长幅度要快于数据量的增长幅度。因而大数据的挖掘成本是比较高的。再比如，大数据主要反映一些相关关系，而通过分析小数据比较容易直接得出因果关系。在许多情况下，相关关系不能简单地取代因果关系。

这里我还想说一说大数据、小数据的一点区别。不要有误解，以为它们就是数据量上的区别。小数据因为它数据量少，所以叫它小数据，大数据就是数据量大，不是这个概念。之所以叫小数据，主要是它的数据形态比较单一，是传统的二维表方式所反映出来的结构化数据。应该说它抽取了现实世界一些事情的最核心的一些内容，与大数据相比，它具有单位信息容量更大这么一个特点。因而小数据单位信息往往具有更多的价值。

比如说工商银行的一些业务数据，我们通常可以把它定义为小数据、结构化数据。一个客户到银行来买了个产品，肯定在银行业务系统中有记载，这个被记载下来的，可以称作一个小数据，它反映了这个业务的最终结果。他买了200克实物黄金，这是一个事实，客户交易的结果就被记载下来了。但是他这个购买行为的路径，特别是他购买这个产品的决策过程，甚至他的心理活动过程是结构化数据、小数据所无法反映的。但是大数据有的时候就能够反映，反映他的这种行为的路径，反映他这个行为的决策过程，比如说一些社交行为数据就有可能反映这些东西。尽管银行和客户发生了交易这一事情是最实质的，是银行最需要了解的，但是如果银行能了解他的决策过程，了解他的这个行为路径，那不是更好吗？无论是从提升服务客户的水准，还是防范银行的风险都是有意义的。要把客户购买银行产品、接受银行服务的整个过程和路径都呈现出来，离开大数据是不行的。

所以我认为，大数据和小数据各有特点，各有长处、短处。简单地以此来取代彼，不是一种科学的方法。只有把它们融合起来，把小数据分析方法的完备性及小数据的准确性和大数据的多维性、及时性融合起来，才能为银行的管理带来一种质的升华。这里还可以简单做一些比较，比如大数据的体量大，收集的时间短，类型丰富，颗粒度很细。而小数据呢，颗粒度就比较粗，但生成它的成本比较可控。大数据没有经过精心的论证，调查验证其可信度比较难。学界有人提出了大数据陷阱的问题，北大国发院沈艳教授在一篇文章里提出要防止落入大数据陷阱，要避免大数据自大，等等。我注意了一下，还没有看到有多少人系统地去比较分析大数据、小数据的差异。我不大愿意说它们各有优劣，还是说它们有各自的特点比较准确。各自的特点到底是什么？好像没有什么文献上系统地说，我在这里说的几条，不一定对，大家可以批评指正。

下面我想针对信用风险、市场风险与操作风险 3 类风险，分别讲一讲数据管理是怎么发挥作用的。

二、大数据在信用风险管理中的应用

（一）大数据是信用风险管理的基础

巴塞尔协议规定，银行对信用风险的计量和管理可以采用两种方法，一种叫标准法，一种叫内部评级法，而内部评级法又可以分为初级法和高级法。

信用风险的计量如果采用标准法是比较简单的，从巴塞尔协议 I 开始就提出来了，什么类别的客户，什么类别的贷款，如果把风险权重设定为

100%，或者设定为50%、20%，只要把贷款分类好，分别对号入座就行了，然后就可以汇总算出风险加权总资产，这就是标准法。之所以采用这种方法，在最初可能是由于技术上的原因，因为从可操作性考虑，当时只能这样简单处理。因而它是比较粗的一种方式，科学性、合理性都还不够，更重要的是，采用这种方法无法形成有效的激励机制，无法激励银行提升自己的管理水平，无法激励银行运用大数据技术实施自身的风险管理。

与标准法不同，内部评级法要求银行用自己掌握的数据，用自己开发的模型，对所有资产逐笔进行风险计量，既算出它们的资本占用，又用于自己的风险管理。这是一个相当高的要求，要有先进的数据技术才能实现。在信用风险方面，我们基于自己掌握的数据和模型，建立了包括客户评级和债项评级的二维评级体系（见图专栏.2）。客户评级实际上就是说甲企业怎么样，乙企业怎么样，丙企业怎么样，几百万个法人客户的信用等级都要搞清楚；债项评级就是说某一个客户的某一笔授信、某一笔贷款怎么样。

图专栏.2　管理政策、治理结构与流程

用这个二维体系完成评级后，要干什么呢？主要是用于信贷政策的制定、客户准入的控制、授信额度的确定、贷款的审批、贷后的管理等，其中很重要的是贷款定价。利率市场化大家都知道，在利率走廊中，基准利率基础上，加上风险溢价，就成为贷款的价格。那么你给张三贷款收 6.3%，给李四贷款收 7.2%，为什么有区别？不是和谁关系好坏的问题，不是简单地说这个企业规模是大还是小的问题，不是简单地拍脑袋，而是一步一步算出来的，就是用风险调整后的资本收益率（RAROC）这个指标，把定价底线倒算出来。一笔贷款业务风险溢价不定到这个水平，RAROC 就达不到设定的指标，实际上这笔业务就可能是亏损的，计算机管理系统里这笔贷款就过不去。

客户评级与债项评级应该广泛且科学地应用于信贷管理的各个方面。在法人客户业务中，量化分析和专家的判断是结合使用的，不仅仅要考虑模型计算结果，也就是说并不是所谓的 RAROC 指标一通过，这笔贷款就可以放了，我们还要经过审贷会。像工商银行总行的审贷会是由十几个人组成的，一笔贷款要发放必须经审贷会表决通过才行，也就是说，模型通过只是必要条件，并不是充分条件。审贷会通过以后按照授权规定，有的是审贷会主任最终签批，有的还需要报到行长那里，行长有权否定审贷会通过了的决议，但无权否定审贷会否决了的决定。

个人业务标准化程度相对要高一点，所以在工商银行个人业务当中，有一部分完全是通过线上自动化审批的。个人业务和法人业务审批方式不完全一样，这也可以说是工商银行大数据和小数据结合应用的一个实例吧。

（二）用大数据实现法人客户的精细化风险管理

1. 提高客户评级风险预测能力。

我们现在把法人客户分成七大类，对应的客户评级模型有 34 个。

比如说，大型企业、小型企业我们得分开，新客户和老客户我们也有区分。这七大类34个法人客户评级模型，实现了对所有法人客户违约概率的计量（见图专栏.3）。工商银行模型的数据积累已经长达10年以上，但数据还要不断更新，比如说它的财务数据必须是最新的。另外，要对一系列数据建立起钩稽关系，比如说资产负债表、损益表、现金流量表，这3张表是一个企业最基本的财务报表，它们之间是有逻辑关系的，有许多数据必须钩稽吻合才行，要进行钩稽。工商银行系统里有几百条关于钩稽关系的核查流程，它们就是用来保证数据质量的。

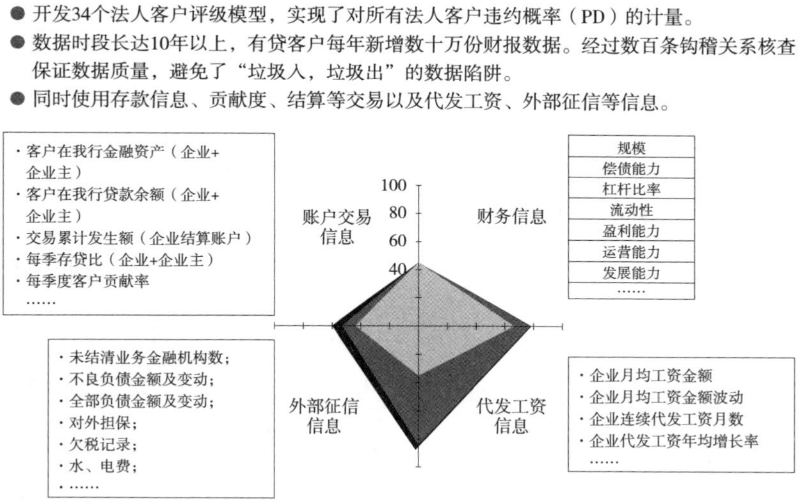

图专栏.3　法人客户：用数据说话，实现客户层级的精准管理

为提高模型的风险预测效力，工商银行使用了客户相关的各种信息。

首先，工商银行关注客户的账户信息，客户在工商银行的金融资产规模有多大，客户在工商银行的贷款余额有多少，交易的累计发生额是多少，累积的存贷比是多少，客户对工商银行的贡献率是多少，账户交易信息等怎么样，都是基本的，必须掌握的。同时，要关注企业客户自身的财务信息，要掌握其规模、偿贷能力、杠杆比例、流动性、盈利能力、运营能力、发展能力等指标，还要知道其行业占比，离这个行业的一些重要指标的中位值有多远等信息。还有一些外部信息，例如，与这个企业客户有业务往来的金融机构有多少，它和其他银行往来情况如何，等等。坦率地说，现在一家企业都是与多家银行有业务往来的。这家企业在其他金融机构有没有不良记录，它有没有或有负债，欠税不欠税，水电费的缴纳情况正不正常，等等，这些数据都要了解和掌握。还有一个很重要的信息，工商银行非常关注企业的工资发放情况，往往会争取为很大一部分贷款客户代发员工工资，这倒不仅仅是想赚点代办手续费，关键是如果一家企业代发工资的情况突然发生很大变动，可以反映很多问题。因为代发工资情况是否稳定，在一定意义上是这家企业经营连续性如何的一个标志。

2. 债项评级覆盖全部信贷产品。

工商银行这套对客户评级的方法，已覆盖到金融机构、事业单位、政府投资类企业、小微企业、新建企业、一般大中型企业和境外公司等，对这些客户违约的可能性、违约概率的计量是通过七大类 34 个模型进行预测的。简单地说，就是要了解与这个客户打交道，这个客户会不会违约？

而债项评级是对债务人一旦违约某一笔债项的损失大小进行预测。因为客户违约以后，并不意味着他所有的债项都会遭受百分之百的损失，也不意味着每个债项都会等比例损失。在正常的市场环境中，若是设定了优先受偿权的，比如，有抵押的贷款的损失率和无抵押的信用贷款的损失率就不一样。所以，要逐笔对债项违约的损失率进行测算。总的来说，就是对一个客户进行信用风险评级时，只有对它的客户进行了评级，同时对债项进行了评级，并且把这两个评级综合起来看，才能够对信用风险进行完整的计量。

工商银行债项评级已经积累了从 2001 年到 2014 年长达 14 个年度的数据，覆盖了全行 175 类信贷产品，这样来计算违约损失率，基础就比较可靠了。要做到这一点，重要的就是要有一个损失数据库，它是通过信贷管理系统、押品估值评估系统、不良贷款清收管理系统这 3 个系统数据形成的损失数据集来为债项评级服务的。工商银行已有几百万个法人客户的基本信息，1 700 万条财务数据，717 万条合同债项数据，730 万条风险缓释的信息，3 200 万条回收的记录。为什么说数据就是资产，数据就是资源，就是这个道理。不经过一段时间的积累、沉淀，是不可能有这么多有效数据的。那么所谓能够将大数据用于风险管理的说法就是不可靠的。

3. 组合管理实现资产分散化配置。

对法人客户而言，除了要有客户评级、债项评级，还有一个组合风险管理的问题（见图专栏 .4）。

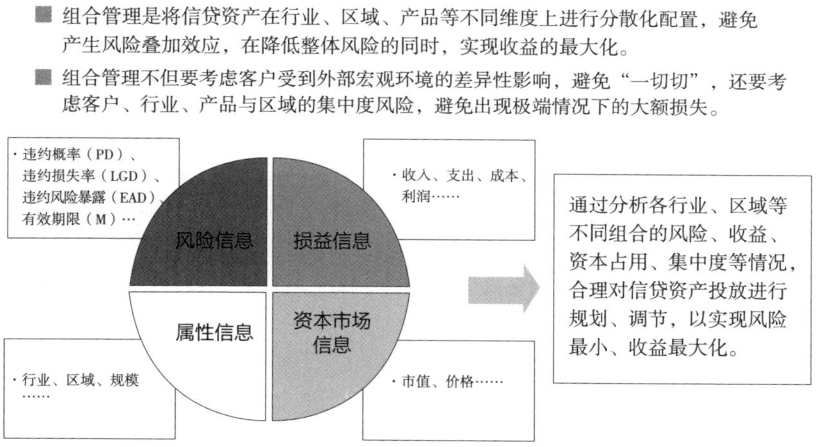

图专栏 .4　法人客户：组合风险管理

图专栏 .4 是什么意思呢，从数据角度来说，就是除了看这个法人客户自身的风险情况和损益情况，还要看其所处的行业、所处的产业、所处的地理位置。至于违约概率、违约损失率、违约风险暴露，虽然已经能计算这些数据了，但还不够。我们还要关注很多问题。例如，如果是上市公司，还要注意资本市场的信息，如其股票价格、股票的市值等。

企业属性信息就是这家企业所处的行业、区域情况，它们是风险管理中很重要的内容。大家都知道，中央决策层提出要高度重视和推进供给侧改革，供给侧改革里面一个很重要的内容就是对过剩产能的淘汰和压缩。过剩产能的压缩已经提出许多年了，这是个很复杂的问题。要清楚银行的一个客户处于哪个行业，例如一个大型钢铁企业处于钢铁行业，它的行业属性是钢铁，是过剩的，但这家企业和某地的一家小钢厂相比是个什么概念？如果还有一家特钢厂，它也是处于过剩产能行业，但它是专门生产某种特种钢的，其他厂还生产不了的，等等。怎么看这些问题，都不是一件简单的事情。

因此，在判断企业信用风险的时候，除了关注企业本身的风险信息、损益信息、资本市场信息以外，还要高度关注它的行业属性信息。比如说过剩产能的问题，过剩产能有绝对过剩，还有相对过剩，所谓绝对过剩，就是产能已经闲置太多，即使整个经济进入上升周期，市场复苏了，这个行业中有些企业还是难以生存的，这就可以说是绝对过剩，比如说产能利用率总体只有 50%、60% 的那些行业。还有的行业只不过是目前市场不好，日后当市场复苏时，它就还有可能起来，那它就是相对过剩。但无论在相对过剩的行业，还是在绝对过剩的行业，都会有先进产能和落后产能的问题，也就是说，过剩产能行业里面有先进工艺，也有落后工艺。作为银行来说，要想管控好风险，款项能贷给谁，不能贷给谁，在压缩过剩产能的时候，还能不能对这些过剩产能行业里面的某些企业继续发放贷款，对这个问题如何把握就很重要了。过去一直有个区别对待、扶优限劣的说法，换句话说，就是要关注一个企业客户的属性信息，然后科学分析与判断这家企业本身的风险。我觉得中国过剩产能的问题很严重，必须切一刀，但是这一刀下去要有点豁口，要留点正好没切到的，但是豁口不能多，豁口一多就不是刀切的了，成了锯条锯的了。就是说政策要精准。实际上就是要注意利用数据、利用掌握的信息来关注、全面地分析和把握客户的信用风险。

（三）用大数据支持个人客户全流程管理

前面主要讲的是对法人客户信用风险的管理，下面讲讲个人客户。对个人客户的风险管理与对法人客户的不太一样。

1. 风险计量要覆盖个人业务周期全流程。

工商银行有两个 T 以上的个人客户信息，有 50 多亿条客户的资产交易、还款行为、逾期违约行为等方面的数据，采用了国内比较领先的一种方法，就是利用大数据，实现对个人客户的多维度风险管理，风险计量覆盖个人客户业务的全周期，覆盖信贷管理的全流程（见图专栏 .5）。

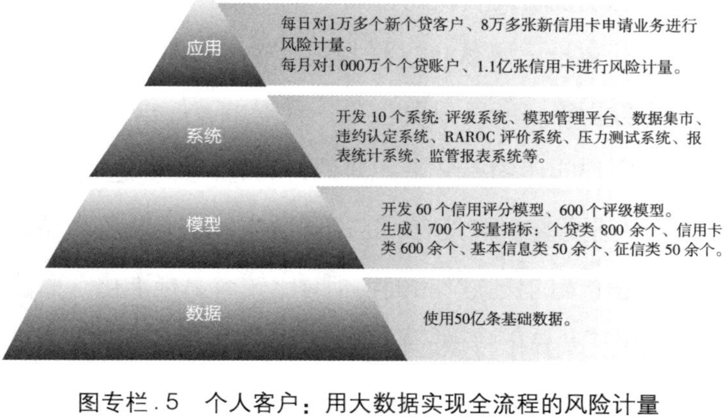

图专栏 .5　个人客户：用大数据实现全流程的风险计量

首先，在模型方面，工商银行用50多亿条信息数据生成了1 700多个模型变量的指标，开发和优化了个人客户的申请评分、行为评分、催收评分等60个评分的模型。这样下来，银行对个人客户的风险识别和量化管理就比较有数了。

其次，在系统方面，工商银行开发了评级系统、模型管理系统、数据集市、RAROC评价系统、压力测试等10个系统，实现了基础数据的全流程自动抽取、转换、清洗，实现了从基础数据到评分结果的自动计量，对各种业务的准入、审查审批和贷后管理，都系统化、自动化了。

再次，在应用方面，工商银行已可以做到每天对1万多个新申请的个人贷款客户、8万多张新的信用卡申请业务，进行风险计量，并把计量结果及时反馈给前台业务人员；每个月工商银行要对1 000万个个人贷款账户、1.1亿张信用卡进行存量的业务风险分析，把这个风险结果反馈给各项监管和业务应用平台。这就是用数据对个人客户信贷风险进行管理的一个基本架构。

2. 用大数据提高自动化审批能力。

这里，我还想说说所谓贷款的自动审批问题。有一些互联网银行，宣传它们能实现自动审批，媒体也这样报道，说它们积累了多少电商数据、客户的交易行为数据等，所以只要客户一有需求，一申请贷款，就马上自动批给他了，而客户的违约率又是如何低，等等，都是这么宣传的。

我认为，个人业务客户群具有一定的同质化，个人业务产品确实比较容易标准化，特别是个人的贷款产品确实相对比较容易标准化。而法人业务则比较复杂，个性化、差异化特点比较突出，因此难以完全舍弃人工确认、人工判断的过程。所以我认为，个人和法人业务的审批模式应该有所区别。

从技术上讲，工商银行已经完全具备对信贷业务百分之百进行自动审批的能力，技术上没有问题，有这个能力。但是银行办业务，除了考虑便捷性、效率性以外，还必须考虑安全性、风险性。因为银行归根结底必须对存款人负责，银行的多数资金不是银行自己的钱。动不动砸钱、烧钱的做法和说法，对银行来说都是不允许的，银行必须对存款人负责。银行发放的个人贷款，特别是住房按揭贷款，单笔金额其实也都不小，动辄几十万、几百万元，与电商客户在交易中所需的贷款金额相比要大得多。

那应该如何利用数据提高信贷审批的效率呢？工商银行的实际做法就是，能自动化审批的就自动化审批，但是有一些业务是比较复杂的，或者说是风险程度较高的，必须加以人工的辅助。工商银行设置了 100 多个不同的参数阈值，实现了高分段客户自动准入、低分段自动拒绝、其余部分采取人工加计算机审批。人工加计算机审批，就是为了兼顾安全性和便捷性，尽可能取得效率与风险的平衡。

拿住房按揭贷款来说，工商银行自动审批的比例大概是百分之二十几，即占整个个人申请贷款的百分之二十几。这样做，第一肯定是提高了审批效率，第二也保证了审批的质量。什么叫保证了审批的质量呢？工商银行通过自动化审批发放的贷款逾期率只有 0.18%，比全行个人住房贷款的平均逾期率还低 0.98 个百分点；不良率是 0.02%，比全行个人住房贷款的平均不良率低 0.34 个百分点。这说明什么，就是前文所说的，工商银行设定的参数阈值限定了哪些可以自动审批，哪些须自动拒绝，这些阈值的确定相对是比较审慎的。那么把这些阈值再放宽一点，不就更好了吗？我想如果能做到人工审批和自动审批的不良率基本在一个水平线上，那当然是比较理想的，但是这需要一个摸索的过程。应该说不良率更低总是好事情，而且还要根据不同机构的管理水平、不同员工的素质等综合来考量。

除了网上实时审批之外，工商银行有的时候也遭埋怨，说你们银行的效率就是低。其实，一笔个人贷款如果采用人工审批的话也就是几天的工夫，你要从银行拿走几十万、几百万元的钱，等几天时间就叫效率低？我想这些朋友确实没有到国外银行去办过业务，如果你到国外，不要说借钱，就是你到那儿去存钱，去开个账户，你试试看开存款账户需要多少时间。你是给银行送钱去了，但人家还要想送钱来是不是洗钱，是不是和恐怖活动有关，人家会拿这个眼光来看你。所以安全性和便捷性，效率和风险必须平衡，这是银行经营的基本原则，不能搞片面性。我不是否认银行的服务还需要改进，各方面效率还应该进一步提高，但银行确实不能一味地追求所谓方便而放弃安全性这一银行经营的根本原则，那样做实际上最终吃亏的还是金融消费者，吃亏的还是客户。

3. 用大数据实现抵押品自动估值。

下面我讲一讲如何用大数据实现抵押品的自动估值，这个很重要。众所周知，银行许多贷款是设置抵押的，而随着市场的变化，在贷款存续期内，抵押品的价值是有可能变化的。过去，银行的抵押品管理的水平不高。我在资产管理公司工作过，那时处置银行不良资产就涉及抵押品的处置问题。记得一个故事，说有一笔不良贷款，是当时一个商业批发二级站的，贷款还不起了。我和具体负责有关业务的同事说你们去看看这家企业到底怎么样了，抵押物还在不在。去了一看，问这家企业贷款为什么不还，不是有抵押吗。说是啊，当时申请贷款是以多少吨红糖做抵押的。那红糖在哪儿呢？人家回答说："前年发大水，我们仓库都泡了，红糖变成糖水早就流到河里去了，现在只剩麻袋了。"

这个说明什么？说明我们对抵押品的管理有问题，第一看设定的抵押品的种类是不是合理，第二就是看对抵押品价值的管理能否做到及时、有效。所以对抵押品的管理是个大问题。美国在20世纪90年代成立重组信托公司（RTC）专门负责处置储蓄信贷机构的不良资产，有人说它处置不良资产的效率如何高，怎么怎么好。后来我专门和RTC负责资产处置的总裁交流过，他们的情况和我们完全不一样。他们收购储蓄贷款机构的资产时是按照市场价打折收购的，而且对抵押品的有效性认定十分苛刻，凡是用专用设备设定抵押贷款的，他们统统把它视作信用贷款，压低了收购价。他认为，专用设备变现困难，这种抵押品不具有什么价值。

所以说对抵押品的管理是一门学问，工商银行已经建立了专门的押品库，当然这是一个无形的押品库，在系统里进行管理，实现及时的数据更新，等等。我可以讲讲工商银行住房抵押是怎么做的。传统的办法是要靠评估人员人工逐笔地进行评估，那么面对1 000多万笔的住房抵押贷款，价值重估一次要多少人，多少时间？评得过来吗？需要几年评一次？等结果出来的时候，这市场又变了，根本赶不上。

因此，必须想办法取代传统的人工评估模式。后来工商银行通过数据管理，摸索了一些自动化评估的经验。那就是通过中文模糊匹配技术、地址切词技术、GIS（地理信息系统）空间距离匹配技术以及评估计量模型等四大技术来做自动评估。在引入全国一二三四线主要城市的交易数据基础上，实现行内的抵押品与外部的房屋交易数据的匹配，通过采集市场上房屋的成交价、评估价、挂牌价、小区、板块、行政区划条件等信息，以及房屋的面积、朝向、楼层、建筑时间等，建立了系统，这时候就可以比较及时地、按需地给住房抵押品进行估值了。

住房按揭贷款一个比较重要的概念就是贷款成数。像工商银行新发放的住房按揭贷款，贷款成数大概是60%多一点；剩余成数就是已发放的贷款扣除已还款额后的剩余贷款与抵押房屋市值的比例，这个数字大概是50%。所以我建议在分析银行经营风险时，厘清什么是主要风险，要抓住真正的要害。如果一家银行住房贷款剩余成数只有50%，极端地说，它可以承受房价跌去一半，不是说希望房价跌一半，也不是说真的可能会跌一半，我只是简而言之说此时银行抗跌能力还是比较强的，还是比较安全的。这个贷款成数还是比较合理的。如果搞什么零首付，情况就不同了。零首付我是坚决不赞成的，无论再怎么想启动房地产市场也不能采用零首付的办法。美国次贷危机产生的原因当然是多方面的，但和放宽房贷的标准毫无疑问是有关系的。

4. 用大数据支持个人消费贷款营销。

这里再说说个人消费贷款。我们必须把产品、客户的特征和整个经济运行的情况，包括宏观经济运行的先行指标、预测指标，甚至连M0、M1、M2、GDP的增速等的预测都放在大数据里，宏观经济的先行指数、同步指数、CPI（居民消费价格指数）等也要放在大数据里，然后再统一来考虑个人客户新增贷款的违约率大概是多少，存量贷款的违约率大概是多少。

工商银行有客户白名单，有预授信的指标。黑名单当然在人民银行征信系统里有，各家银行与这个系统是相连的，有情况都能查出来，每一笔个人贷款发放前，银行都会去查询人民银行的征信系统。白名单是工商银行自己制定的。所谓预授信，在这里我可以介绍一下，比如说你有张信用卡，大家都会觉得有个问题，如果银行把授信额度给得太多，你拿在手里似乎会觉得很紧张，怕丢。因此许多人对信用卡的授信额度要求得并不高。但授信额度太低又带来一个问题，就是用起来不方便。例如出国住酒店，住进去，一刷住宿押金就超授信了，很不方便。实际上，这个问题解决起来很简单，一是出国之前你可以申请临时调额度。再一个可以有预授信，什么叫预授信呢？你一张信用卡表面上授信额度只有 3 000 元或 1 万元，但实际上由于银行对你的职业、信誉情况、偿债能力进行了认真评估，已经给了你预授信 50 万元，这是银行在后台掌握的。你到要用的时候，如果信用卡的授信额度不够了，马上给客户经理打个电话，一打过去，你说我现在在哪里哪里，我的卡额度不够了，我想调高额度。如果一查发现你有预授信，他不需要经过烦琐的审批手续，不需要再评估，马上就可以调了，你的额度就上去了，你还没有离开酒店的前台，就可以了。Check in（办理入住）的问题就解决了。

如果没有这个预授信就会存在问题，因为客户经理在接到你电话之后要对你进行必要的评估，要经过一定的审批手续，那等调整过来，你可能都已经回国了。也就是说，如果没有这套数据的积累，没有对你预先的一个风险评估，不可能实现这个东西。有了对客户的主动授信以后，银行个人的信贷自动审批就成为可能了。当然，预授信是否需要作为银行的或有风险资产，如何合理计量它的资本占用，这是另一个话题，这里不予讨论。到 2015 年 10 月底为止，工行办理网络贷款的发生额已达 6 160 亿元，网络贷款的余额达 4 600 亿元。这已经和一些电商的网贷不在一个数量级上了。

5. 用大数据推进个人客户交叉营销。

有了大数据以后，就容易实现客户的交叉营销了，就是不同专业领域有了统一的客户视图（见图专栏 .6）。过去你到银行去，会面对多种业务的窗口，面对不同专业的柜员，如果你要申领信用卡，名字、住址、联系电话需要填一遍。完了以后，正好有点钱想去买理财产品，理财产品客户经理又要你填写名字、联系电话、住址。你在前面那个窗口填的内容，到这个柜台没法用了，这就是银行缺乏客户的统一视图，在不同专业的客户经理之间，无法统一识别同一个客户。

个人客户风险评价统一视图			
客户姓名	客户号	所属地区	
年龄	性别	学历	职业
行内信息			
成为我行客户时间		资产总额	负债总额
活期存款账户数	活期存款余额	定期存款账户数	定期存款余额
理财产品持有数	理财产品余额	基金持有数	基金余额
股票账户余额	国债账户余额	贵金属账户余额	其他中间业务余额
近6个月存款账户收入	存款账户支出	中间业务账户收入	中间业务账户支出
个人住房贷款账户数	总金额	当前余额	当前最差状态
个人经营贷款账户数	总金额	当前余额	当前最差状态
个人消费贷款账户数	总金额	当前余额	当前最差状态
个人信用卡总张数	总授信	当前余额	当前最差状态
最近6个月申请个贷次数	最低申请评分	新申请信用卡次数	最低申请评分
当前存量客户风险等级	欺诈模型得分	是否是小企业主	
行外信息			
外部负面信息（司法部门、工商管理、税务等）			
他行个人贷款账户数	总金额	当前余额	当前最差状态
他行信用卡张数	总授信	当前余额	当前最差状态
公积金年缴纳额	养老金年缴纳额	年纳税总额	保险总额
名下房屋数量	名下汽车数量		
近3个月申请他行住房贷款次数	申请他行消费贷款次数	申请他行经营贷款次数	申请他行信用卡次数
在P2P和小额贷款公司贷款次数	贷款总额	逾期情况	

客户需求是多样化的，建立针对个人客户的统一风险营销视图，帮助各业务条线全面了解客户的资质、需求和风险，从而实现精准授信和适应性营销。

- 提示个人资产资质情况
- 提示行内外负债情况
- 提示高风险、欺诈等负面情况

图专栏.6　个人客户：用大数据推进客户交叉营销

客户进入银行以后，他面对的是不同的窗口、不同的柜台，实际上也是面对银行不同的专业条线、不同的产品部门。什么叫以客户为中心？客户进入银行以后，你对客户应该是分一线、二线，前台、后台的；以客户为中心，应该是环形地面对客户，而不应该是条线的。要做到这一条，必须有数据支撑。经过几年努力，工行对个人客户风险的统一视图已经基本建立了。

三、大数据在市场风险管理中的应用

前面说的是信用风险，信用风险管理主要解决能不能和某个客户打交道，能不能融资给他，可以借给他多少钱，借的钱他会不会还，会不会有损失，最多会有多大损失等问题。下面讲一讲市场风险。由于面临市场因素波动，比如汇率、利率、股票指数、商品价格等的波动，银行进行交易或持有资产的价格会发生变化，而这个变化所带来损失的可能性，叫作市场风险。简言之，就是银行面临的各种交易产品、交易工具市场波动、价格变化所可能带来的损失风险，就是市场风险。

（一）建立集团统一的市场风险数据库

我国银行“走出去”的越来越多了。工商银行在海外 42 个国家有营业机构，再加上工行是南非标准银行的控股股东，南非标准银行又在近 20 个国家有营业机构，加在一起实际上工行在将近 60 个国家有营业机构，国内、国外工行每天都在发生着海量的市场交易行为。这个风险怎么控制，如果控制不住，它的风险是不可想象的。工行已经建立了集团层面全口径、覆盖全市场大数据的一个全面风险管理架构，同时，因为不同的国家处于不同的时区，使用不同的语言，而且不同的国家监管规则也有差异，在这个建立过程中，工行整个市场风险的管理又要能够适应这样的情况，所以这是一个比较复杂的事情。通过这些年的努力，这一套架构已经基本建立起来了。

工行每天从外部采集的是 11 650 多个产品的风险因子，包括汇率、利率、商品、各类市场价格和其他市场信息，市场数据库每天接收的实时数据量达到了 210 万条，每天 210 万条，通过先进的数据清洗、筛选程序，有超过 1.4 亿条数据存储在市场数据库供中后台挖掘和分析。它的应用覆盖了工行的交易管理系统、风险计量系统、产品控制系统、交易对手信用风险计量系统、资产负债管理系统、财会公允价值计量系统等。

（二）研发全球市场风险管理系统

工行的全球市场风险管理（GMRM）系统不是外购的。该系统开发很不容易，也有好多人来营销，让工行购买，包括国外的一些大行。最后工行经过审慎研究，觉得这个系统最好还是能够实现自主开发。工行应用的市场风险管理系统是比较强大的（见图专栏.7）。比如 2015 年前三季度，工商银行交易账户的交易量是 15 万亿元人民币，日均交易量是 800 多亿元人民币，其境外机构 2014 年一年的交易量是 7 000 多亿美元，日均交易量超过 200 多亿元人民币，这个交易量是很大的。没有这样一个系统，要把这个规模的交易风险控制好，把每天各类产品的估值都算出来，是难以想象的事情。因为这么多交易形成了 1 万多个投资组合，在不同的层面、不同的机构，有不同的交易员，例如，同样在总行市场部，A 交易员和 B 交易员的操作，在产品、时点、数量等方面都是不一样的，那就形成了 A 交易员和 B 交易员的组合。全行大概每天有近万个投资组合，几万个风险因子，它覆盖了外汇、利率、一些大宗商品、信用交易等系统，工行有 100 多个风险计量参数，有 700 多个压力测试情景，这一切实际上就是为了管住在市场交易当中的风险。

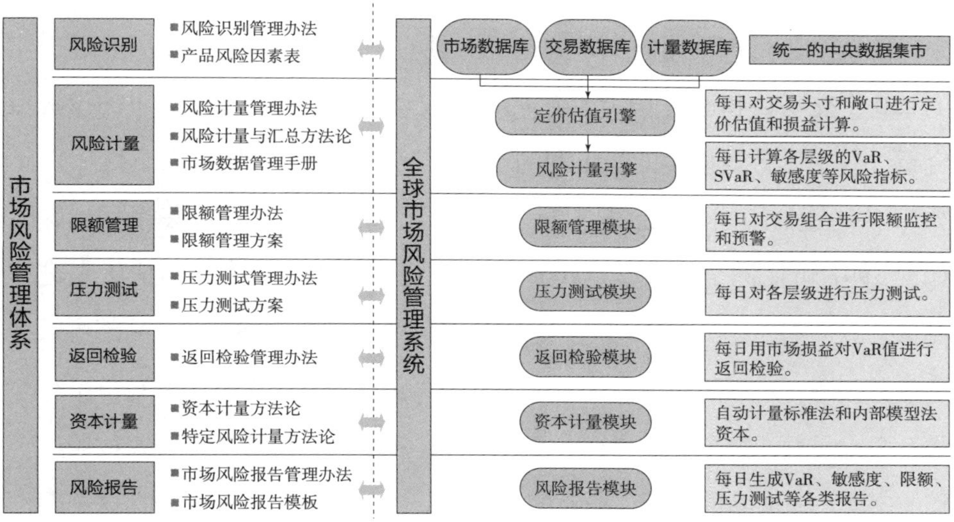

图专栏.7　市场风险：研发全球市场风险管理系统

（三）每日做好风险计量、预测与限额管理

通过市场数据库、交易数据库、计量参数库，工行达到了一个什么水准呢？工行有 7 个“每日必做”的要求：每天要对交易头寸和敞口进行定价的估值和损益的计算；每天要计量各个层级的 VaR 和 SVaR，VaR 就是风险价值，也就是当天可能的最大损失值，SVaR 就是压力测试下的最大损失值；每天要对交易组合进行限额监控，就是要看有没有超限额的；每

天要对各层级进行压力测试；每天要用市场损益对 VaR 进行返回检验，要看这个模块是不是足够准确，要返回检验；每天要实时地自动计量标准法和内部模型法下的资本占用；每天要生成各种数据报告。工行每天要完成这 7 项工作，确保市场交易的各个行为符合自身的风险偏好，符合工行事先确定的限额要求。

工行开发的全球市场风险管理系统，曾被人民银行评定为科技发展成果一等奖。工行每天用这个系统进行海量的运算，比如工行要用最近一年的250 个交易日和过去10 年当中的市场波动情况，如果按照当下的投资组合看，基于工行会发生的最不利的市场情况来预测在一定的置信区间，比如99% 的置信区间下，会发生什么情况。工行还设定了 700 多个场景，比如说 1997 年亚洲金融风暴，2008 年美国金融危机，作为压力情景来进行测试计算。有了这一套办法以后，工行对每一个流程、每一个产品都可以经过业务预测，对不同的组合，通过定量测算，算出它的 VaR，确定每个交易员有多大限额，每个海外分行有多大限额，然后通知各交易岗位，按照这个阈值来实施。所有的分行，所有的交易员，每个人每时每刻都处在这个限额的管控之下，他要超过限额来操作是不允许的，也是不可能的。

（四）应用压力测试工具

市场风险管理有一项重要的内容，就是要进行压力测试。这是为了未雨绸缪。图专栏 . 8 是市场风险压力测试的示意图。

工行挖掘了 1987 年以来市场的数据，提炼出了 700 多个符合工商银行情况的情景。这个情景里面，设定了包括美国股市崩盘、亚洲金融危机、美国次贷危机等情景，然后根据模型，测算极端情况下工行将承担多大的

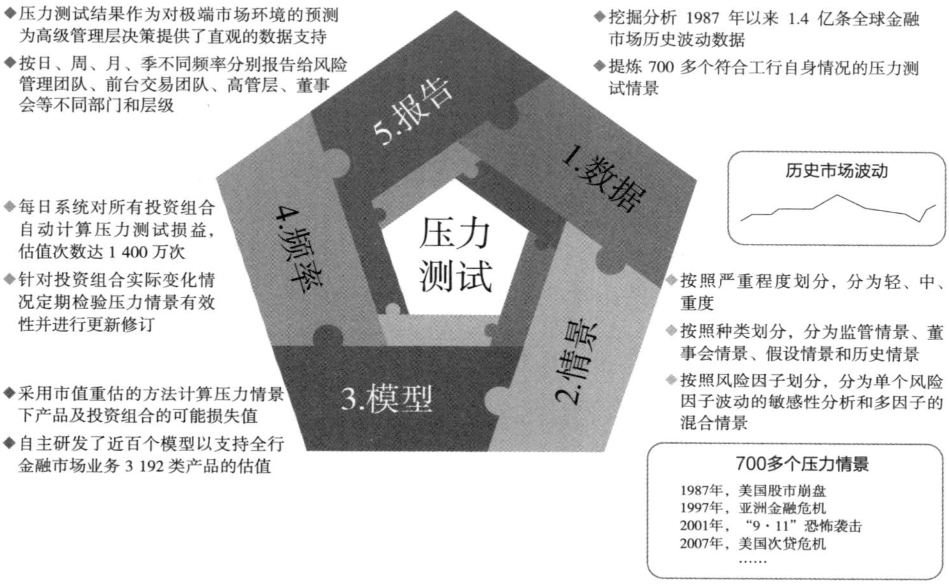

图专栏.8　市场风险：应用压力测试工具

损失，每天会承担多少，等等，对 3 000 多个产品要估值，并且每天都要进行这样的计算，形成的报告每天要反映给交易人员和管理者，每个季度还要向董事会报告压力测试的情况。

（五）用大数据把“黑天鹅”关起来

有了上述办法才能够把所谓的“黑天鹅”关起来。市场风险看上去似乎比信用风险要虚一点，实际上风险是很大的。比如说大家都知道巴林银行，巴林银行事件说的是 1995 年的时候，一个所谓的天才交易员里森把一个银行搞破产了。巴林银行历史很悠久，信用也一直很好，据说连伊丽莎白女王的理财产品也曾交给巴林银行管理，但是里森由于买日经指货亏了，其实一开始只是亏了 2 亿英镑，还不至于把这个银行搞垮，但是我断定是巴林银行的限额管理、交易行为管理出了问题，加上里森为了顾及自己的面子，由于他的这种特殊心理，想翻本，大量地再投入，再买进，最后一败涂地，不仅自己坐牢了，整个巴林银行也破产了。

法国兴业银行也曾损失几十亿美元，主要也是由于超限额交易、虚假交易；2011 年瑞银也是由于出现 20 多亿美元的交易损失，最后 CEO（首席执行官）辞职，交易员也被判了刑，等等。这都是市场风险事件。所以一个银行对市场风险的管理是任何时候都不能松懈的，要按交易的事前、事中、事后几个阶段来实施风险管理。

（1）事前控制。事前控制就是要通过数据管理，通过信息系统，在交易发生前防止一系列可能出现的风险行为。工行已建立事前的 12 个防止机制。什么叫事前的 12 个防止？一是防止非交易人员违规开展交易。二是防止单笔交易金额超权限。三是防止累计交易超权限。不仅要防止单笔交易金额超权限，还要防止累计交易金额超权限。四是防止价格明显地偏离市场。五是防止与交易对手过度密集交易。六是防止与反洗钱的黑名单机构误做交易。七是防止涉及卖出和借出的债券等资产的交易出现透支。八是防止与无授信和超授信的交易对手进行交易。九是防止出现超出国别风险限额的交易。十是防止与未签署 ISDA（国际掉期与衍生品协会）协议或 NAFMII（中国银行间市场交易商会）协议的机构开展交易。十一是防止风险敞口超出限额。十二是防止期货等有杠杆性质产品的保证金失控。这 12 个方面的限制要真正落实，绝不能仅靠颁布制度，而是要在系统里把它们设定好。光强调执行制度不管用，例如限额制度，每个交易员进系统有他的柜员号，他的这种交易限额是多少，那种交易的限额是多少，超出限额他就过不去。不仅过不去，还要让风险防控部门马上知道，要马上来核查这究竟是误操作还是他故意地想“闯关”。

（2）事中控制。这主要是说在事中交易过程中，对交易行为必须有复核。这个复核不是指过去那种原始的人工复核，你做了一遍我再做一遍，或者在你处理好的单据上我再盖个章。许多年以前，银行的一个工作人员做完一笔业务以后，会有另外一个工作人员在有关凭证单据上面盖个章，这就是复核人员在进行业务复核。那完全是依靠复核人员的专业水平和责任心的，不可能完全可靠。那时候甚至把业务人员和复核人员的两个名章用橡皮筋捆在一起，一下就能盖两个章。那种复核是流于形式的。而现在的复核完全是在系统里操作的，监督人员和交易人员物理上都是隔离的，坐都不坐在一起，物理上隔离是防止各种舞弊现象产生。工行每年对市场交易业务进行的事中复核要超过 40 万笔，以防止簿记错误、交易遗漏、延迟等可能造成的损失。

（3）事后控制。事后也要有检查，产品控制、对账、市值验证，比如有一天一笔交易的价格与市场价格相差很多，那就要分析到底是什么问题。要进行损益的计算和分析，对交易价格进行监测，以及时发现有没有利益输送，等等。用这么一套办法将关于市场风险的事前、事中、事后各种因素都关联起来，目的就是防止发生巴林银行的里森事件，防止发生一些银行曾出现的“黑天鹅”事件。

四、大数据在操作风险管理中的应用

银行还有一类风险就是操作风险。按照国际上统一的定义，操作风险是指由于不完善的具有问题的内部操作程序、人员、系统，或者由于外部事件所造成的风险。比如说欺诈问题、洗钱问题、内部人员的操作失误甚至舞弊问题，等等，这些都属于操作风险。

（一）推进实施操作风险高级计量法

操作风险的防控、操作风险的计量是比较困难的。有关操作风险资本占用的计算办法包括国际上大银行采用的办法也都不是很科学。例如，虽然每年工行的实际操作风险导致的损失并不大，但是按照巴塞尔规定，操作风险所占用的资本计量下来，要占用的资本是几百亿元。我和有关人员也争论过，我说你们这个太不合理了，但是他们就是坚持这套办法，也许是出于审慎的原则吧。

工行在2008年启动了操作风险高级计量法项目，采用全球通用的损失分布方法，对银行未来的操作风险可能带来的损失发生频率和损失严重度进行估计。采用高级计量法建模对数据要求较高，工行从2005年启动收集内部损失数据，已经积累数据1.5万条，工行还购买了统计分析软件公司SAS公司的外部损失数据库，外部损失数据已累计了1万多条；通过情景分析，形成了3 500余条操作风险情景分析数据。这套东西做出来，除了计算资本，工行还在探索如何把这些与传统的操作风险管理手段、与案件防范工作更紧密地结合起来。

（二）运用大数据进行反欺诈

欺诈是古老的风险，存在于社会生活的方方面面，它的作案方式多，手段隐蔽，防控和追查起来并不容易。

对于银行业务来讲，欺诈行为可以按照业务周期分为申请欺诈和交易欺诈。申请欺诈，主要是指利用虚假身份、虚假资料来银行开户、申请贷款等；交易欺诈主要是指账户开通后，不法分子通过技术手段盗用账户、转移资金等行为。

工行一直在努力识别并阻断欺诈。反欺诈技术发展基本可以分为人工审核、名单比对、设立业务规则、采用大数据技术等几个阶段。在初始阶段，主要靠人工审核身份证件，到贷款客户现场进行调查，向工商税务部门取证，采取这样的方式，工作量大，信息源不够丰富。后来工行的各业务部门制定了一些黑名单，通过分析总结欺诈案件的特征，设计了侦测规则，那就可以通过比对的方式来防范欺诈行为。

近年来，大数据驱动、行为模式识别以及智能检测技术的发展，为欺诈风险防控又提供了新的思路。我们收集了各产品、各渠道的海量数据，用数据挖掘技术提取客户行为特征，构建客户画像，使用了神经网络模型、关联分析等智能检测技术来识别和防范欺诈风险。举例来说，根据客户在工行的日常交易情况、交易行为，可以使用神经网络模型，建立起客户的行为模型。如果某天有一笔交易，通过行为模型发现这笔交易和之前的交易行为不一致，系统就会发出提示，必要时也可以请客户确认这笔业务的真实情况，以避免欺诈行为。

工行实现了申请环节的事前预警。例如在信用卡申请时，通过自动化抓取行内外各种信息，比如客户身份信息、央行征信信息、历史信息、灰名单、户籍信息、关联信息和公积金信息等，运用中英文模糊比对、规则模型、关联分析等技术，实现对申请环节单人及团伙欺诈的自动化预警。

在技术上工行还实现了交易环节的事中阻断。比如信用卡，工行建立了信用卡交易反欺诈系统和电子银行交易反欺诈系统，通过记录客户交易行为，可以形成每个客户独有的特征档案。工行利用先进的神经网络模型，可以识别当前交易和客户历史交易习惯的差异，在50毫秒内做出判断，实现实时阻断欺诈交易。这一技术在业界处于领先地位。

（三）做好企业级的反欺诈

企业级反欺诈的建设目标，就是建立整合、统一、开放式反欺诈管理平台。这个平台不但要能够覆盖银行所有机构、客户、产品和渠道，而且要集数据整合、模型分析、信息共享、业务应用于一体，真正实现以客户为中心，实施跨产品、跨渠道的反欺诈集中管理。

要建设好这个平台，一是建立统一的反欺诈数据集市和客户统一视图，这个统一的数据库要包含反欺诈名单、设备终端、反欺诈案件以及客户行为特征；二是推广智能的反欺诈技术手段，通过社会网络分析、资金往来分析和地址设备网络分析，梳理和整合相关规则和模型；三是系统覆盖业务的全生命周期，加强欺诈风险的事前预警、事中实时干预与事后监控，将反欺诈进一步向前延伸至客户营销环节。

（四）将数据模型应用于反洗钱

工行按照中央银行反洗钱监管新要求，开发了新一代反洗钱监控系统，对可疑交易进行精准监测，满足反洗钱的事前身份识别、事中交易监控、事后可疑行为分析以及数据报送的需要。

根据“案例特征化、特征指标化、指标模型化”的思路，运用智慧型风控思维和神经网络等技术，研发了100多个监测指标和30多个监控模型，充分展现了监控模型在反洗钱风险管理中的“雷达”和“鹰眼”作用。

（五）内部运营风险监控

工行对内部运营风险进行监控的模式是以数据分析为基础，以监督模型为风险识别引擎，通过挖掘业务运营风险特征识别业务运营中的风险因素，把可能带来风险后果的风险事件抓取出来。

这种建立在数据分析基础上的监督体系，从根本上改变了传统的内部监督理念和方式，解决了传统模式下各项业务彼此间孤立的割裂状态，解决了过去无法将不同时点交易进行关联、难以识别潜在异常交易的弊端。银行主动识别风险的能力大为增强，识别效果显著提高，风险管理重点更加突出。

以上是银行大数据基础建设以及在信用风险、市场风险和操作风险三大风险管理中的应用情况。至于云技术进一步发展之后，企业级、行业级的数据仓库建设、大数据基础建设还是不是需要，那是另一个性质的重要问题。今后我们可以继续研究，继续讨论。

关于大数据的认识误区及其在互联网金融中的表现①

2013—2016 年，互联网金融在我国经历了不小的起伏。就在 2013 年，当时不少人还将其称为中国的互联网金融元年，认为互联网不仅会改变传统的金融生态，而且还将颠覆传统的经济学、金融学理论。仅仅事隔两年，2015 年互联网金融领域的各类风险事件就开始不断显

① 杨凯生．发展互联网金融须调准大数据认知［J］．财新周刊，2016（20）．

现并呈现急剧增多的趋势，这导致了2016年有关部门下决心对互联网金融开展集中整治。在本篇文章中我没有再重复前几年对互联网金融存在的一些问题的批评意见，也没有再呼吁要对其加强监管，而是从一个侧面指出了2015—2016年之所以出现一系列问题的一个原因，那就是对所谓的大数据思维、互联网思维的理解存在着误区，在思想方法、认识方法上发生了偏差。

——杨凯生

关于互联网金融，我先后写过几篇文章，总的来说似乎批评的意见讲得比较多，对其中的风险看得比较重。2016年，一场关于互联网金融的集中整治正在进行之中，一些重复的观点就不必再多讲了。我主要想从另一个角度讲一点看法，就是互联网金融出现了一些问题，特别是被奉为P2P鼻祖的美国的Lending Club陷入困境之后，想必对互联网金融尤其是P2P网贷质疑的声音会进一步多起来。我感到仅仅批评、指责也许解决不了问题，关键是要搞清楚其中的原因究竟是什么。搞清楚这个问题，有利于对互联网金融集中整治的顺利进行和有效开展。

原因当然是多方面的，我感到除了大家常说的法规不够健全、监管不够有力、行业自律比较薄弱、投资者教育有所缺失等之外，很重要的一点是，我们对互联网、大数据技术的理解和认识存在一定的偏差。

人们常常谈到互联网时代要有互联网思维，进而还将互联网思维诠释为共享、普惠、民主、开放、高效、去中心化，等等。近些年来，我们也总是愿意把有关互联网金融的一些概念，诸如P2P网贷、众筹特别是比特币、区块链技术等从哲学、社会学的意义上来予以总结和升华。这些说法当然有一定的道理，但我们似乎没有更多地注意到所谓互联网思维应有的另一层含义，那就是互联网、大数据技术的发展和进步给人类提供的是从更宽视野、更多维度、全方位来认知问题和分析问题的工具和方法。这既是大数据时代、互联网时代为社会进步和经济发展创造的新条件，同时也是对我们自身提出的更高要求与更多约束。也就是说，在大数据、互联网时代，我们更需要注意处理好碎片化信息和完整性数据的关系，处理好结构性数据和非结构性数据的关系，作为企业包括银行还要处理好客户个性化意识和社会化共同需求的关系，等等。在这些关系中，忽略了哪一方面都是不行的。

如果我们拥有了互联网、大数据、云计算等一系列技术的进步，但不能帮助我们防止思想上的片面性，避免形而上学，相反导致我们在认识事物上更简单化、判断问题上更绝对化，那不仅糟蹋了这些时代文明进步的产物，更重要的是还可能由于有了这些方面一定的技术进步，反而更容易形成各种错判而导致失误。比如说，因为掌握了一定量的客户信息数据，就以为是掌握了大数据，而忽视了对数据分析工具和方法论的研究，这在金融业务中就很有可能影响对风险的识别、计量和防控，造成风险的积聚和扩散。一些从事互联网金融业务的公司尤其是一些 P2P 网贷公司频频出现的失败，除了一部分是由于蓄意欺诈行骗外，多数正是因为它们并没有真正搞清楚究竟什么是大数据，自己究竟获得的是什么数据，自己究竟有没有掌握好所需要的数据挖掘技术、建模技术和分析评估技术。我们应该认识到，这些问题并非只是技术问题，在相当程度上也是思想方法和认识方法问题。

例如，我们总是以为自己拥有了某一方面不小的数据量就是掌握了这一领域的大数据。其实自己掌握的数据究竟是全量的还只是可及的？当然，大数据也并不是一定要求全量数据，关键是如果是可及数据，那是全部可及的数据还是部分可及的数据？有无必要、有无能力得到全部可及数据？如果是部分可及数据，那样本范围又是如何确定的，其确定的方式是不是科学合理的？这些问题都是需要扎扎实实下功夫才能解决的。可以看到，一些互联网金融公司在宣传中总要加上一句自己是如何运用大数据技术的。其实它们所做的，大多只是将自己客户群的一些行为数据保留了下来，暂且不论这种收集和保留是否经济和合理，但无论怎样说，如果把已得的数据当作全量数据或者是不加甄别地以为自己所拥有的就是一个有充分代表性的样本，那就一定会得出错误的结论。《巴塞尔协议Ⅲ》要求银行业在观察客户违约概率和违约损失率的时候，有关数据的积累长度必须达到5年、7年乃至更长时间，而且这中间还要有严格的数据清洗流程，就是为了尽量避免因数据缺陷而导致风险识别和计量上的失误。2015—2016年出现的一些互联网金融事件除了有的属于人为恶意欺诈之外，大体与这些公司在思想方法上存在片面性、过分高估自己的能力并且急功近利有关。它们对自己掌握的所谓大数据究竟能否用于、应该如何用于风险识别和管控，并没有经过认真的可行性研究，也没有依托可靠的经过反复验证的风险计量模型和科学有效的数据分析工具。

再如，也有人总是以为在一个样本范围内得出了结论，就等同于掌握了对某个问题全部的规律性认识。其实在一个范围内的结论（即便是正确的结论）也不一定能够简单外推，这就是在所谓机器学习中需要格外防止的模型“过度拟合”问题。模型越复杂、需要纳入的变量越多，就越容易出现这样的问题。这也正是在金融风险管控中必须注意的模型风险问题。通常来说，在经济生活中，在市场上，不同的企业、不同的客户是存在个性化和差异化的，要对它们各自的违约风险以及违约损失做出判断，仅靠模型的评估结论有时还是不够的，必要时还需要有一定的专家判断。这也就是我们一些银行采用计算机进行部分贷款审批时，对高分段自动进入、低分段自动拒绝、中间段加以必要的人工干预的原理。我们经常看到一些互联网金融企业宣传自己的所有贷款都可以在网上瞬间完成审批和发放，如真是那样，对其风险把控的有效性是需要认真审视和考量的。

又如，也有人以为有了所谓的大数据，就可以轻视对传统小数据的开发和利用。其实截至 2016 年 5 月，并没有一个关于大数据的统一定义，显而易见，大数据是相对于小数据而言的。大数据与小数据的主要区别并不是数据量的大小（尽管数据量过小也无法称之为大数据），大数据的重要特征在于，它应该既包括结构性数据，也包括那些在生成时表现为非结构性特征的信息，而小数据主要指的是二维的结构性数据。大数据有大数据的长处，大数据也有大数据的不足；小数据有小数据的欠缺，但是小数据也有小数据不可忽略的优势和必须用它的理由。

比如，我以前强调过的传统的小数据，它是有经典的数理模型的，它是有比较成熟的数据分析统计理论、方法的，方法论是已经解决了的，数据挖掘的技术早就成形了。但是大数据的管理理论、分析方法都还处在快速发展更迭的阶段，并没有十分成形。而且还有一部分非结构性数据在分析使用时，也是需要通过技术手段转换成结构化数据才能实现的。另一点就是必须看到大数据数量越大，噪音相应也就越大。甚至往往是数据大幅增加的时候，其噪音的增长幅度要快于数据量的增长幅度。因而大数据的挖掘成本是比较高的。再比如，大数据更容易反映出一些相关关系，而小数据通过分析比较容易直接得出因果关系。在许多情况下相关关系并不能简单地取代因果关系。

小数据抽取了现实世界一些事情最核心的内容，与大数据相比，它具有单位信息容量更大的特点。比如银行的一些业务数据，我们通常可以把它定义为小数据、结构化数据。它直接反映了客户和银行交易活动的最终结果。但是，客户之所以进行这个交易的行为路径，特别是他之所以要进行这个交易的决策过程是传统的结构化数据、小数据所难以反映的。而客户的一些社交行为数据就有可能反映他的决策过程。这就是大数据的一个优势。尽管银行和客户发生了交易这一事情是最实质的，是银行最需要掌握和记录的，但是如果能了解客户的决策过程，了解他的这个行为路径，这无疑对提升服务水准和防范风险都是有意义的。

因此，大数据和小数据各有特点，各有它的长处、短处。简单地想以此来取代彼，不是一种科学的认识。只有把它们融合起来，把小数据分析方法的完备性、准确性和大数据的多维性、即时性融合起来，才能给管理真正带来一种质的改变。应该说，2016 年前后一些互联网金融企业出现的问题，就与其在这方面思想认识上的片面性有关。

总之，在对互联网金融进行集中整治的过程中，除了就事论事之外，更重要的还需从认识论、方法论的角度来进行总结和提高。数据是一种财富，因为它是人类活动的记录与结晶。但数据多了有时也会带来挑战，记录中可能掺杂噪音，结晶旁也许陷阱纵横，对于数据信息的不当理解，对于分析方法的盲目应用，以及数据使用者本身的目的乃至品性如果存在问题，那就有可能使得人们在面对世间万象时变得比以往缺乏数据信息的年代更感迷惑。作为互联网时代一个合格的现代人，只有学会客观地看待数据，合理地选择工具，科学地进行分析，才能够从纷繁复杂的社会经济生活中提炼出那些有价值的结论。也只有那样才能够说我们具有了真正的大数据思维、互联网思维。也只有那样，互联网金融才能够走出一条更健康、更有序的发展之路。

互联网金融的持续发展需控制好“试错成本”①

自从 P2P 网络借贷出现了一些问题之后，一些互联网企业纷纷着力回避 P2P 这个名称，甚至开始与“互联网金融”这个字眼划清界限。“Fintech”（金融科技）“Blockchain”（区块链）这些外来词一下子热了起来，在一定程度上又成了一些人吸引、招揽投资的新招牌。我的看法是，其实互联网金融是个不错的概念，不必忙于改名换姓，关键是要注重事物的本质，要摒弃那种莫名的对于新名词的追崇心理。如果还只是在名词概念上兜圈子，就不利于总结经验教训，不利于控制和减少互联网金融业在发展过程中的试错成本。

——杨凯生

任何一项文明的进步都是在不断试错的基础上得以实现的，这是一种

① 此文出自杨凯生于 2016 年 7 月 31 日在上海新金融研究院主办的“2016 互联网金融外滩峰会”上的演讲稿，后发表于 2016 年 8 月 1 日的《第一财经日报》。

规律。互联网金融也一定会遵循这个规律。正因为存在着这样的规律，在互联网金融的萌发和成长过程中，出现一些波折和问题也许就是难以避免的，我们不能因此否定了创新，阻碍了进步。但关键是一定要控制好试错成本，不能让其超出社会可承受的范围。2016 年进行的关于互联网金融风险的专项整治，就是为了防止在互联网金融业发展过程中可能发生的系统性、区域性金融风险。实际上，这就是对试错成本的一种控制。

要减少试错成本，很重要的一点是在出现问题后要及时、认真地总结经验教训，否则在不经意间就会被同一块石头绊倒几次。2015—2016 年互联网金融业发生了一系列问题，特别是在互联网借贷和理财业务中出现了一些问题平台，甚至有一定数量的公司跑路了。对于其中蓄谋欺诈和涉嫌犯罪的公司及人员当然应由司法部门去依法处理，但我认为其中也有一些人最初也许并无什么主观恶意，当时他们就是以为自己站在了风口，以为自己真的是可以随风起飞了，他们的思想方法出现了偏差。他们把对金融规律的漠视及背离当成了开拓和创新，他们把忽悠及鼓吹当成了营销和宣传。如果说在当下，对于一些急于追求“成功”的年轻人来说，这里面还有些许可以理解的因素的话，那么对有关方面、有关部门，对一些专家学者包括一些媒体来说，也许需要总结反思的东西应该更多。

现在值得关注的是，我们在面对一些问题的时候似乎仍然还没有完全改掉那种思想方法上的片面性和绝对化。例如，关于 Fintech 的问题。互联网金融的提法和 Fintech 的叫法究竟有什么联系和区别？也许是由于互联网金融的形象和信誉受到了一定程度的污名化影响，我们一些人就不约而同开始用“金融科技”来代替“互联网金融”了，希望能够通过这种说法的改变来实现与原有问题的切割。我认为这既无必要也无实际意义。

其实“互联网金融”这个名词在我国已经广为人知，在一定程度上它有通俗易懂的特点，而且对于其内涵定义也已有了权威与规范的说法（有关部门的文件中明确“互联网金融是指传统金融机构与互联网企业利用互联网技术和信息通信技术实现资金融通支付、投资和信息中介服务的新型金融业务模式”）。我们大可不必因为在发展过程中出了一些问题就将其改名换姓，也不必去咬文嚼字地死抠什么互联网金融的落脚是金融，Fintech 的落脚是科技，等等，关键是我们一定要摒弃那种莫名的对于新名词的追崇心理，不能一味地追时髦、赶风头，要注意透过表象看内容，看事情的本质。无论叫什么名字，只要是从事金融业务，就要按金融从业规则办，就要接受必要的金融监管。如果还是在名词概念上兜圈子，就不利于总结经验教训，也不利于控制和减少发展过程中的试错成本。

再比如区块链，这个话题已经越来越热。从区块链的发展情况看，它确实有可能使得互联网的功能从信息传递转化为价值传递。如果真能顺利地实现这一转化，它对人们经济生活、金融生活乃至社会生活将产生远比当下一般意义上的互联网金融更加巨大的影响和改变。正因为如此，一些国家的政府和金融监管部门都开始投入相当精力来研究区块链问题，都在探索未来金融市场有没有可能完全建立在区块链技术的基础上。全球不少大型金融机构已经提出了不少有关区块链技术的专利申请。国际上的一些银行在 2015 年已经开始形成一个新的技术联盟，这些银行希望能一起编制出一个适用于银行业的开源、通用的“共享账本”，用于今后金融机构间的交易及其资产登记和清算等。在我国，互联网金融协会已专门成立了关于区块链的研究工作组，央行也密切关注和高度重视区块链技术的发展，据透露，人民银行已在组织力量进行数字化货币的研究。与此同时，区块链技术尽管在金融领域的应用还未真正起步，但区块链概念目前已从金融领域开始向社会生活的其他领域延伸，例如，用于慈善捐赠和医疗服务等。市场上也有不少人正争相投资于涉及区块链概念的相关公司。不少宣称是搞区块链的公司动辄宣布自己已完成几轮融资，估值已达到多少多少。面对这样的情势，值得高兴的是我国的创新活力看来并不逊于一些发达国家，市场的力量远比我们想象的更加强大。值得担忧的是，我们对区块链的认识有没有可能像2014年左右对互联网金融那样再次陷入一种片面性、绝对化的误区，从而在发展过程中增加更多无谓的试错成本。如真是那样，对区块链的健康发展将是有害而无益的。

例如，我们常说区块链的最大特点是去中心化。诚然，理想化的区块链系统是由许许多多节点组成的点与点的网络结构，它似乎既不需要中心化的硬件设备也不需要任何管理它的机构。但是，有关区块链的技术标准、交易指令格式，以及涉及金融活动实名要求所带来的区块链交易参与方的身份认证和准入许可，是否还需要有一种“中心化”或“类中心化”的机构去制定和规范呢？R3（国际区块链联盟）形成的这种金融机构间的技术联盟算不算是一种“类中心化”机构呢？这些问题似乎还需要进一步深入探讨和厘清。简单地宣称去中心化是不是或多或少存在着一种既想从事金融活动，又不愿意接受金融监管的倾向呢？

还比如，我们现在常说区块链的一大长处在于任何活动痕迹均可追溯并不可篡改。这主要说的是区块链交易具有很高的安全性。但参与R3工作并专门负责向媒体和公众解释这一区块链技术联盟的查理·库珀先生直言不讳地说：“比特币强硬派说安全性不可能崩溃，可是我这么久都没发现任何不能崩溃的东西。”我认为库珀的说法有一定的道理，否则就无法解释一些比特币平台为什么会垮台，就无法解释曾创造了耀眼业绩的众筹区块链项目为什么也会遭到黑客攻击，从而发生了具有重大影响的“The DAO”事件。我们应该注意到尽管区块链技术从概率上看发生篡改记录的可能性几乎不存在（如果发生强力的集团性行为，尤其在一些私有链中是否有可能发生也还需要观察），但如果区块链中一些交易的逻辑规则事先就存在着有意无意的漏洞，那面临的安全性挑战就是巨大的。

再比如，我们常说由于通过区块链进行的支付是由交易双方直接完成的，跳过了以往所必需的中间环节，因而它的效率将获得非常大的提高。但我们也需要注意到要真正实现这一目标，区块链技术水平还要有几个数量级的提升才行。比如狭义的区块链全网播报耗时很长，每秒只能处理个位数的交易，而传统金融机构每秒的交易量往往多达几千笔。据了解，截至 2016 年 5 月，最大的区块链比特币网络日均交易量也仅 20 余万笔，甚至还出现了一笔交易经过了十几个小时才予以确认的情况，而一家大银行的日均交易量往往超过 1 亿笔。

我之所以讲这些问题，并不是要否认区块链技术的重要性，也并不是否认其有关技术一定会不断突破和改进，更不是反对对它做进一步的探索和研究，而只是希望在推动区块链发展的过程中，要保持清醒与科学的认识，力戒浮躁，要坚持两分法，避免片面性。美国著名的 IT 研究顾问咨询公司 Gartner 的一份报告指出，“一种区块链狂热传染病已经侵入了金融服务行业”，报告还指出投资者在制定未来两年的投资方案时，“可能要允许区块链项目出现 90% 的失败率”。这些判断值得我们思考。

总之，金融业的发展过程是一个不断创新试错的过程，但由于金融业具有巨大的风险外溢效应，对其试错成本更要严格把控。从互联网金融到

Fintech，从大数据到区块链，伴随着金融改革的推进，金融创新会日益加快，金融产品也会日趋复杂。在可预见的未来，各种新名词、新概念也必然会更多地出现，如何坚持辩证地看待事物，如何注意抓住事物的本质，如何做到避虚就实是减少金融创新试错成本的关键所在，也是互联网金融、区块链技术健康发展的基础所在。

参考文献

1. 安永 . 2016—2017 保险业风险管理白皮书 [OL]. 安永网站，2017.
2. 蔡恩泽 . 整治银行业乱象关键是正本清源 [J]. 上海企业，2018 (2)：52 – 52.
3. 曹远征 . 大国大金融——中国金融体制改革 40 年 [M]. 广州：广东经济出版社，2017.
4. 曾刚 . 银行业风险现状与防范，管理结构性减速过程中的金融风险 [OL]. 国家金融与发展实验室网站，2017.
5. 陈健恒，唐薇 . 熊猫债迎来发展新契机 [J]. 债券，2016 (4)：22 – 28.
6. 陈雨露，罗煜 . 金融开放与经济增长：一个述评 [J]. 管理世界，2007 (4)：138 – 147.
7. 程惠芳，刘睿伣 . 全球价值链视角下中美参与国际分工分析 [J]. 华东经济管理，2018.
8. 戴枫，周天怡 . GVC 视角下双边增加值贸易的解构与测算：以中美贸易为例 [J]. 市场与经济研究，2018.
9. 丁志杰，严灏，丁玥 . 人民币汇率市场化改革四十年：进程、经验与展望 [J]. 管理世界，2018 (10)：24 – 32.
10. 鄂志寰，苏杰 . A 股纳入 MSCI 的意义及其影响 [J]. 金融博览，2017 (13)：50 – 51.
11. 范艺心，李明 . 基于因子分析我国上市证券业信用风险分析 [J]. 时代金融，2018, No. 694 (12)：143.
12. 方晓雯 . QFII 在中国的发展探析 [J]. 中国证券期货，2011 (4)：34 – 35.
13. 方意，郑子文，颜茹云 . 中国银行业风险形成机理及压力测试研究：基于行业信贷视角 [J]. 当代经济科学，2017, 39 (5)：1 – 15.
14. 高培道，张婧. 高培道，张婧 . 日本泡沫经济与金融监管 [J]. 现代日本经济，2009

(2): 18 – 25.

15. 管涛．新一轮扩大金融对外开放的新思路［J］. 金融博览，2018（8）.
16. 管涛．人民币汇改2018：于无声处听惊雷［OL］. 新浪网，2018.
17. 贵丽娟，胡乃红，邓敏．金融开放会加大发展中国家的经济波动吗？——基于宏观金融风险的分析［J］. 国际金融研究，2015（10）：43 – 54.
18. 郭金龙，赵强．保险业系统性风险文献综述［J］. 保险研究，2014（6）：41 – 52.
19. 郭田勇．中国金融开放的进程与展望［J］. 农村金融研究，2018（10）：13 – 17.
20. 国家金融与发展实验室．商业银行不良贷款：现状、趋势与风险管理专题研讨会实录［OL］. 国家金融与发展实验室网站，2016.
21. 国盛证券．证券业拟筹建千亿规模股权质押基金［OL］. 国盛证券网站，2018.
22. 黄志凌．我国商业银行表外业务的属性［J］. 风险与监管研究，2016（51）.
23. 贾进，赵亚蕊．金融开放对我国金融业的影响［J］. 金融博览，2018（8）：14.
24. 贾小梁．关于国有企业改革若干问题的思考［J］. 中国经贸导刊，1997（13）：19 – 20.
25. 靳毅等．国海证券点评银监会调整银行贷款损失准备监管要求［OL］. 国海证券网站，2018.
26. 李彬．日本稳定持股经营效率的实证检验［J］. 日本学刊，2010（2）：40 – 53.
27. 李丹．银监会："十面埋伏"打好防控风险攻坚战［J］. 中国金融家，2018（2）：47 – 48.
28. 李维刚．对日本泡沫经济的再反思［J］. 现代日本经济，2001，116（2）：15 – 19.
29. 李文中．入世十年与中国保险业辉煌发展［J］. 中国保险，2012（1）：27 – 31.
30. 刘日红．基于价值链分工的中美贸易不平衡与贸易利益分配研究［OL］. 万方数据，2013.
31. 鲁玉祥．证券业系统性风险的识别与评估［J］. 海南金融，2015（1）.
32. 陆磊．在开放中变革、融合与创新的金融机构体系——40年中国金融改革开放的基本经验［OL］. 清华大学五道口金融学院网站，2018.
33. 鹿朋．产业升级视角下日本泡沫经济反思［J］. 现代日本经济，2008（4）：13 – 17.
34. 马建堂，董小君，时红秀，徐杰，马小芳．中国的杠杆率与系统性金融风险防范［J］. 财贸经济，2016，37（1）：5 – 21.
35. 马向东．防控和化解风险是保险业永恒的主题［N］. 中国保险报，2018.
36. 欧阳剑环．强化公司治理，严防金融风险［N］. 中国证券报，2018.
37. 潘月星．全球价值链下中国制造业国际分工地位研究［D］. 中国知网，2018.
38. 裴光．回归本源强化保障——关于保险业服务实体经济的若干思考［J］. 上海保险，

2018（2）：8－10.
39. 人民银行金融稳定小组．中国金融稳定报告［OL］．中国人民银行网站，2018.
40. 阮斐．证券业流动性风险管理之我见［J］．企业导报，2014（9）：87－88.
41. 陶玲，朱迎．系统性金融风险的监测和度量——基于中国金融体系的研究［J］．金融研究，2016（6）：18－36.
42. 童卫华．当前证券行业面临的风险挑战及监管建议［C］．创新与发展：中国证券业2015年论文集，2015.
43. 王涵，唐跃，黄伟平．韩国资产负债表衰退与破刚兑［J］．银行家，2016（1）：78－81.
44. 王怀民．日本“泡沫经济”的起因与破灭［J］．经济经纬，1998（2）：76－77.
45. 王维安，钱晓霞．金融开放，短期跨境资本流动与资本市场稳定——基于宏观审慎监管视角［D］．浙江大学学报（人文社会科学版），2017（1）.
46. 王燕．我国证券业系统性风险研究［D］．山西财经大学，2014.
47. 王洋天，郑玉刚．基于改革开放40年的中国金融业对外开放实践和启示［J］．贵州社会科学，2018（9）：11－17.
48. 王泽．全球价值链下中国和东盟五国制造业合作影响因素研究［D］．广西大学，2018.
49. 吴晓灵．中国金融体系改革30年回顾与展望［M］．北京：人民出版社，2008.
50. 徐洪才．我国金融业对外开放：回顾及展望［J］．金融发展研究，2018（9）：38－42.
51. 徐奇渊．中国金融风险与稳定报告执行摘要［OL］．第一财经网，2017.
52. 杨凯生．完善城市商业银行的公司治理十分重要［J］．中国银行业，2018（3）：10－17.
53. 杨业伟．中美贸易战第二轮开启，对经济影响几何？［R］．西南证券专题报告，2018.
54. 易纲．关于国际金融危机的反思与启示［J］．求是，2010（20）：33－35.
55. 易纲．人民银行将遵循三条原则推进金融业对外开放［J］．农村金融时报，2018.
56. 银保监会．中国银监会关于银行业风险防控工作的指导意见［OL］．银监会网站，2017.
57. 余永定．“8·11”汇改后中国的汇率政策和汇率体制改革［J］．新金融，2017（5）：4－11.
58. 张明．人民币汇率定价机制：修改背景与未来影响［J］．当代金融家，2017（7）：42－45.
59. 张曙光，张平，盛洪，王诚，仲继银，杨帆，左大培．改革的累积效应和一致性稳定政策选择——当前中国宏观经济分析［J］．经济研究，1997：9.
60. 赵智．对加入WTO“后过渡期”内中国金融开放的思考［J］．生产力研究，2006

(4)：56 - 57.

61. 中保基金公司．中国保险业风险评估报告［OL］. 中保基金公司网站，2018.

62. 中国银行国际金融研究所全球银行业研究课题组．深淘滩，低作堰，保持可持续发展——中国银行全球银行业展望报告（2017 年度）[J]. 国际金融，2016（12)：57 - 64.

63. 周见．对日本泡沫经济的再思考［J］. 经济研究参考，2001（50)：15 - 29.

64. Adrian, T., Brunnermeier, M. K. (2011). CoVaR (No. w17454). National Bureau of Economic Research.

65. Adrian, T., Shin, H. S. (2009). Money, liquidity, and monetary policy. American Economic Review, 99 (2), 600 - 605.

66. Aikman, D., Alessandri, P., Eklund, B., Gai, P., Kapadia, S., Martin, E., Mora, N., Sterne, G., Willison, M. (2009). Funding liquidity risk in a quantitative model of systemic stability. Bank of England. Quarterly Bulletin, 49 (3), 232.

67. Alessi, L., Detken, C. (2009). 'Real time' early warning indicators for costly asset price boom/bust cycles: a role for global liquidity. ECB Working Paper.

68. Bank for International Settlements (2014). 84th Annual Report.

69. Basel Committee. (2010). Basel III: A global regulatory framework for more resilient banks and banking systems. Basel Committee on Banking Supervision, Basel.

70. Beltramello, A., De Backer, K., Moussiegt, L. (2012). The export performance of countries within global value chains (GVCs).

71. Billio, M., Getmansky, M., Lo, A. W., Pelizzon, L. (2010). Econometric measures of systemic risk in the finance and insurance sectors (No. w16223). National Bureau of Economic Research.

72. Board, F. S. (2009). Guidance to Assess the Systemic Importance of Financial Institutions, Markets and Instruments: Initial Considerations: Report to the G-20 Finance Ministers and Central Bank Governors. Staff of the International Monetary Fund and the Bank for International Settlements, and the Secretariat of the Financial Stability Board.

73. Borio, C. (2012). The financial cycles and macroeconomics: What have we learnt BIS Working Papers, 395.

74. Borio, C. E., Lowe, P. (2004). Securing sustainable price stability: should credit come

back from the wilderness (No. 157). Bank for International Settlements.

75. Borio, C. E., Lowe, P. W. (2002). Asset prices, financial and monetary stability: exploring the nexus.

76. Brownlees, C. T., Engle, R. (2012). Volatility, correlation and tails for systemic risk measurement. Available at SSRN, 1611229.

77. Brunnermeier, M., Hansen, L. P., Kashyap, A., Krishnamurthy, A., Lo, A. W. (2010). Modeling and Measuring Systemic Risk. Ten Years and Beyond: Economists Answer NSF's Call for Long-Term Research Agendas, 5, 75.

78. Cardarelli, R., Igan, D., Rebucci, A. (2008). The changing housing cycle and the implications for monetary policy. World Economic Outlook: Housing and the Business Cycle, 19, 52.

79. Caruana, J. (2011, July). Central banking between past and future: which way forward after the crisis? . In Speech at the South African Reserve Bank 90th Anniversary Seminar, Pretoria (Vol. 1).

80. Ceglowski, J., Golub, S. S., Mbaye, A. A., Prasad, V. (2015). Can Africa compete with China in manufacturing? The role of relative unit labor costs.

81. Chen, M. S., Kang, J. S. (2018). Credit Booms—Is China Different. International Monetary Fund.

82. Claessens, S., Kose, M. A., Terrones, M. E. (2009). What happens during recessions, crunches and busts. Economic Policy, 24 (60), 653 – 700.

83. Claessens, S., Kose, M. A., Terrones, M. E. (2011). Financial Cycles: What How When IMF Working Paper, (76).

84. Cortes, F., Lindner, P., Malik, S., Segoviano Basurto, M. A. (2018). A Comprehensive Multi-Sector Tool for Analysis of Systemic Risk and Interconnectedness (SyRIN) (No. 18/14). International Monetary Fund.

85. Crockett, A. (2000). Marrying the micro-and macro-prudential dimensions of financial stability. BIS speeches, 21.

86. Curdia, V., Woodford, M. (2010). Credit spreads and monetary policy. Journal of Money, credit and Banking, 42, 3 – 35.

87. de France, B. (2001). Le cycle financier: facteurs amplificateurs et réponses envisageables par les autorités monétaires et financières. Bulletin de la Banque de France, 95, 41 – 65.

88. Dell' Ariccia, G., Igan, D., Laeven, L., Tong, H. (2012). Policies for Macrofinancial Stability: Options to Deal with Real Estate Booms. IMF Staff Discussion Notes, (October), 16 – 17.

89. Drehmann, M., Borio, C., Tsatsaronis, K. (2012). Characterising the Financial Cycle: Don't Lose Sight of the Medium Term! BIS Working Papers, (380).

90. Drehmann, M. and M. Juselius (2013). Evaluating EWIs for banking crises-satisfying policy requirements. mimeo, Bank for International Settlements.

91. Dudley, W. (2015). Is the active use of macroprudential tools institutionally realistic? (No. 180). Federal Reserve Bank of New York.

92. ECB, D. (2009). Financial stability review. European Central Bank, Frankfurt Am Main.

93. Echeverria, C., Darbar, M. S. M., Johnston, M. R. (1997). Sequencing capital account liberalization: lessons from the experiences in Chile, Indonesia, Korea, and Thailand (No. 97 – 157). International Monetary Fund.

94. Farhi, E., Werning, I. (2014). Dilemma not trilemma? Capital controls and exchange rates with volatile capital flows. IMF Economic Review, 62 (4), 569 – 605.

95. Ferrantino, M. (2012). Using supply chain analysis to examine the costs of non-tariff measures (NTMs) and the benefits of trade facilitation.

96. Ferrarini, B. (2018). State-owned enterprises leverage as a contingency in public debt sustainability analysis: the case of the People's Republic of China.

97. Gambacorta, L., Signoretti, F. M. (2014). Should monetary policy lean against the wind?: An analysis based on a DSGE model with banking. Journal of Economic Dynamics and Control, 43, 146 – 174.

98. Geanakoplos, J. (2010). The leverage cycle. NBER macroeconomics annual, 24 (1), 1 – 66.

99. Giesecke, K., Kim, B. (2011). Systemic risk: What defaults are telling us. Management Science, 57 (8), 1387 – 1405.

100. Gilchrist, S., Yankov, V., Zakrajek, E. (2009). Credit market shocks and economic fluctuations: Evidence from corporate bond and stock markets. Journal of monetary

Economics, 56 (4), 471 - 493.

101. Gourio, F., Kashyap, A. K., Sim, J. W. (2018). The Trade offs in Leaning Against the Wind. IMF Economic Review, 66 (1), 70 - 115.

102. Hoshi, T., Kashyap, A. (1999). The Japanese Banking Crisis: Where did it come from and how will it end. NBER macroeconomics annual, 14, 129 - 201.

103. Huang, X., Zhou, H., Zhu, H. (2009). A framework for assessing the systemic risk of major financial institutions. Journal of Banking & Finance, 33 (11), 2036 - 2049.

104. Huang, X., Zhou, H., Zhu, H. (2012). Systemic risk contributions. Journal of financial services research, 42 (1 - 2), 55 - 83.

105. Huang, Y., Bosler, C. (2014). China's Debt Dilemma: Deleveraging While Generating Growth. Carnegie Endowment for International Peace.

106. Hummels, D., Ishii, J., Yi, K. M. (2001). The nature and growth of vertical specialization in world trade. Journal of international Economics, 54 (1), 75 - 96.

107. IMF. (2017). People's Republic Of China Financial Sector Assessment Program. IMF website.

108. International Monetary Fund. (2015). Monetary Policy and Financial Stability.

109. Ismail, N. W. (2009). The determinant of foreign direct investment in ASEAN: a semi-gravity approach. Transition Studies Review, 16 (3), 710.

110. Ito, T., Iwaisako, T. (1995). Explaining asset bubbles in Japan (No. w5358). National Bureau of Economic Research.

111. Kindleberger, C. P. (2000). Manias, panics, and crashes: a history of financial crises. The Scriblerian and the Kit-Cats, 32 (2), 379.

112. Koo, R. C. (2011). The Holy Grail of Macroeconomics: Lessons from Japans Great Recession. John Wiley & Sons.

113. Koopman, R., Powers, W., Wang, Z., Wei, S. J. (2010). Give credit where credit is due: Tracing value added in global production chains (No. w16426). National Bureau of Economic Research.

114. Lam, W. R., Wang, J. (2018). China's Local Government Bond Market. International Monetary Fund.

115. Lam, W. R., Schipke, M. A., Tan, Y., Tan, Z. (2017). Resolving China's Zombies: Tackling Debt and Raising Productivity. International Monetary Fund.

116. Lowe, P., Borio, C. (2002). Asset prices, financial and monetary stability: exploring the nexus (No. 114). Bank for International Settlements.

117. Lown, C., Morgan, D. P. (2006). The credit cycle and the business cycle: new findings using the loan officer opinion survey. Journal of Money, Credit and Banking, 1575 – 1597.

118. Maliszewski, W., Arslanalp, M. S., Caparusso, J., Garrido, J., Guo, M. S., Kang, J. S., ..., Liao, W. (2016). Resolving China's corporate debt problem. International Monetary Fund.

119. Mano, R., Stokoe, P. (2017). Reassessing the Perimeter of Government Accounts in China. International Monetary Fund.

120. Meade, J. E. (1951). The balance of payments. London and New York.

121. Mendoza, E. G., Terrones, M. E., Calomiris, C., Claessens, S., Gregorio, J. De, Ariccia, G. D., Gilchrist, S. (2008). an Anatomy of Credit Booms: NBER Working Paper Series, (14049).

122. Mera, K. (2016). Asia's financial crisis and the role of real estate. Routledge.

123. Minsky, H. P. (1982). Can "it" happen again: Essays on instability and finance/Hyman P. Minsky.

124. Ong, M. L. L. (2014). A guide to IMF stress testing: methods and models. International Monetary Fund.

125. Reinhart, C. M., Rogoff, K. S. (2009). This time is different: Eight centuries of financial folly. Princeton University Press.

126. Schularick, M., Taylor, A. M. (2012). Credit booms gone bust: Monetary policy, leverage cycles, and financial crises, 1870 – 2008. American Economic Review, 102 (2), 1029 – 61.

127. Shin, H. S., Shin, K. (2011). Procyclicality and monetary aggregates (No. w16836). National Bureau of Economic Research.

128. Sonoda, K., Sudou, N. (2016). Is macroprudential policy instrument blunt.

129. Svensson, L. E. (2016). Cost-Benefit Analysis of Leaning Against the Wind (No. w21902)

. National Bureau of Economic Research.

130. Tan, Y., Huang, Y., Woo, W. T. (2016). Zombie firms and the crowding-out of private investment in China. Asian Economic Papers, 15 (3), 32 – 55.

131. Tarullo, D. K. (2011). Regulating Systemic Risk. Board of Governors of the Federal Reserve System, Washington, DC.

132. WEO, I. (2004). World Economic Outlook. Washington: International Monetary Fund.

133. WEO, I. (2007). World Economic Outlook. Washington: International Monetary Fund.

134. WEO, I. (2008). World Economic Outlook. Washington: International Monetary Fund.

135. WEO, I. (2017). World Economic Outlook. Washington: International Monetary Fund.

136. Wingender, M. P. (2018). Intergovernmental Fiscal Reform in China. International Monetary Fund.

137. World Bank, IDE, OCED, UIBE & WTO. (2017). Measuring and Analyzing the Impact of GVCs on Economic Development. Global Value Chain Development Report 2017.

138. World Finance. (2017). Ayer Publishing.

139. WTO, ITC & UNCTAD. (2018). World Tariff Profiles 2018.

140. Yellen, J. (2013). Interconnectedness and systemic risk: Lessons from the financial crisis and policy implications. Board of Governors of the Federal Reserve System, Washington, DC.

“中国道路”丛书

学　　术

《解放生命》
《谁是农民》
《香港社会的民主与管治》
《香港社会的政制改革》
《香港人的政治心态》
《币缘论》
《如何认识当代中国》
《俄罗斯之路 30 年》
《大国新路》
《论企业形象》
《能源资本论》
《中国崛起的世界意义》
《美元病——悬崖边缘的美元本位制》
《财政预算治理》
《预见未来——2049 中国综合国力研究》
《中国资本市场治理与开放》

译　　丛

《西方如何“营销”民主》
《走向繁荣的新长征》
《国家发展进程中的国企角色》
《美国社会经济五个基本问题》
《资本与共谋》
《国家发展动力》

智库报告

《新时代：中国道路的延伸与使命》
《新开局：中国制度的变革与巩固》
《新常态：全面深化改革的战略布局》
《新模式：走向共享共治的多元治理》
《新征程：迈向现代化的国家治理》
《新动能：再造国家治理能力》
《全面依法治国新战略》

企 业 史

《与改革开放同行》
《黎明与宝钢之路》
《海信史（2003—2019）》

企业经营

《寻路征途》
《中信创造力》

专　　访

《中国道路与中国学派》
《21 世纪的中国与非洲》

人　　物　《重读毛泽东，从 1893 到 1949》

政　　治　《创新中国集体领导体制》

战　　略　《国家创新战略与企业家精神》

金　　融　《新时代下的中国金融使命》
《中国系统性金融风险预警与防范》

管　　理　《中国与西方的管理学比较》